Johannes Grave

BILD UND ZEIT

Johannes Grave

BILD UND ZEIT

Eine Theorie
des Bildbetrachtens

C.H.Beck

Gefördert durch die Deutsche Forschungsgemeinschaft (DFG)
aus Mitteln des Gottfried Wilhelm Leibniz-Preises.

Mit 26 Abbildungen

www.chbeck.de
Umschlaggestaltung: Rothfos & Gabler, Hamburg, unter Verwendung
von Caspar David Friedrich, Frau vor der untergehenden Sonne, um 1818,
Öl auf Leinwand, Essen, Museum Folkwang (© Bridgeman Images)
und dem Foto von Grant Faint (© Getty Images)
Satz: Janß GmbH, Pfungstadt
Druck und Bindung: Pustet, Regensburg
Gedruckt auf säurefreiem und alterungsbeständigem Papier
Printed in Germany
ISBN 978 3 406 78045 5

myclimate

klimaneutral produziert
www.chbeck.de/nachhaltig

In Erinnerung an meinen Vater,
den Kenner der Farben

INHALT

ZU DIESEM BUCH

«Nicht alles ist zu allen Zeiten möglich»,[1] hielt Heinrich Wölfflin 1915 in seinen *Kunstgeschichtlichen Grundbegriffen* fest, um die Einsicht zuzuspitzen, dass die künstlerischen Darstellungsformen und vor allem das Sehen einer geschichtlichen Veränderung unterliegen. Mit guten Gründen erwartet man von der kunsthistorischen Forschung eine besondere Sensibilität für die historische Bedingtheit von Kunstwerken und Phänomenen der visuellen Kultur. Bereits im Namen der Disziplin scheint sich ein Bekenntnis zur Geschichtlichkeit von Kunst zu äußern. Dabei ist neben der Wandelbarkeit von Darstellungs- und Wahrnehmungsstilen auch an die Historizität des Bildverständnisses und nicht zuletzt des Kunstbegriffs zu denken. Insofern muss sich die Kunstgeschichte selbst als ein historisches Phänomen begreifen: Der Kern ihrer Praxis – die Erforschung von menschlichen Artefakten als Kunstwerken mit eigener Geschichte – ruht auf Voraussetzungen, die ihrerseits historisch bedingt sind.

Es ist daher eher irritierend und erklärungsbedürftig, wenn eine Kunsthistorikerin oder ein Kunsthistoriker an Zeugnissen weit auseinanderliegender Epochen sehr ähnliche Beobachtungen macht. Wenn Objekte, die unter gänzlich unterschiedlichen Bedingungen entstanden sind, überraschende Verwandtschaften aufweisen sollen, liegt der Verdacht nahe, dass sich der vermeintliche Befund lediglich einer anachronistischen Rückprojektion oder gar einer persönlichen Idiosynkrasie verdankt. Ein solcher Verdacht stand am Anfang dieses Buches, das auf eine beunruhigende Selbstbeobachtung zu antworten versucht: Im Zuge meiner eigenen kunsthistorischen Arbeiten war mir nach und nach aufgefallen, dass ich in meinen Analysen unterschiedlicher Bilder zu durchaus vergleichbaren Ergebnissen kam. Sowohl bei Studien zur italienischen

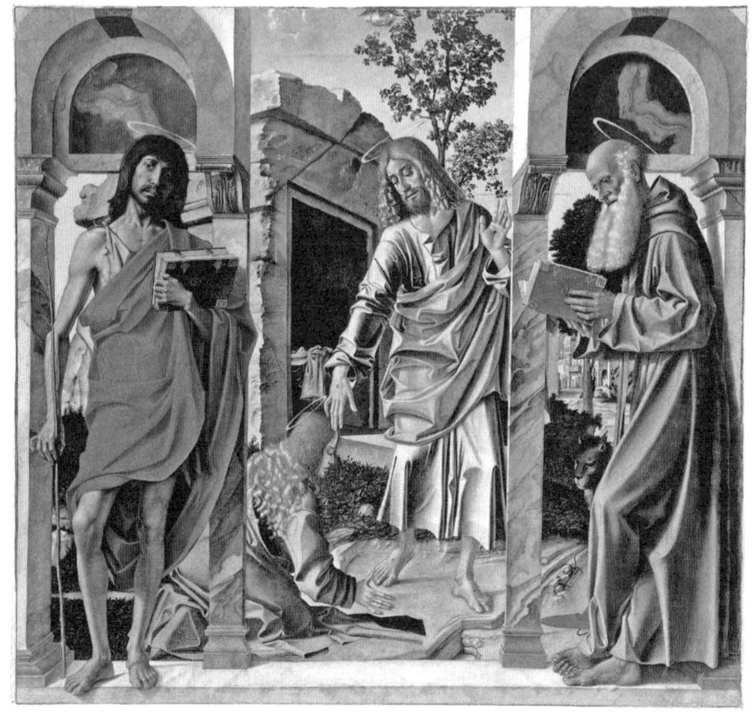

1. Bartolomeo Montagna, Noli me tangere, um 1490–1500, Öl auf Holz, 160 × 172 cm, Berlin, Staatliche Museen, Gemäldegalerie

Malerei der Frührenaissance als auch in meinen Arbeiten über die Kunst um 1800 stieß ich immer wieder darauf, dass ich in Bildern interne Spannungen oder Widersprüche zu beobachten meinte, die darauf drängen, in einem zeitlichen Prozess der Betrachtung ausgetragen zu werden. Natürlich erweisen sich die Umstände, die mutmaßlichen Zwecksetzungen und die konkreten Umsetzungen dieser bildinternen Widerstreite als sehr unterschiedlich. Und dennoch scheint diesen Fällen gemeinsam zu sein, dass sie mit Wahrnehmungsangeboten konfrontieren, die den Betrachter dazu anregen, im Verlauf einer längeren Bildrezeption sehr verschiedene Eindrücke zu gewinnen.

An zwei recht beliebig herausgegriffenen Beispielen lässt sich dieser Befund kurz veranschaulichen: Ein Altargemälde Bartolomeo Montagnas

(Abb. 1) spielt regelrecht mit verschiedenen Wahrnehmungen und Suggestionen, die sich nicht miteinander vereinbaren lassen.[2] Zunächst stellt sich der Eindruck ein, dass unser Blick durch eine arkadenartige Architektur in eine Landschaft geführt wird, in deren Zentrum die Begegnung des auferstandenen Christus mit Maria Magdalena erscheint. Doch wird diese Sichtweise plötzlich fraglich, wenn das Auge auf die äußerst flachen Pilaster trifft, die mit auffällig weit vorkragenden Konsolen die schweren Bögen tragen sollen. Denn die Logik der Architektur macht es hier zweifellos erforderlich, dass sich unmittelbar hinter den Pilastern, die im Deutschen ja nicht ohne Grund als Wandpfeiler bezeichnet werden, eine Mauer befindet. Damit aber erweist sich die zentrale Szene mit dem Auferstandenen als ein Bild im Bild, d. h. als äußerst kunstvolle illusionistische Malerei, die eine Wand verdeckt, auf der wiederum die Pilaster aufliegen. Doch selbst wenn der Betrachter diese Schlussfolgerung aus der architektonischen Logik gezogen hat, lässt sich der Eindruck, die mittleren Bildfiguren seien gleichermaßen ‹real› und ‹lebendig› wie die beiden Heiligen in der schmalen vorderen Raumzone, nicht gänzlich verdrängen. Denn zum Beispiel der Kardinalshut des Heiligen Hieronymus und der ihn begleitende Löwe finden in der Landschaft ihren Platz. Montagna legte es offenkundig darauf an, zwei miteinander widerstreitende Eindrücke anzuregen, denen nur nacheinander oder im Wechsel, mithin in einem zeitlichen Prozess, Rechnung getragen werden kann. Bei einer eingehenderen Beschäftigung mit der religiösen Funktion des Gemäldes und mit der spezifischen Problematik der dargestellten Szene lassen sich für diese ungewöhnliche Lösung gute Gründe anführen. Denn der einzigartige Status des auferstandenen Christus, der den religiösen Kern des dargestellten Themas ausmacht, lässt sich nicht einfach vergegenwärtigen; er kann nur vermittelt werden, wenn sich der Betrachter der Erfahrung des im Bild angelegten Widerspruchs aussetzt.

Mit der hier skizzierten Strategie stand Bartolomeo Montagna in der frühen Renaissance keineswegs allein. Das vielfach beobachtbare Spiel mit Widersprüchen und Paradoxien könnte man daher als eine frühe Reaktion auf die gerade erst erschlossenen neuen Möglichkeiten der Linearperspektive verstehen. Die Perspektive erlaubte es, das im Bild Dargestellte dem gewohnten Erscheinungsbild von Menschen oder Ge-

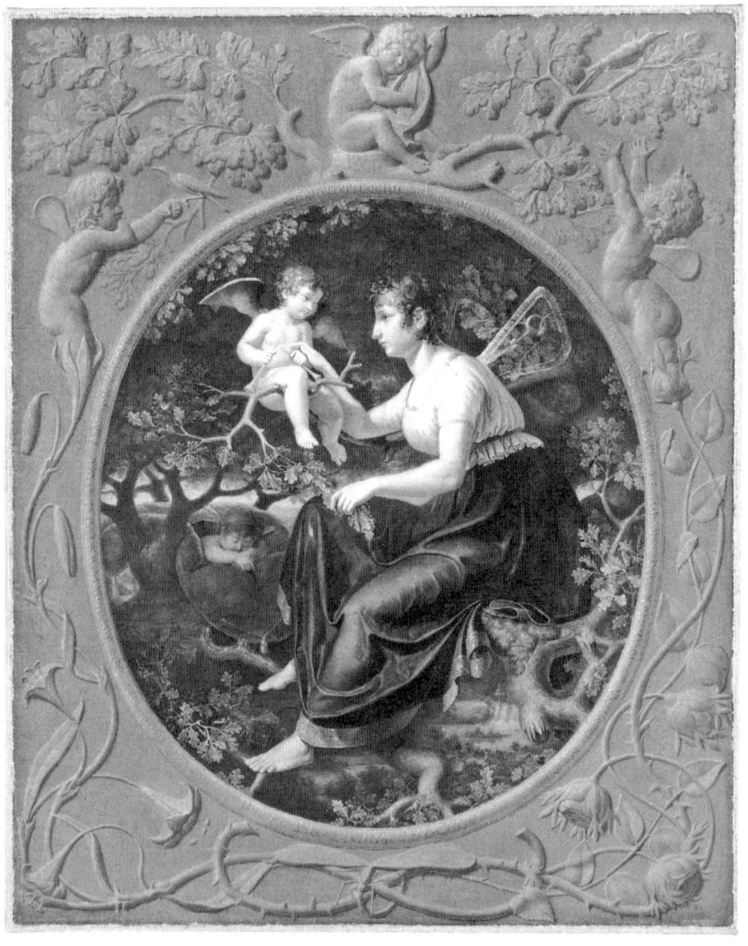

2. Philipp Otto Runge, Die Lehrstunde der Nachtigall (zweite Fassung), 1804/05, Öl auf Leinwand, 104,7 × 85,5 cm, Hamburger Kunsthalle

genständen in der Wirklichkeit anzunähern. Durch gezielte logische Brüche oder andere bildinterne Widerstreite konnte aber auch unter diesen neuen Voraussetzungen weiterhin die Differenz zwischen Bild und Realität geltend gemacht werden.

Allerdings lassen sich vergleichbare Widerspruchserfahrungen, die nur im zeitlichen Vollzug der Betrachtung ausgetragen werden können, auch an Bildern aus ganz anderen Zeiten machen, die sich völlig anderen Themen zuwenden. Philipp Otto Runges Gemälde *Die Lehrstunde der Nachtigall* (Abb. 2) hat offenkundig weder von der Zweckbestimmung noch vom Themenkreis her – Runges Bild nimmt auf eine gleichnamige Ode von Friedrich Gottlieb Klopstock Bezug – Gemeinsamkeiten mit dem Altarbild Bartolomeo Montagnas.[3] Dennoch meine ich auch in diesem Fall bildinterne Spannungen auszumachen, die dem Betrachter den zeitlichen Prozess der Bildrezeption bewusst machen können. In dem ovalen Binnenbild stellt Runge die Nachtigallenmutter und ihr Kind dar, um jene Lehrstunde im Singen bzw. Flöten vor Augen zu führen, von der Klopstocks Ode handelt. Doch zeichnen sich bereits auf einer rein inhaltlichen Ebene Widersprüche ab, wenn man in den auf der schmalen Rahmenleiste des Binnenbildes geschriebenen Versen Klopstocks von einer Aufforderung zum Flöten erfährt, während im Bild selbst die Hand der Mutter das Kind am Musizieren hindert. Mindestens ebenso wichtig sind Spannungen anderer Art. Das Binnenbild lenkt die Aufmerksamkeit des Betrachters auf das Dargestellte: Mutter und Kind sind plastisch herausgearbeitet, ihre Umgebung weist Räumlichkeit auf. Der Blick wird mithin in einen Bildraum geführt, damit er sich dort auf die beiden zentralen Figuren konzentrieren kann. Eine völlig andere Blickregie und Erfahrung impliziert jedoch der Rahmen. Vor allem die vergleichsweise kleine Schrift auf der inneren Rahmenleiste hat hier erhebliche Folgen für die Bildbetrachtung. Sie veranlasst den Betrachter, von einer mittleren Sehdistanz in eine Nahsicht zu wechseln, verlangt ihm für die Lektüre der Verse halsbrecherische Kopfbewegungen ab und stößt ihn durch die ungewöhnliche Nähe des Auges zum Gemälde nicht zuletzt auf die Bildfläche mit ihrer eigenen Materialität. Statt eines Bildraumes mit plastischen Figuren drängt sich nun der Bildträger, die bemalte Leinwand, in den Fokus. Tritt der Betrachter anschließend wieder zurück, so konzentriert sich der Blick erneut auf das im Bild Dargestellte. Runge spielt also wie Bartolomeo Montagna damit, dem Betrachter im Verlauf des Rezeptionsprozesses sehr unterschiedliche, ja miteinander konkurrierende Erfahrungen zu eröffnen. Auch in diesem Fall lassen sich spezifische Gründe dafür anführen, warum dem Maler an einem solchen Vorgehen gelegen sein konnte. Die widersprüchlichen Eindrücke, die ein aufmerksamer Betrachter sammelt, stoßen ihn darauf, dass sich auch sein eigenes Tun, das Sehen, in einem zeitlichen Prozess vollzieht, so dass sich die Malerei, die vermeintlich auf einen Augenblick beschränkt ist, als eine der Dichtung ebenbürtige Zeitkunst erweist. Auf diese Weise kann Runges Gemälde mehr für sich in Anspruch nehmen, als nur eine schlichte Illustration von Klopstocks Ode zu sein. Es erweist sich als eine Dichtung mit den Mitteln der Malerei.

So sehr sich die kurz vorgestellten Beispiele ihrerseits auch historisch kontextualisieren lassen, bleibt dennoch das Unbehagen, dass ihre mutmaßlichen Gemeinsamkeiten über die Epochengrenzen hinweg dem Verdacht einer anachronistischen Rückprojektion ausgesetzt sein könnten. Liegt die beschriebene Verwandtschaft tatsächlich der Sache nach vor oder verdankt sie sich nur einer *déformation professionnelle* des Kunsthistorikers, der nicht umhinkommt, die Bilder verschiedener Epochen von dem Standpunkt seiner eigenen Zeit aus zu betrachten? Dieses Misstrauen ließe sich verringern, wenn aufgezeigt werden könnte, dass es sich bei den Gemeinsamkeiten um Potenziale handelt, die vielen oder gar allen Bildern eigen sind, deren konkrete Nutzung und Entfaltung zu verschiedenen Zeiten aber sehr unterschiedlich ausfallen konnte. Es ist diese Hypothese, der das vorliegende Buch nachgeht; und dieses Ansinnen wiederum macht es erforderlich, über die Grenzen des Faches Kunstgeschichte hinauszugehen, um das Gespräch mit anderen Disziplinen, namentlich der Philosophie und der Psychologie, zu suchen.

Im Zentrum dieses Buches steht daher die Frage, ob und auf welche Weise Bilder auf die Zeitlichkeit ihrer Betrachtung Einfluss nehmen. Wenn unser Sehen – wie jede andere menschliche Tätigkeit auch – ein zeitlicher Prozess ist,[4] dann liegt die Vermutung nahe, dass es für die Dauer und innere Strukturierung dieser Zeit der Betrachtung einen Unterschied macht, ob wir einen Alltagsgegenstand, eine Naturaussicht oder aber ein Bild vor Augen haben. Diese Frage stellt sich für Bilder in besonderer Weise, weil wir uns nicht selten eigens Zeit für ihre Betrachtung nehmen. Die Zeit, die wir dabei investieren, scheint auf den ersten Blick nur Mittel zum Zweck zu sein, um zu einer Beobachtung oder Einsicht zu gelangen. Die folgenden Überlegungen sollen jedoch der

Hypothese nachgehen, dass der Zeit des Bildbetrachtens ein eigener Wert zukommen könnte – mit anderen Worten: dass wir die Art und Weise, wie wir mit Bildern umgehen, erst verstehen, wenn wir uns die Bedeutung der Zeitlichkeit der Bildbetrachtung bewusst machen.

Wenn ich mich im Folgenden auf diese Leitidee konzentriere, werden andere Aspekte unweigerlich in den Hintergrund rücken. Über weite Strecken werde ich nicht gezielt darauf achtgeben, wie die jeweilige Betrachterin oder der jeweilige Betrachter individuell verkörpert wird. Meine Überlegungen sehen davon ab, Fragen von Gender, Herkunft, Klasse, Alter etc. näher zu behandeln; die Verwendung des generischen Maskulinums markiert so gesehen auch einen blinden Fleck des folgenden Gedankengangs. Ebenso wird nicht eigens darauf eingegangen, dass auch unser Sehen verkörperlicht ist, dass es mithin nicht ohne den Körper, dessen oft unscheinbare Bewegungen und sensomotorisches Wissen zu denken ist.[5] Diese Blickverengung erfolgt nicht, weil ich der Meinung wäre, dass die genannten Faktoren nicht von grundlegender Bedeutung sind. Sie begründet sich daraus, dass mit dem folgenden Gedankengang erkundet werden soll, welchen Beitrag Studien zum Bildbetrachten erbringen können, die sich bewusst auf den Pol des Bildes konzentrieren. Für den Versuch, den spezifischen Anteil des Bildes in der Interaktion mit Betrachterinnen und Betrachtern zu ermessen, erscheint es mir vertretbar, die Instanz des Rezipienten in einem ersten Schritt ohne jede Spezifizierung zu belassen, wenngleich unbestreitbar ist, dass jede Bildbetrachterin und jeder Bildbetrachter immer schon in vielerlei Hinsicht bestimmt und situiert ist. Ich vertraue dabei darauf, dass der Erkenntnisgewinn, der sich aus dem Scharfstellen der Wahrnehmung für einen Aspekt ergibt, dafür zu entschädigen vermag, dass wichtige andere Phänomene kaum in den Blick kommen.

Die Frage, wie Zeit zu begreifen, zu konzeptualisieren und vorzustellen ist, wird ebenfalls nicht ausführlich diskutiert werden können. Die Philosophie des 20. Jahrhunderts – zu denken ist etwa an Henri Bergson – sowie die Überwindung eurozentrischer Scheuklappen haben die Aufmerksamkeit für die Vielfalt der Zeitvorstellungen, Zeitbegriffe und Zeittheorien geschärft, die sich teilweise weit von der sog. Uhrenzeit oder vom Konzept einer gerichteten, linearen Zeit entfernen. Der

Reichtum solcher Zeitvorstellungen ist jüngst durch das umfassende Kompendium *Formen der Zeit* zur Geltung gebracht worden.[6] Für das mit dem vorliegenden Buch verfolgte Vorhaben scheint es mir jedoch sinnvoller, sich nicht voreilig auf die Seite einer Konzeption von Zeit zu schlagen, sondern den Begriff – soweit möglich – unbestimmt zu lassen. Zwar fließen unvermeidlich kulturell bedingte, namentlich europäisch geprägte Vorannahmen in meine Argumentation ein. Doch sollte der Kern des Gedankengangs auch Bestand haben, wenn man ihn vor dem Hintergrund anderer Zeitvorstellungen nachvollzieht.

Während im Folgenden mithin in bewusst unbestimmter Weise auf Betrachter und Zeit Bezug genommen wird, versuchen meine Überlegungen umso mehr jene Charakteristika und Eigenschaften von Bildern zu ergründen, die für die Zeit des Bildbetrachtens relevant sein könnten. Darauf liegt das Hauptaugenmerk des Buches. Es soll vor allem den Blick dafür schärfen, wie Bilder bereits vor einer Darstellung zeitlicher Ereignisse oder Prozesse die Temporalität ihrer Rezeption mitprägen.

Der Umgang mit Bildern und mit Kunstwerken verdient eine weitere Vorbemerkung: Die wichtigsten Leitgedanken meiner Ausführungen zielen darauf, unser Verständnis von Bildern im Allgemeinen zu vertiefen. Der Gang der Argumentation steuert im ersten Teil des Buches bewusst darauf zu, mit den Kapiteln IV und V Eigenschaften in den Blick zu nehmen, die auch für viele Bilder jenseits der Kunst oder gar für alle statischen und materiell gebundenen Bilder relevant sind. Wo ich auf Beispiele zu sprechen komme, handelt es sich zwar im Regelfall um Bilder, die zugleich Kunstwerke sind; allerdings liegt deren Status als Kunstwerk nicht im Zentrum meines Erkenntnisinteresses. Dass ein Nachdenken über die Zeitlichkeit der Bildbetrachtung mit einigem Gewinn bei Bildern der Kunst ansetzen kann, dürfte jedoch kein Zufall sein. Denn es ist gut vorstellbar, dass ähnliche Überlegungen, wie sie im Folgenden entfaltet werden, auch frühere Bildbetrachter umgetrieben haben, die in hohem Maße Anlass hatten, über Bilder, ihre Eigenschaften und ihre Potenziale nachzudenken.[7] Das gilt insbesondere für bildende Künstlerinnen und Künstler. Sie könnten bereits früher in ihrem eigenen Idiom, nämlich dem des Bildes, gedanklich exploriert haben, was hier mit dem weniger anschaulichen Instrumentarium der Sprache versucht werden soll.

*

Auch dieses Buch ist unvermeidlich mit der Zeit seiner Entstehung verbunden. Die meisten Kapitel sind über einen Zeitraum von knapp zehn Jahren zunächst als Vorträge und Aufsätze entstanden. Schon früh wurden sie aber auf das Ziel eines zusammenhängenden Buches hin ausgerichtet. Meine Beschäftigung mit der Zeit des Bildbetrachtens hat dabei erheblich von den verschiedenen Kontexten profitiert, in denen ich daran arbeiten durfte. Erste Anregungen verdanken sich meiner Zeit am Basler Forschungsschwerpunkt «Bildkritik» (eikones) und am Deutschen Forum für Kunstgeschichte, Paris. Von 2013 bis 2020 bot zudem das von der Deutschen Forschungsgemeinschaft geförderte Schwerpunktprogramm «Ästhetische Eigenzeiten» (SPP 1688) einen denkbar produktiven Rahmen, um den Fragen nachzugehen, auf die ich zuvor gestoßen war. Wesentliche Fortschritte hat das Projekt 2014/15 während meiner Zeit am Alfried Krupp Wissenschaftskolleg Greifswald gemacht. Weitere wichtige Impulse habe ich als Fellow der Kolleg-Forschergruppe BildEvidenz an der Freien Universität Berlin erhalten, wo ich 2017 zu Gast war.

Dem Verlag C.H.Beck danke ich dafür, dass er sich auf dieses Buch einlässt. Alexandra Schumacher sei für Vorschläge und Nachfragen ebenso gedankt wie Beate Sander für die Bildrecherche. Für Anregungen und kritische Hinweise habe ich zudem zahlreichen Kolleginnen und Kollegen zu danken, von denen ich hier nur einige stellvertretend nennen kann: Amrei Bahr, Andreas Beyer, Gottfried Boehm, Georges Didi-Huberman, Michael Gamper, Peter Geimer, Eva Geulen, Boris Roman Gibhardt, Frida-Marie Grigull, Joris Corin Heyder, Britta Hochkirchen, Helmut Hühn, Etienne Jollet, Klaus Krüger, Helga Lutz, Christin Neubauer, Eberhard Ortland, Dirk Oschmann, Ulrich Pfisterer, Max Pommer, Bettina Rolke, Raphael Rosenberg, Reinold Schmücker, Ludger Schwarte, Ralf Simon, Klaus Speidel, Reinhard Wegner, David Wellbery und Lambert Wiesing. Arno Schubbach hat dankenswerterweise das

Manuskript einer kritischen Lektüre unterzogen, und Michael F. Zimmermann hat auf Teile des Textes mit zahlreichen neuen Denkanstößen geantwortet, die mir gezeigt haben, wie viele Fragen auch weiterhin offen sind.

ANNÄHERUNGEN

I. Der Akt des Bildbetrachtens. Ausgangsüberlegungen

Die verstreute Forschung zur Zeitlichkeit von Bildern steht noch immer auf irritierende Weise im Bann von Gotthold Ephraim Lessings *Laokoon*. Obwohl die scharfe Differenzierung in Raum- und Zeitkünste, die Lessing dem *Discourse on Music, Painting and Poetry* von James Harris entlehnt hatte, schon seit langem kritisiert und zurückgewiesen wird,[1] verzichtet kaum ein Beitrag zur Debatte darauf, einschlägige Passagen aus dem *Laokoon* zu zitieren. Nicht wenige Studien zum Verhältnis von Bild und Zeit sind von dem Anliegen bestimmt, gegen Lessings wirkmächtige These zu zeigen, dass auch Bilder über genuin zeitliche Qualitäten verfügen. Doch hat bereits Lessing selbst in eher beiläufigen Bemerkungen seiner Schrift eine Sensibilität dafür erkennen lassen, dass Bildern eine spezifische Zeitlichkeit eignet. Ausgerechnet in jener Passage, mit der er den Begriff des ‹fruchtbaren Augenblicks› einführt, bemerkt er, dass Werke der bildenden Kunst es erfordern, «nicht bloß erblickt, sondern betrachtet zu werden, lange und wiederholter maßen betrachtet zu werden».[2] Nicht zuletzt die performative Akzentuierung des Gedankens, die Lessing mit der Wiederholung des Wortes «betrachtet» vorgenommen hat, lässt ahnen, welche Bedeutung er dieser keineswegs trivialen Bestimmung einer Zeiterfahrung vor Bildern beimaß. Mochte die Relation der Bildzeichen aus seiner Sicht allein Gesetzen der räumlichen Anordnung folgen, so war ihre Wahrnehmung nicht ohne einen zeitlich erstreckten und zugleich durch Wiederholungen strukturierten Prozess der Betrachtung zu denken. Was sich in Lessings vermeintlich marginalem Nebensatz andeutet, weist auf eine Theorie der rezeptionsästhetischen Temporalität des Bildes voraus, die bis heute nicht ausgearbeitet worden ist. Mit einer eingehenden Untersuchung der Zeitlichkeit des Betrachtens von Bildern wird aber nicht nur ein bisher vernachlässigter Bereich der Bildforschung ausgeleuchtet. Vielmehr verbindet sich mit diesem Vorhaben das Anliegen, eine neue Perspektive auf die alte Frage nach der sogenannten Macht des Bildes zu gewinnen. Es ist, so eine These dieses Buches, in erheblichem Maße die rezeptionsästhetische Temporalität, aus der Bilder ihre ganz eigene Wirkmacht beziehen.

Die vielfältige Verstrickung des Bildes in Zeit

Dass Bilder auf besondere Weise in Zeitlichkeit verstrickt sind,[3] ist immer wieder bemerkt worden: Sie verdanken ihre Entstehung einem Moment oder einem Prozess, der sie mit einer bestimmten Zeit verbindet. Zugleich aber weisen zahlreiche Bilder über diese Entstehungszeit hinaus, da sie den Blick auf andere Zeiten zurück- oder vorauslenken, indem sie historische Ereignisse und Erzählungen aus der Vergangenheit vor Augen führen oder aber Ausblicke in eine Zukunft bieten (die freilich vom Standpunkt eines späteren Betrachters schon wieder der Vergangenheit angehören kann). Neben der Prägung durch ihre Entstehungszeit sind Bilder auch Zeitspannen unwillkürlicher Alterung oder Momenten gezielter Umgestaltungen unterworfen. In solchen Vorgängen zeichnen sich vielfältige Spuren der Zeit in das Bild als materiellen Gegenstand ein, die auch das, was das Bild zu sehen gibt, modifizieren können. Selbst aber wenn signifikante Veränderungen weitgehend ausbleiben, macht das Fortschreiten der Zeit etwas mit einem Bild; so können zum Beispiel seine Rahmung, seine räumliche Situierung oder auch der soziale und kulturelle Kontext, in dem es steht, Wandlungen unterworfen sein. Und nicht zuletzt kann das Bild Ausgangspunkt einer eigenen Geschichte seiner Rezeption werden, indem es etwa besondere Wertschätzung erfährt, als Vorbild für andere Bilder gilt oder zum umstrittenen Gegenstand von Debatten wird. Doch auch damit erschöpft sich noch nicht das Repertoire an Zeiten, in die Bilder verstrickt sein können. Insofern Bilder erst dadurch zur Geltung kommen, dass sie betrachtet werden, verbinden sich die gerade skizzierten Zeitschichten mit den Erfahrungen, Erinnerungen und Erwartungen ihrer Betrachter. Dazu gehören nicht zuletzt die persönlichen Geschichten, die individuelle Betrachter mit Bildern verbinden, die sie mehrfach oder in besonderen Situationen gesehen haben.

In einen ebenso produktiven wie schwer durchdringbaren Zusammenhang treten die genannten Zeitschichten von Bildern im Moment der Bildbetrachtung. Was sich gedanklich versuchsweise differenzieren lässt, verschränkt sich im Vollzug der Rezeption auf eine Weise, die im konkreten Fall keine trennscharfe Unterscheidung erlaubt. Bilder zeichnen sich daher durch einen konstitutiven Anachronismus aus.[4] Ihre ‹unreine›, vielfältige und nicht klar fixierbare Zeitlichkeit ist keineswegs angemessen erfasst, wenn sie datiert, in eine Chronologie eingeordnet und aus ihrem jeweiligen historischen Kontext heraus erklärt wird. Bilder können gewohnte Ordnungen der Zeit durchbrechen. Sie gleichen darin nicht so sehr einem bewussten, gezielten Rückgriff auf das Gedächtnis als vielmehr dem Auftauchen von Erinnerungen, das sich nicht gänzlich steuern lässt.

Welche engen Grenzen dem Vorhaben gesetzt sind, diese verschiedenen zeitlichen Aspekte von Bildern klar zu differenzieren und präzise zueinander ins Verhältnis zu setzen, lassen die vergleichsweise wenigen systematischen Annäherungen an das Problem erahnen. Selbst die geläufigste und weithin akzeptierte Unterscheidung in 1.) die geschichtliche Zeit des Bildes (in seiner Materialität und Dinglichkeit), 2.) die Zeit der Bildrezeption und 3.) die Zeit der bildlichen Darstellung, die von Heinrich Theissing vorgeschlagen worden ist,[5] birgt nicht wenige Probleme. Die der Darstellung inhärente Zeit hat Theissing als «Bildzeit» bezeichnet, «welche durch die ‹dargestellten Zeitsituationen› und mehr noch durch ihre zeitliche Darstellungsweise zur Anschauung kommt».[6] Doch bereits in diesem Zusatz deuten sich Unschärfen an, die offenkundig in der Sache liegen und sich auch durch das Bemühen um definitorische Präzision kaum beherrschen lassen. Denn Theissings «Bildzeit» umfasst sowohl zeitliche Eigenschaften des Dargestellten als auch temporale Qualitäten der Darstellungsmittel; neben der Ikonographie und der Bildnarration berührt sie daher auch formale und bildstrukturelle

Fragen. Dass Theissing diese Aspekte nicht scharf trennt, erscheint zunächst sinnvoll, ist es ihm auf diese Weise doch möglich, eine verengte Sicht auf das Problem der Darstellung von zeitlichen Verläufen im Bild zu umgehen. Und dennoch wird angesichts dieser Entscheidung die gerade erst etablierte Dreiteilung der Temporalitäten des Bildes wieder fraglich, da insbesondere dessen formale und bildstrukturelle Eigenschaften unweigerlich den Prozess der Rezeption beeinflussen, ja in ihm eigentlich erst zur Geltung kommen können. Die Scheidung zwischen «Betrachtungszeit» und «Bildzeit» erweist sich daher als äußerst fragil. Dabei sind es nicht nur die Interdependenzen zwischen der Temporalität der Rezeption und jener Zeit, die der Darstellung selbst inhärent ist, die eine allzu strikte und stabile Differenzierung der verschiedenen Zeitebenen nicht erstrebenswert erscheinen lassen. Denn auch die Zeit der Bildproduktion und der anschließende materielle Alterungsprozess des Bildes können sich auf vielfältige Weise mit der von Theissing so genannten «Bildzeit» und mit der Zeiterfahrung des Rezipienten verflechten. Gegenstandsbezeichnende Konturlinien oder formale Strukturierungen des Bildes gehen nicht selten auf Linienzüge zurück, die auch als Spur der Bildproduktion betrachtet werden können und in ihrem dynamischen Verlauf etwas vom Moment der Bildentstehung erfahren lassen. Selbst kontingente Alterungsspuren wie das Krakelee im Ölgemälde ziehen bisweilen im Prozess der Rezeption Aufmerksamkeit auf sich und können sich gar den das eigentliche Bild konstituierenden Linien angleichen, so dass es für einen Augenblick schwerfällt, sie vom Dargestellten zu differenzieren. Wer dem Verhältnis von Bild und Zeit genauer nachgehen will, wird daher nicht umhinkommen, alle auf den ersten Blick unterscheidbaren zeitlichen Phänomene im Blick zu behalten und mit zahlreichen Übergängen und Grenzverwischungen zu rechnen.

Die rezeptionsästhetische Temporalität als blinder Fleck der Forschung

Die Bildwahrnehmung kann als der Vorgang gelten, in dem diese verschiedenen, nie endgültig abgrenzbaren Zeitebenen immer wieder neu zueinander ins Verhältnis gesetzt werden. Jede Bildbetrachtung geht mit zahlreichen Verschiebungen der Aufmerksamkeit einher und bietet Anlass zu entsprechend vielen unterschiedlichen Zeiterfahrungen. Der Betrachter eines frühneuzeitlichen Historienbildes wird sich zumeist auf den dargestellten Moment und die in ihm implizierte Handlung zu konzentrieren versuchen. Zuvor hat er seinen Gegenstand aber vielleicht bereits als Kunstwerk von hohem Alter wahrgenommen. Ebenso kann ein Linienzug, der zunächst die Kontur einer im Bild handelnden Figur markiert, bei genauerer Betrachtung als rasch hingeworfene Spur einer Künstlerhand Aufmerksamkeit auf sich ziehen. Die Vielzahl von Faktoren, die über derartige Wechsel in der Fokussierung von Aspekten des Bildes entscheidet, scheint zunächst allzu groß und unkontrollierbar, um diese Vorgänge jenseits empirischer Studien zu untersuchen. Dazu wären neben dem Bild, dem in ihm Dargestellten, der formalen Gestaltung und der materiellen Erscheinung vielfältige situative Einflüsse und die individuelle Disposition der Betrachter zu berücksichtigen – mithin sehr viele Parameter, die sich selbst für modellhafte Situationen des Betrachtens kaum erschöpfend erfassen lassen.

Damit ist jedoch keineswegs ausgeschlossen, dass es möglich und sinnvoll ist, jenseits einer Analyse konkreter individueller Wahrnehmungsvollzüge über die Interaktion zwischen Bild und Betrachter nachzudenken und dabei vor allem den Anteil des Bildes genauer in den Blick zu nehmen. Es ist diese Fragestellung, die den Weg zu einer Untersuchung der rezeptionsästhetischen Temporalität des Bildes weist und damit eine strikte Trennung zwischen «Betrachtungszeit» und «Bildzeit» unterläuft. Denn die Rezeptionsästhetik nimmt Phänomene und Prozesse in den Blick, durch die das Bild und seine visuell erfassbaren Eigenschaften gleichsam mit dem subjektiven Wahrnehmungsprozess verschaltet werden. Sie richtet ihr Augenmerk in besonderer Weise auf jene Spezifika des Bildes, die Einfluss darauf nehmen, wie das Zusammenspiel von Bild und Betrachter ausgestaltet werden kann. Die Rezeptionsästhetik birgt daher auch das Potenzial, dem prozessualen Charakter der Bildbetrachtung konsequent Rechnung zu tragen. Im Zentrum einer rezeptionsästhetischen Analyse des Verhältnisses von Bild und Zeit steht die Frage, inwiefern und auf welche Weise die materiellen, formalen, sinnlich erfahrbaren, darstellenden und ausdeutbaren Eigenschaften des

Bildes die Zeiterfahrung des Betrachters disponieren, beeinflussen, befördern oder einschränken. Folgt man dieser Fragestellung, so wird zwar nur ein Teilaspekt der sehr viel umfassenderen und ungleich komplexeren Zeit der Bildbetrachtung beschrieben; zugleich aber ist damit die Schnittstelle zwischen Betrachtungszeit und Bildzeit gewonnen.

Doch harrt diese rezeptionsästhetische Temporalität einer umfassenden Untersuchung.[7] Sowohl in den Forschungen zur Zeitlichkeit des Bildes als auch in der kunsthistorischen Rezeptionsästhetik lassen sich allenfalls Ansätze dazu ausmachen, die Interaktion zwischen Bild und Betrachter in ihrer zeitlichen Beschaffenheit präziser zu erfassen. Mit wenigen Ausnahmen, die es ausführlicher zu diskutieren gilt, haben Studien zur Zeitlichkeit des Bildes die Temporalität des Wahrnehmungsprozesses von der dem Bild inhärenten Zeit geschieden und als Untersuchungsfeld von empirischen Forschungen verstanden. Die Frage nach der «Betrachtungszeit», so stellte etwa Heinrich Theissing fest, berühre vor allem «Wahrnehmungspsychologie und Informationstheorie», weshalb jede ihr gewidmete Untersuchung «den Rahmen einer kunstwissenschaftlichen Arbeit»[8] überschreite.

Dass temporale Qualitäten auch seitens der kunsthistorischen Rezeptionsästhetik kaum behandelt wurden, kann zunächst erstaunen, da die literaturwissenschaftliche Rezeptionsästhetik, der sich wesentliche theoretische und methodische Anregungen für das kunsthistorische Pendant verdanken, durchaus eine Sensibilität für Zeitphänomene aufweist. Insbesondere dort, wo die Rezeptionsästhetik Wolfgang Isers an die Narratologie anschließt, stößt sie zu anspruchsvollen und komplexen Analysen von Zeiterfahrungen bei der Lektüre vor. Beim Transfer der Rezeptionsästhetik in die Kunstgeschichte scheinen diese Aspekte jedoch – vielleicht sogar bewusst – in den Hintergrund gerückt worden zu sein. Während Wolfgang Kemp Leitbegriffe wie den «impliziten Leser» oder die «Leerstelle» mit Gewinn für Bildanalysen adaptierte,[9] blieb die Zeitdimension implizit und wurde nicht Gegenstand von rezeptionsästhetischen Analysen. Im Rückgriff auf Überlegungen Isers wird dieser Faden nochmals aufzunehmen sein.

«Folgeweisung», «Erlebniszeit» und Blickbewegung: Ansätze der Forschung

Dass die rezeptionsästhetische Temporalität des Bildes noch immer nicht umfassender untersucht worden ist, mag nicht zuletzt auf ältere Forschungen zurückzuführen sein, die dieser Fragestellung gewidmet zu sein scheinen, aus heutiger Sicht aber wenig zielführend sind. Am entschiedensten hat Kurt Badt in seiner Streitschrift gegen Hans Sedlmayr eine Methode der Bildinterpretation eingefordert, die den Vorgaben folgt, durch die das Bild den Wahrnehmungsprozess des Betrachters lenke. Mit großem Nachdruck hat Badt die These vertreten, dass die klassische abendländische Malerei die Reihenfolge der Bildbetrachtung vorzugeben gewusst habe. Die Bildstruktur sei auf jene Grundorientierung zwischen links und rechts, oben und unten abgestimmt, die auch unsere Alltagswahrnehmung bestimme, und weise eine Grundorientierung auf. Ein geordneter, durchdachter Bildaufbau impliziere daher immer auch eine «Folgeweisung, der der Interpret sich zu fügen hat».[10] Das Bild gebe aber bei der Erschließung der Darstellung nicht allein eine geordnete Reihenfolge vor, sondern finde zudem durch eine Strukturierung in «Kompositionsanfang», «Entwicklung des Themas» und «Schluß»[11] zu einer eigenen Geschlossenheit.

Badts Ansatz ist mit guten Gründen kritisiert worden.[12] Fraglich ist nicht nur, ob für Bilder – und sei es auch nur die Bildproduktion einer Epoche und eines vergleichsweise homogenen Umfeldes – eine Grundorientierung von links nach rechts unterstellt werden kann.[13] Vielmehr hat auch die Entscheidung, die Interaktion zwischen Bild und Betrachter allein auf eindeutige Vorgaben seitens des Bildes zurückzuführen, den Blick für eine Fülle komplexer rezeptionsästhetischer Phänomene verstellt. Badt beruft sich zwar beiläufig auf die Grundorientierung einer leiblich situierten Wahrnehmung, doch deutet sich schon in seiner Formel von der «verstehenden Wahrnehmung» an, dass die von ihm postulierte «Folgeweisung» nicht im strengen Sinne auf den Wahrnehmungsprozess und seine zeitliche Verfasstheit bezogen werden kann. Sehen und Interpretieren sind hier immer schon verflochten und idealtypisch reglementiert; Zeitverläufe werden von Badt mit Kausalität aufgeladen.

Dass Badts These in die Diskussion um die spezifische Zeitlichkeit des Bildes Eingang gefunden hat, verdankt sich Lorenz Dittmann. Er versuchte im Anschluss an das Konzept von der «folgerichtigen Gliederung» des Bildes in «Anhebung, Hauptthema und Schluß», den zuvor eher vage und allgemein verbliebenen Diskussionen um die Zeitlichkeit und Rhythmik von Bildern eine neue Grundlage zu geben.[14] Um Badts Gedanken eines inneren Zusammenhangs von Bildaufbau und Zeitlichkeit zu untermauern, griff Dittmann auf voraussetzungsreiche Konzepte aus dem Umkreis von Psychosomatik und Gestalttheorie zurück. Insbesondere Viktor von Weizsäckers Forschungen zum Verhältnis von Gestalt und Zeit schienen ihm dazu geeignet. Dittmanns zunächst plausibel anmutende Engführung von Zeit und Gestalt – «Zeit entsteht in der Gestalt […]. Gestalt ist nie ohne Zeit.»[15] – musste jedoch grundlegende Probleme aufwerfen. So sehr er auch betonte, dass die Gestalt selbst als «lebendig, werdend und vergehend»[16] zu denken sei, impliziert die Fokussierung auf Gestalt bereits eine Fixierung von Strukturen im Bild. Nur so konnte Dittmann plausibilisieren, dass Bilder in ihrem Aufbau eine folgerichtige Ordnung der Betrachtung vorgeben können. Wie sehr der Gestaltbegriff in diesem Kontext stabile Figur-Grund-Differenzen voraussetzt, deutet sich an, wenn Dittmann aus dem Zusammenhang von Zeit und Gestalt eine folgerichtige Ordnung des Bildes abzuleiten versucht: «Richtung ist Wesensmerkmal aller Figur-Wahrnehmung: Nur als gerichteter, nur in seiner Folgerichtigkeit ist der Gestaltzusammenhang erfahrbar.»[17] Damit sind jedoch zwangsläufig all jene Prozesse und Erfahrungen vor Bildern ausgeblendet, die der Wahrnehmung und Abgrenzung von Gestalten vorausgehen können. Denn es ist keineswegs ausgemacht, wann sich ein Strich zu einer geschlossenen Gestalt fügt oder wann sich Linienbündel und Farbflecken zu einer visuellen Einheit verdichten und nicht mehr nur als konturloses Kontinuum von Spuren im Bild erscheinen. Unweigerlich setzt der Gestaltbegriff Differenzierungen und Distinktionen voraus, deren Emergenz im Bild keineswegs selbstverständlich und dauerhaft sein muss. Bevor mithin Zeit an Gestalt erfahrbar werden kann, haben sich immer schon andere zeitliche Prozesse ereignet, die für das Verständnis der Zeitlichkeit des Bildes von erheblicher Bedeutung sein dürften.

In Götz Pochats Arbeiten zur Zeitlichkeit des Bildes lässt sich – bei allen Abweichungen bezüglich der theoretischen Vorannahmen – ein vergleichbares Problem beobachten. Neben den Beiträgen Badts und Dittmanns zählen Pochats Studien über die «Erlebniszeit» des Betrachters zu den wenigen Untersuchungen, die sich explizit dem «Zeitmoment der ästhetischen Betrachtung»[18] zugewandt haben. Zwar versucht Pochat Erkenntnisse und Begriffe Henri Bergsons, Edmund Husserls und Maurice Merleau-Pontys aufzugreifen, doch bleibt der Transfer dieser philosophischen und phänomenologischen Anregungen wiederum auf den Gestaltbegriff fokussiert. Auf diese Weise hat sich Pochat jedoch weitgehend der Möglichkeit beraubt, die Potenziale zu entfalten, die sich aus seinem Rekurs auf Husserls Analyse des inneren Zeitbewusstseins und der konstitutiven Bedeutung von Retention und Protention hätten ergeben können. Seines Erachtens sind es gegebene, in sich statische Gestaltformationen, an denen sich Wahrnehmungsprozesse vollziehen. Dass sich diese Gestalten vielfach erst im Vorgang der Bildbetrachtung herauskristallisieren müssen und auch danach einen fortwährenden Wechsel zwischen verschiedenen Aspekten – etwa zwischen dem Dargestellten und den Darstellungsmitteln – zulassen, kommt in Pochats Untersuchungen nicht mit letzter Konsequenz zur Geltung.[19]

Aus dem Bann gestalttheoretischer Bildauffassungen ist Gottfried Boehm getreten, als er Bilder überhaupt und damit auch Zeiterfahrungen vor Bildern auf Relationen von Elementen zurückführte. Als «Kontrastphänomen, das sich in der Unterscheidbarkeit von Fläche und Binnenelement zeigt und bestimmt»,[20] weise das Bild in sich immer schon Differenzen auf, die in temporalen Wahrnehmungsvollzügen zur Geltung kommen können. Scheint die Fokussierung auf bildliche Binnenelemente und deren Relationen noch dem Gestaltdenken verwandt zu sein, so weist das Wechselspiel von Simultaneität und Sukzession, das Boehm als wesentlichen Motor des Prozesses der Bildbetrachtung ausmacht, weit darüber hinaus. Die Rezeption eines Bildes kann sich seines Erachtens nicht auf die Wahrnehmung von Gestalten beschränken, sondern muss neben «Figuren oder isolierten Elementen» auch das Bild «als simultane[s] Feld und Kontinuum»[21] im Blick behalten. Zwischen diesen beiden Aspekten wechseln und vermitteln Wahrnehmungsvollzüge, die nicht in die Synthese einer in sich geschlossenen Gestalt münden: «Wir sehen stets neue Wege, auf denen sich ein Bild zu einem Ganzen ‹integriert› und aus ihm, auf dem Rückweg, in die Sukzession ‹differenziert›.»[22]

Nimmt man den Gedanken ernst, dass Bilder sowohl sukzessive als auch simultan erfahren werden, dass mithin bald einzelne im Bild erscheinende Figurationen, bald aber das Bild als Ganzes in den Blick kommt, so folgt daraus, dass die Zeit des Bildes nicht mehr bloß aus dem räumlichen Nebeneinander seiner Elemente erschlossen werden kann. Wichtig ist dann nicht nur, *wann* eine bestimmte Partie des Bildes erfasst wird, sondern auch *als was* sie betrachtet wird, ob dem Betrachter also an der entsprechenden Stelle ein Gegenstand erscheint oder ob sein Blick auf Farbe, Pinselzüge, graphische Spuren oder Eigenschaften des Bildträgers trifft. Selbst wenn der Blick aus dem Kontinuum der Punkte, Striche, Flächen, Tupfen, Flecken etc. ein Element oder eine Figur isoliert hat, ist keineswegs bereits entschieden, ob diese Einheit als ein bedeutungshaltiges Bildmotiv, als Spur einer künstlerischen Geste oder etwa als Erscheinungsform von Farbe wahrgenommen wird. Ebenso lässt sich nie exakt festlegen, wie rasch der Blick von der Fokussierung eines Details auf das Ganze des Bildes zurückgelenkt werden kann. Die rezeptionsästhetische Temporalität des Bildes, so deutet sich mit diesen Überlegungen an, umfasst wesentlich mehr als eine Abfolge, in der einzelne Bildelemente wahrgenommen werden.

Diese komplexe Zeitlichkeit der Bildwahrnehmung lässt sich auch mit den hochentwickelten Instrumentarien empirischer Untersuchungen nicht vollkommen durchdringen. Die Blickbewegungsforschung, deren Anwendung für kunsthistorische Untersuchungsgegenstände zuletzt stetig verfeinert wurde,[23] sieht sich vor Grenzen gestellt, die sich voraussichtlich nicht allein durch die Perfektionierung ihrer apparativen Mittel werden überwinden lassen. Was Eye-Tracking-Systeme, die das Zusammenspiel von ruckartigen Augenbewegungen (Sakkaden) und Fixationen nachvollziehen, zuverlässig leisten können, ist der präzise Nachvollzug des Verlaufs einer Bildwahrnehmung. In aufwendigen Versuchsreihen mit verschiedenen Betrachtern ermittelt die Blickbewegungsforschung typische Wahrnehmungsmuster und ermöglicht so indirekt Rückschlüsse auf den Einfluss, den die Gestaltung des Bildes auf den Sehprozess hat. Während das Eye-Tracking auf diese Weise nachzeichnet, welche Partien des Bildes in welchen Momenten des Wahrnehmungsprozesses in den Blick kommen, kann es jedoch nicht bestimmen, wie diese Partie jeweils wahrgenommen wird. Ob die Aufmerksamkeit des Betrachters ganz bei der Identifikation eines Motivs liegt oder den sinnlichen und formalen Qualitäten gilt, lässt sich mit den Mitteln des Eye-Tracking nicht feststellen. Die Blickerfassung bleibt unvermeidlich auf der Ebene der primären Wahrnehmung und kann keinen Aufschluss darüber geben, als was das jeweilige Bildelement gesehen wird und ob überhaupt ein Element isoliert worden ist.

Es ist kaum denkbar, dass sich diese Informationslücke durch Interviews von Probanden schließen ließe,[24] da jede Befragung lediglich sehr grobe zeitliche Verläufe und nur bewusst wahrgenommene Wechsel der Aufmerksamkeit zur Sprache bringen könnte. Eine Untersuchung der rezeptionsästhetischen Temporalität von Bildern wird aber gerade unterschwellige, oftmals kurze Wechsel des Aspektsehens[25] in ihr Kalkül miteinbeziehen müssen, da komplexe, anspruchsvolle Bilder weniger durch eine Verkettung von Motiven als durch ambivalente, mehrdeutige Bildelemente zu einer zeitlichen Dehnung der Bildbetrachtung beitragen können. Wenn beispielsweise eine Konturlinie der Bezeichnung eines Gegenstands dient, zugleich aber in ihrem graphischen Eigenwert Aufmerksamkeit auf sich zieht, so kann sie durch einen mehrfachen Aspektwechsel die Zeiterfahrung des Betrachters maßgeblich beeinflussen.[26] Dass ein und dasselbe Bildelement im zeitlichen Verlauf auf unterschiedliche Weise und in verschiedenen Hinsichten erfasst werden kann, scheint jedoch auch von empirischen Methoden jenseits des Eye-Tracking (z. B. *neuroimaging* mit fMRT oder *computarized dynamic posturography*) noch nicht untersucht werden zu können.[27] Ein besseres Verständnis der rezeptionsästhetischen Temporalität des Bildes kann sich daher nur begrenzt an den Ergebnissen empirischer Forschungen orientieren. Die Rezeptionsästhetik hat allen Grund, sich zunächst auf eine klassisch geisteswissenschaftliche Methode, das Beschreiben, zu besinnen und die Bilder selbst auf ihre Wahrnehmungspotenziale hin zu befragen. Auf dieser Grundlage kann sie nicht zuletzt zu einer komplexeren Weiterentwicklung empirischer Untersuchungsformen beitragen.

Rezeptionsästhetische Ansätze und ihre Potenziale

Will sich eine Untersuchung der Zeitlichkeit von Bildern und Bildbetrachtungen nicht allein darauf beschränken, Abfolgen in der Erfassung unterschiedlicher Bildbereiche nachzuvollziehen, so ist es hilfreich, nochmals an die literaturwissenschaftliche Rezeptionsästhetik anzuknüpfen.[28] Während sich Hans-Robert Jauß auf einer Makroebene vorrangig historischen Prozessen «fortgesetzter Horizontstiftung und Horizontveränderung»[29] und deren Bedeutung für die Rezeption literarischer Werke zuwandte, hat Wolfgang Iser auf einer Mikroebene wesentliche Faktoren und Charakteristika des Leseaktes untersucht.[30] Es ist vor allem diese Ausprägung der Rezeptionsästhetik, die Perspektiven zum besseren Verständnis der Temporalität von Wahrnehmungsvollzügen eröffnen kann.

Bereits Roman Ingarden hatte den phänomenologischen Grundgedanken, dass die Wirklichkeit, so wie sie uns erscheint, nicht ohne die konstituierenden Leistungen unseres Bewusstseins zu denken ist, auf ästhetische Probleme angewandt. Dabei ging es ihm darum darzulegen, wie vielschichtige literarische Werke erst durch die «Konkretisation»[31] im Akt der Lektüre zur Geltung kommen können. Diese Konkretisationen durch den individuellen Leser haben, so Ingarden, ihre Verankerung in Vorgaben des Textes, werden durch ihn aber keinesfalls vollständig determiniert, da Texte unvermeidlich ‹Unbestimmtheitsstellen› aufweisen. Wolfgang Iser hat sich von diesem Gedanken anregen lassen, als er seine Studien zum Lesevorgang ausarbeitete und das Zusammenspiel zwischen dem Leser einerseits sowie textuellen Potenzialen und Vorgaben andererseits beschrieb. Stärker als Ingarden betonte Iser die Dynamiken und Spannungen, die den Akt des Lesens kennzeichnen. Da der Verlauf einer Textlektüre den Leser unausgesetzt mit der Notwendigkeit von neuen Konkretisationen und Aktualisierungen konfrontiert, kommt es zwischen den verschiedenen Bestimmungsversuchen fast zwangsläufig zu Interferenzen und Diskrepanzen.[32] Bei der Lektüre von Texten erlangen daher jene Protentionen und Retentionen, durch die Husserl das innere Zeitbewusstsein bestimmt sah,[33] eine besondere Bedeutung; sie treten, so Iser, in ein dialektisches Verhältnis.[34] Eine entscheidende Einsicht Isers besteht darin, dass er die Diskrepanzen zwischen Vorgriffen und Rückblicken, zwischen Erwartungen und Erinnerungen, nicht als bloße Störungen im Prozess der Lektüre begreift, sondern in ihnen ein wesentliches Mittel erblickt, durch das Leser in Texte verstrickt werden: «In solchen Verstrickungen gründet ein entscheidendes Moment des Lesens überhaupt. Durch sie werden wir in den Text hineingezogen, den wir dann als ein Geschehen erfahren, in dessen Gegenwart wir sind.»[35] Zugleich aber bieten die Diskrepanzen zwischen konkurrierenden Konkretisationen dem Leser auch Gelegenheiten, auf die Prozessualität seiner Lektüre und seine Interaktion mit dem Text aufmerksam zu werden. Sie sind daher von fundamentaler Bedeutung für Zeiterfahrungen beim Lesen von Texten.

Die spannungsvollen Dynamiken, die von der literaturwissenschaftlichen Rezeptionsästhetik für Texte untersucht wurden, sind für Bilder bislang noch nicht umfassend beschrieben worden.[36] Eine genauere Analyse der rezeptionsästhetischen Temporalität von Bildern kann erheblich von Isers Studien zum Lesevorgang profitieren, hat der Literaturwissenschaftler doch gezeigt, wie sich mit der Aktualisierung eines Werks im Prozess der Rezeption eine komplexe eigene Zeitlichkeit entfaltet. Und dennoch muss eine Untersuchung, die Bilder ins Zentrum stellt, einen gänzlich eigenständigen Zugang gewinnen. Ein bloßer Transfer literaturwissenschaftlicher Ansätze verbietet sich, da der Akt des Betrachtens nicht analog zum Lesevorgang charakterisiert werden kann. Während sich Iser weitgehend auf die Semantik von Texten und deren Narrationen konzentrieren konnte, muss eine Rezeptionsästhetik des Bildes in weit stärkerem Maße semiologische, vor allem aber phänomenologische und wahrnehmungstheoretische Aspekte in ihr Kalkül einbeziehen. Denn anders als bei Texten lässt sich die Struktur bildlicher Darstellungen nicht auf distinkte Grundeinheiten (Buchstaben, Lautsilben oder Wörter) zurückführen. Vielmehr haben sowohl semiotische Bildtheorien als auch deren Kritiker darauf aufmerksam gemacht, dass sich in Bildern in der Regel keine stabilen bedeutungstragenden und -unterscheidenden Einheiten finden lassen, die problemlos als Zeichen gelten könnten.[37] Was im Kontext einer bildlichen Darstellung als Motiv, Gegenstand oder Figur identifiziert wird, muss vielmehr zunächst aus dem Kontinuum der visuellen Phänomene im Bild hervortreten und durch den Betrachter abgegrenzt werden. Diese Emergenz von Elementen im Bild vollzieht sich in der Regel unwillkürlich und zieht keine Aufmerksamkeit auf sich. Da sie jedoch dem Akt des Betrachtens inhärent ist und zudem potenziell jederzeit auffällig werden kann, ist sie für eine Untersuchung der rezeptionsästhetischen Temporalität des Bildes von grundlegender Bedeutung.[38]

Um der spezifischen Problematik bildlicher Darstellungen gerecht zu werden, gilt es, bildtheoretische Forschungen aufzugreifen, die das komplexe Zusammenspiel zwischen Darstellungsmitteln und Dargestelltem, zwischen der «Opazität» des Bildes und seiner Referentialität, zu beschreiben versucht haben.[39] Diese Ansätze sind auf ihre Implikationen für die Zeiterfahrungen vor Bildern hin zu befragen und können in einem weiteren Schritt zum Beispiel um Einsichten narratologischer Studien zu Bildern ergänzt werden. Auf einer solchen Grundlage lassen sich wesentliche Rahmenbedingungen und Erscheinungsformen der rezeptionsästhetischen Temporalität von Bildern beschreiben. Dieses Vorgehen ermöglicht es insbesondere, Interferenzen zwischen verschiedenen Ebenen bildlicher Darstellung (materielle Eigenschaften des Bildes, phänomenologische Aspekte der Bildwahrnehmung, semiologische Prozesse, Semantik, Narration, Bildpragmatik) herauszuarbeiten und deren Relevanz für die Temporalität des Bildes zu bestimmen. Einiges spricht dafür, dass weniger ein harmonisches Zusammenspiel als vielmehr Widerstreite zwischen dem Dargestellten und den Darstellungsmitteln oder zwischen verschiedenen Aspekten und Deutungsoptionen des Dargestellten die Zeiterfahrungen, die bei der Betrachtung von Bildern gemacht werden können, entscheidend prägen.

Sollte sich die Ausgangsthese erhärten, dass bildinternen Spannungen eine grundlegende Bedeutung für die Konstitution der Temporalität des Bildes zukommt, so lassen sich auch weiterführende bildtheoretische Schlussfolgerungen ziehen, die zu einem besseren Verständnis der vieldiskutierten ‹Macht› oder *agency* von Bildern beitragen könnten. Während aktuelle theoretische Ansätze das, was als ‹Bildmacht› oder ‹Bildakt› bezeichnet wird, entweder auf Praktiken, Haltungen oder Projektionen der Subjekte zurückführen, die mit den Bildern umgehen, oder aber im Gegensatz dazu ganz im Gegenstand Bild mit seinen spezifischen Eigenschaften verankert sehen,[40] kann eine weiterentwickelte Rezeptionsästhetik einen alternativen Weg weisen. Da die Rezeptionsästhetik immer schon die Relation von Bild und Betrachter zugrunde legt, dabei aber insbesondere nach den Spezifika des Bildes fragt, welche die konkrete Ausgestaltung dieser Relation entscheidend prägen, regt sie dazu an, die ‹Macht› des Bildes nicht mehr nur allein dem Bild selbst oder dem betrachtenden Subjekt zuzuschreiben. Mit den Mitteln einer bildtheoretisch fundierten Rezeptionsästhetik lassen sich vielmehr die Situationen im Zusammenspiel von Bild und Betrachter genauer beschreiben, in denen diese ‹Macht› überhaupt erst hervortritt. Da es zeitlich erstreckte Prozesse der Bildwahrnehmung sind, in denen die latente Wirkmacht eines Bildes aktualisiert wird und zur Geltung kommt, muss die Frage, wie Bilder durch die ihnen eigene rezeptionsästhetische Temporalität den Prozess dieser Aktualisierung von ‹Macht› konditionieren, von besonderem Interesse sein.[41]

Auch in diesem Fall dürfte es zu kurz greifen, wollte man sich nur auf die Frage konzentrieren, wie durch Vorgaben im Bild die Abfolge von Blickbewegungen gesteuert wird. Für ein besseres Verständnis der ‹Macht› von Bildern wird vielmehr zu klären sein, auf welche Weise Bilder ihre Betrachter in Wahrnehmungsprozesse verstricken, die sich zum Teil der souveränen Kontrolle durch den Rezipienten entziehen. Bildinterne Spannungen dürften dabei von erheblicher Bedeutung sein. Denn eine spezifische latente Konfliktstruktur ist es, die Bilder von anderen Gegenständen unserer Lebenswelt unterscheidet; sie ergibt sich daraus, dass Bilder mittels ihrer eigenen physischen Gegenwärtigkeit etwas anderes, Nicht-Gegenwärtiges, vor Augen stellen.[42] Die damit einhergehenden bildinternen Widerstreite lassen sich den Diskrepanzen vergleichen, die Iser an literarischen Texten und den ihre Lektüre begleitenden Vorgriffen und Rückblicken des Lesers beobachtete. So wie diese Diskrepanzen den Leser stets aufs Neue vor die Herausforderung stellen, seine Lektüre zu modifizieren und zu korrigieren, konfrontieren Bilder mit Widerstreiten, denen nur zeitlich erstreckte Wahrnehmungsprozesse gerecht werden können. Indem der Betrachter sich bald in das Dargestellte vertieft und dessen bildliche Vermitteltheit außer Acht lässt, bald aber auf die Opazität und den Eigensinn des Bildes stößt, wird er unvermeidlich in eine Betrachtung verstrickt, die nicht allein von ihm gelenkt, sondern vom Bild, seinen Figurationen, aber auch seiner Materialität, Flächigkeit und Begrenztheit entscheidend beeinflusst wird.

Ein vertieftes Verständnis dieser Interaktionen zwischen Betrachter und Bild bietet eine geeignete Grundlage, um zu erklären, wie Bildern auch jenseits von Realitätseffekten, der Erzeugung von Evidenz oder sinnlicher Täuschung ein hohes Maß an Wirkmacht zukommen kann. Das vermeintliche Paradox, dass sich ein Bild durch eine Eigenaktivität und ‹Macht› auszuzeichnen scheint, obgleich es sich unverkennbar um ein lebloses, statisches Ding handelt, wird erst verständlich, wenn man die Betrachtung als temporales Geschehen begreift, in dessen Verlauf zwei einander tendenziell ausschließende Aspekte der Bildrezeption – das Bildbewusstsein und die Versenkung in das Dargestellte – zur Geltung gebracht werden können. Wer verstehen will, warum auch jüngere bildtheoretische Diskussionen noch immer im Bann der ‹Macht› oder *agency* des Bildes stehen, muss den Akt des Bildbetrachtens in seiner zeitlichen Beschaffenheit genauer analysieren.

II. Augenblick, Blickwanderung und Widerstreit: Kunsthistorische Streifzüge

Die Bedeutung des Faktors Zeit ist in der Theorie und Praxis der bildenden Künste, namentlich der Malerei, bereits früh erkannt worden. Bevor die nachfolgenden Kapitel die systematische Fragestellung weiterverfolgen, sollen hier einige Schlaglichter auf die Geschichte der Kunst und des Bilddenkens geworfen werden. Eine umfassende historische Darstellung, die neben theoretischen Äußerungen über die Zeit der Bildbetrachtung vor allem die Bilder selbst als Aushandlungsraum einer solchen Reflexion in Betracht ziehen müsste, bleibt noch zu schreiben. Sie hätte zu berücksichtigen, dass sich aus den historisch wandelbaren Theorien des Sehens auch Folgen für das Nachdenken über die Bildbetrachtung ergeben. Hier aber geht es nur darum anzudeuten, wie reich und vielfältig sich diese Geschichte darstellt. Zudem ist an Beispielen aufzuzeigen, dass in Theorie und künstlerischer Praxis eingehend darüber nachgedacht wurde, wie sich die Zeitlichkeit der Bildrezeption produktiv für Darstellungsabsichten nutzen lässt.

Augenblick versus Zerstreuung

Bereits in Leon Battista Albertis Malereitraktat von 1435/36 finden sich Erwägungen darüber, wie die Zeit der Bildbetrachtung durch die Gestaltung eines Gemäldes beeinflusst werden kann. In seinen Ausführungen über das Historienbild plädiert Alberti dafür, eine Mannigfaltigkeit attraktiver Bildgegenstände mit einer klug geordneten Komposition zu verbinden. Das Historiengemälde solle sich «so anmutig und schmuckreich darbieten», dass es «die Augen eines gelehrten ebenso wie die eines ungelehrten Betrachters für längere Zeit fesselt, unter Vermittlung einer besonderen Lust und inneren Bewegung.»[1] Alberti lässt ein bemerkenswert deutliches Interesse daran erkennen, Blick und Aufmerksamkeit des Rezipienten für längere Zeit zu binden. Dass mit diesem Anliegen jedoch auch Herausforderungen einhergehen, zeigt sich in seinen weiteren Anweisungen zu der Frage, wie zu verhindern sei, dass die Mannigfaltigkeit in Unordnung umschlägt. In der künstlerischen Praxis sei dafür Sorge zu tragen, dass aus einer Vielfalt, die das Auge angenehm beschäftigen kann, nicht ein Durcheinander wird, das den Betrachter zu erschöpfen droht.

Differenzierte Überlegungen zur rezeptionsästhetischen Temporalität von Bildern finden sich in theoretischen Diskursen des Barock, die das Problem aufgreifen, das sich bei Alberti bereits andeutete. Sie setzen bei einem Unbehagen an, das Bilder bereiten können, die den Betrachter durch große Ausmaße, einen außergewöhnlichen Detailreichtum des Dargestellten und eine hochgradige Komplexität der Komposition überfordern. Ausdrücklich wird in diesem Zusammenhang über Bilder reflektiert, deren Wahrnehmung allzu viel Zeit in Anspruch nimmt. Auf dieses Argument rekurrierten etwa in der römischen Accademia di San Luca kritische Stimmen zu dem von Pietro da Cortona gemalten Deckenfresko im Palazzo Barberini (Abb. 3). Sie befürchteten, «dass das Auge in dieser großen Fülle ermüdet, ohne die Ruhe und Stille zu finden, die allein es besänftigen und zufriedenstellen kann.»[2] Was die Kritiker von Pietro da Cortona offenbar als eine Schwächung des Bildes empfanden, konnte freilich auch als eine potenzielle Qualität gewertet werden. Gerade in der Deckenmalerei ließen sich Bildgestaltungen erproben, die gezielt einen im Raum sich bewegenden Betrachter ansprechen. Maler von perspektivischen Quadratura-Gemälden oder von anamorphotischen Wandbildern dürften die irritierend verzerrten Wahrnehmungen miteinkalkuliert haben, die sich Betrachtern bieten, bevor und nachdem sie jenen Standort eingenommen haben, von dem aus die bildliche Darstellung kohärent in Erscheinung tritt.[3] Diese Vermutung liegt nicht zuletzt deswegen nahe, weil auch ein Meisterwerk der Quadratura-Deckenmalerei wie Andrea Pozzos Fresko in der römischen Kirche Sant'Ignazio in den entfernten Randbereichen mit sinntragenden Details aufwartet, die den Betrachter vom idealen Standort weglocken. Für die Würzburger Deckenfresken von Giambattista Tiepolo haben Svetlana Alpers und Michael Baxandall zudem minutiös nachgezeichnet, wie deren Anlage auf den bewegten Be-

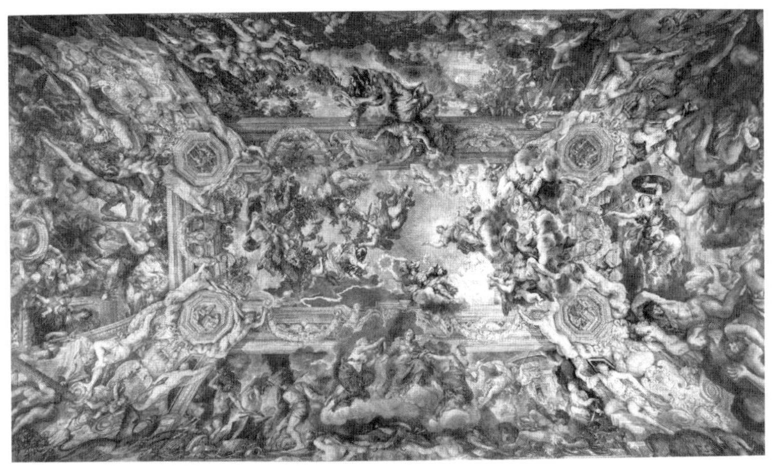

3. Pietro da Cortona, Triumph der göttlichen Vorsehung, 1632–1639, Fresko, 14,7 × 24,7 m, Rom, Palazzo Barberini

trachter und das bewegliche Licht hin ausgerichtet ist.[4] Deckenbilder dieser Art rechnen ganz gezielt mit Betrachtern, die Zeit investieren, sich im Raum bewegen und dabei verschiedene Erfahrungen machen.

Der entgegengesetzte Gedanke, dass ein Bild durch Geschlossenheit und Ordnung zu einer Erfahrung von «Ruhe und Stille» einladen solle, statt das Auge durch Fülle zu «ermüden», ist auch in anderen Zusammenhängen geäußert worden. Ging es in der Accademia di San Luca vorrangig um die spezifischen Anforderungen großformatiger, raumüberspannender Deckenmalerei, so findet sich bei Roger de Piles im späteren 17. Jahrhundert eine ähnliche Idee in verallgemeinerter Form. In seinen weithin rezipierten Anmerkungen zum Traktat *De arte graphica* von Charles-Alphonse Dufresnoy ermahnt de Piles die Maler zu einer durchdachten «Ökonomie» des Bildes, die dessen Effekt nicht durch Überfülle und Ablenkungen einschränken dürfe. Bereits «au premier coup d'œil», also auf den ersten Blick, müsse sich die Empfindung vermitteln, die das Bild als Ganzes im Betrachter hervorrufen solle.[5] Diesen Grundgedanken, die Konzeption und Gestaltung eines Bildes vollkommen auf eine unmittelbare und augenblickliche Gesamtwirkung auszurichten, hat de Piles in späteren Schriften weiter ausdifferenziert. Die Einheit und Ganzheit des Gemäldes – de Piles verwendet dafür den Begriff des «tout-ensemble» – verdankt sich seines Erachtens nicht nur der geschickten Auswahl des Dargestellten und dessen Komposition, sondern auch dem gezielten Einsatz des Kolorits und des Helldunkels. Ein klug orchestriertes Zusammenspiel von Zeichnung und Helldunkel verhindere, dass die Augen zerstreut umherwandern, und lasse sie auf angenehme Weise verharren.[6] De Piles strebt mithin eine Konzentration der Wahrnehmung an, die mit Hilfe einer weitgehenden Stillstellung der Augen die Gefahr unterbindet, dass ein starker erster Eindruck durch spätere Ablenkungen überschattet wird. Explizit wendet er sich gegen die Idee, den Blick frei im Bild schweifen zu lassen, da auf diese Weise die gedankliche Konzeption des Malers, der mit guten Gründen zwischen Zentrum und Peripherie unterschieden habe, durchkreuzt werde.[7] Die hier kurz umrissenen Überlegungen von Roger de Piles machen zweierlei deutlich: Zum einen wusste er um den Umstand, dass die Bildbetrachtung als ein zeitlicher Prozess zu verstehen ist. Zum anderen rechnete er – ganz im Sinne einer Rezeptionsästhetik – damit, dass sich dieser zeitliche Vorgang mittels einer klugen Konzeption und Gestaltung des Bildes durch den Maler teilweise steuern lässt.

Ein ähnliches Argument wie de Piles' Plädoyer für eine Malerei, die sich ganz auf den ersten Blick des Betrachters konzentriert, brachte Johann Gottfried Herder vor, als er sich 1769 kritisch mit Gotthold Ephraim Lessings *Laokoon* auseinandersetzte. Lessing hatte davon abgeraten, Affekte wie Schmerz und Leiden in der bildenden Kunst darzustellen, da Malerei und Skulptur solche vorübergehenden Momente unvermeidlich auf Dauer stellen würden. Diese Überlegung, so erwidert Herder, verkenne allerdings den Umstand, dass Werke der bildenden Kunst ihre Wirkung sinnvollerweise nur auf die erste Begegnung mit dem Betrachter ausrichten sollten: «Alle sinnliche Freuden sind bloß für den ersten Anblick, und für ihn allein sind auch die Erscheinungen der schönen Kunst.»[8] Ganz in diesem Sinne stehe das Kunstwerk «auf einmal da, und so werde es auch betrachtet: der erste Anblick sey permanent, erschöpfend, ewig [...].»[9] Allerdings kommt Herder nicht umhin, den Gedankengang so fortzusetzen, dass auch er der mehr als augenblickshaften

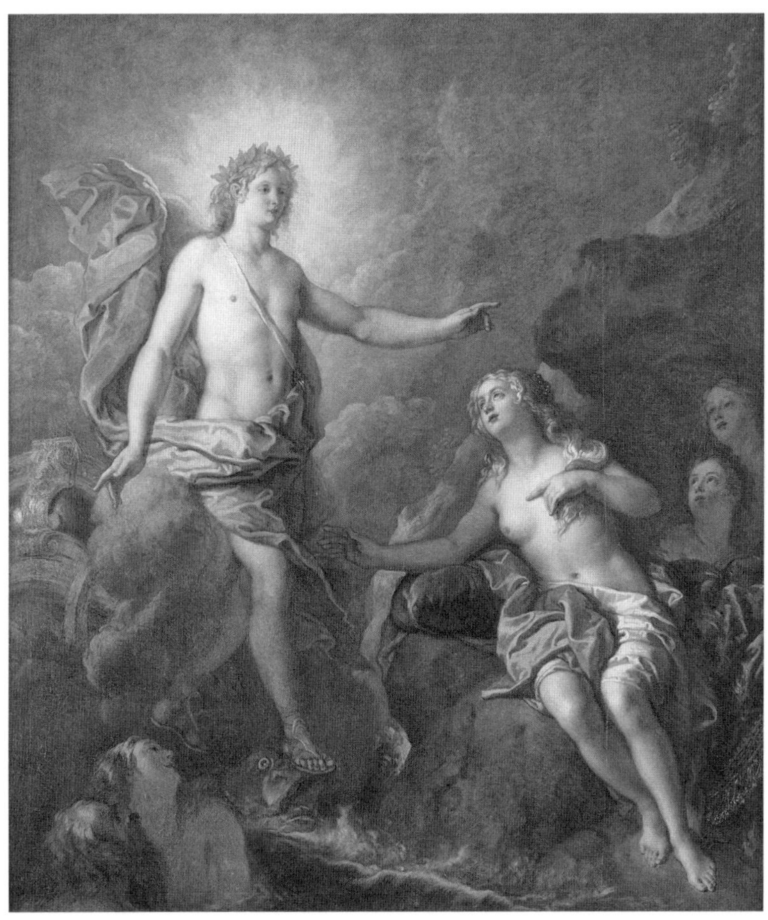

4. Charles de La Fosse, Apoll und Thetis, 1688, Öl auf Leinwand, 170,5 × 151,2 cm, Versailles, Musée National des Châteaux de Versailles et de Trianon

Zeitlichkeit der Wahrnehmung Rechnung trägt: «[...] blos die Menschliche Schwachheit, die Schlaffheit unsrer Sinne, und das Unangenehme des langen Anstrengens macht, bei tief zu erforschenden Werken, vielleicht das zweite, vielleicht hundertste Mal des Anblicks nöthig; darum aber sind alle diese Male doch nur Ein Anblick.»[10] Im Idealfall erschließt sich das Kunstwerk also unverzüglich; sofern das nicht möglich ist, sieht

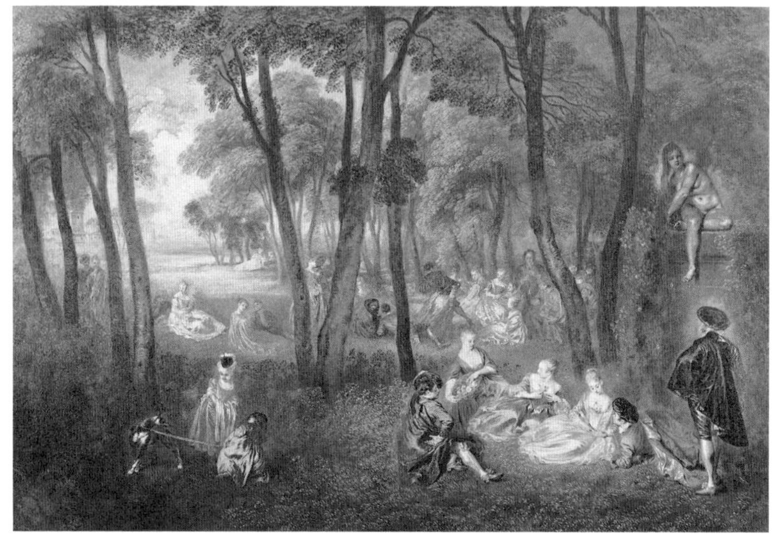

5. Antoine Watteau, Les divertissements champêtres, um 1719–1721, Öl auf Leinwand, 127,2 × 191,7 cm, London, Wallace Collection

sich das rezipierende Subjekt aufgefordert, die in wiederholten Wahrnehmungsakten gewonnenen Beobachtungen «zu Einem, aber gleichsam ewigen Anschauen»[11] zu synthetisieren. Herders Versuch, Lessing zu widerlegen, lässt einerseits auf ein Bewusstsein für die unvermeidliche Temporalität der Bildrezeption schließen, bietet andererseits aber auch ein Beispiel für diskursive Strategien, mit denen sich die handfeste zeitliche Erstreckung der Wahrnehmung zugunsten einer emphatischen, die Zeit transzendierenden Augenblicksanmutung in den Hintergrund drängen ließ.

Doch kommen wir nochmals auf den *coup d'œil* bei de Piles zurück. Die französische Malerei im späten 17. und frühen 18. Jahrhundert lässt ahnen, dass der Leitgedanke des Kunsttheoretikers auch in der künstlerischen Praxis vielfach aufgegriffen wurde. Insbesondere die Malerei der sog. Rubenisten, also der auf koloristische Wirkung bedachten Künstler wie Charles de La Fosse (Abb. 4), steht den Empfehlungen de Piles' nahe. Durch eine klug aufeinander abgestimmte Gesamtwirkung von Kolorit und Helldunkel scheint das Auge des Betrachters von anstrengenden Bewegungen quer über die Bildfläche entlastet zu werden. Doch konnten die Überlegungen von de Piles auch zum Anlass genommen werden, um eine alternative Rezeptionsästhetik zu erproben. Aaron Wile hat mit überzeugenden Argumenten vorgeschlagen, in der Vermeidung einer Ästhetik des *coup d'œil* jene Abweichung zu erkennen, die Antoine Watteau von den Rubenisten unterscheidet.[12] Watteaus Bildauffassung, die auf eine frei schweifende, assoziative und versonnene Reverie zielt, sieht davon ab, die Aufmerksamkeit auf wenige, in das Bildzentrum gerückte Motive zu lenken. Vielmehr verteilen sich die Figuren und Gegenstände seiner *fêtes galantes* (Abb. 5) über die gesamte Bildfläche. Zudem kann die offene Faktur der Malerei auch in vergleichsweise marginalen Bildpartien den Blick auf sich ziehen, so dass der Betrachter gleich auf mehrfache Weise eingeladen wird, in eine längere Betrachtung einzutreten und seinen Blick in Bewegung zu halten.

Blickwanderungen und Kontemplation

Watteau steht keineswegs allein mit der Intuition, dass die Zeit des Wahrnehmungsprozesses und die Bewegung des Auges nicht notwendig als Einschränkungen der Bildwirkung verstanden werden müssen, sondern höchst produktive Potenziale bergen. Quer zu den Epochen der Kunstgeschichte lässt sich beobachten, dass Malerinnen und Maler sich nicht darauf beschränkten, die temporale Dimension der Betrachtung zu limitieren oder zumindest in den Hintergrund zu drängen. Stattdessen hat sich ein umfangreiches Repertoire von Strategien herausgebildet, mit denen sich die Aufmerksamkeit des Betrachters für längere Zeit binden lässt. Bereits ein ungewöhnlicher Reichtum an potenziell sinntragenden Details wie in Gemälden von Hieronymus Bosch oder Pieter Brueghel dem Älteren kann den Blick dazu verleiten, sich lange unausgesetzt zu bewegen, zumal wenn die einzelnen Motive über die gesamte Bildfläche verteilt sind. Ähnliche Effekte lassen sich auch mit anderen Mitteln erzielen: mit begleitenden Nebenszenen in Historiengemälden, mittels einer Kombination verschiedener Phasen eines Geschehens, wie sie von Nicolas Poussin auf exemplarische Weise in

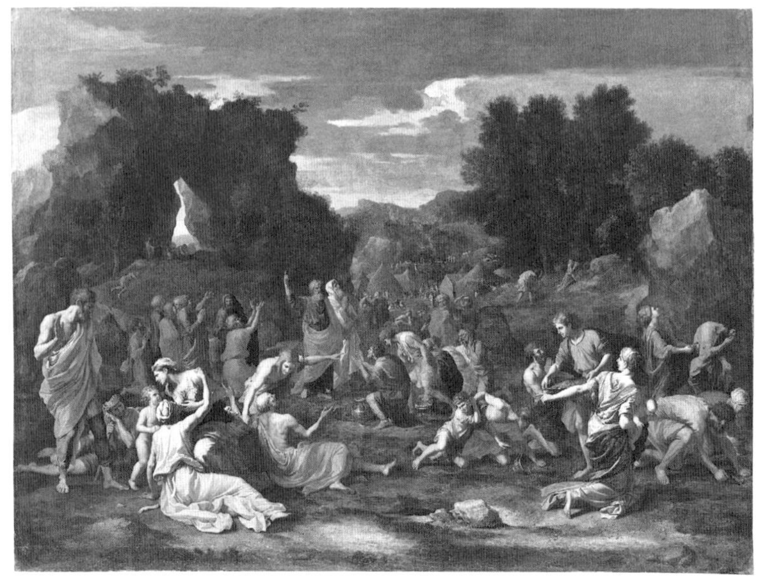

6. Nicolas Poussin, Mannalese, 1637–1639, Öl auf Leinwand, 149 × 200 cm, Paris, Musée du Louvre

seiner *Mannalese* (Abb. 6) vorgeführt wurde, oder durch ein reich abgestuftes Spektrum von emotionalen Reaktionen auf ein zentrales Ereignis, das man etwa in Historiengemälden von Charles Le Brun findet. Derartige Bereicherungen der Darstellung stützen nicht allein die Anschaulichkeit und Präzision der bildlichen Narration, sondern laden auch zu einer deutlich längeren Beschäftigung mit dem Bild ein. Es liegt auf der Hand, dass ebenso wie für die Ästhetik des *coup d'œil* auch hier Fragen der Komposition, des Kolorits und des Helldunkels von besonderem Interesse sind.

Bildgestaltungen, die darauf zielen, die Aufmerksamkeit des Betrachters lange zu binden und den Blick über die gesamte Bildfläche wandern zu lassen, mögen sich in einzelnen Fällen mit der Hoffnung verbunden haben, der Wahrnehmung einen möglichst verbindlichen Weg vorgeben zu können. Im Feld der Kunsttheorie und Kunstkritik sind solche Erwartungen u. a. von Michel-François Dandré-Bardon und Denis Diderot geäußert worden.[13] Weitaus häufiger scheint jedoch ein eher freies Schweifen des Blicks angestrebt worden zu sein. In solchen Fällen lag das Augenmerk auf der Performanz der zeitlich erstreckten Betrachtung, nicht aber auf einer konkreten Reihenfolge der dabei absolvierten Stationen und einem festgelegten Ziel.

Ein frühes Beispiel dafür, wie eine solche Form der Bildgestaltung konzeptualisiert werden konnte, bieten indirekt überlieferte Äußerungen von Giovanni Bellini.[14] Er hat – vielleicht als Erster – beim Sprechen über Bilder die Metapher vom wandernden Blick nahegelegt. Aufschlussreich ist der Kontext, in dem sich diese Idee herauskristallisiert. Ab 1496 bemühte sich die Markgräfin von Mantua, Isabella d'Este, über einen längeren Zeitraum hinweg darum, bei Bellini ein Gemälde in Auftrag zu geben. Zunächst plante sie, den Maler um ein Bild zu bitten, das sich in das anspruchsvolle Programm ihres Studiolo fügen sollte. Bellini hätte zu diesem Zweck eine profane Allegorie oder Historie malen müssen, die unvermeidlich mit den im selben Raum gezeigten, ambitionierten und durchdachten Kompositionen von Andrea Mantegna konkurriert hätte. Der venezianische Maler entzog sich diesem Ansinnen jedoch unter verschiedenen Vorwänden. Ab 1501 ließ Isabella d'Este erneut Anfragen an ihn richten, die eine größere Bereitschaft signalisierten, dem Künstler bei der Auswahl des Sujets entgegenzukommen. Die Begriffe, die in der Korrespondenz zwischen der Markgräfin und ihren Vermittlern, Michele Vianello und Lorenzo da Pavia, verwendet werden, lassen darauf schließen, dass die Auftraggeberin an ein Historienbild mit antikem Sujet und verbindlicher Bedeutung dachte, während von Bellini eher offene Begriffe wie «fantasia» ins Feld geführt wurden. Mit dem Wechsel in das dem Maler deutlich besser vertraute Feld der religiösen Malerei lösten sich die Probleme nicht sogleich; aber immerhin lieferte Bellini 1504 ein Gemälde, das offenbar die Geburt Christi zeigte. Über den venezianischen Humanisten Pietro Bembo unternahm Isabella d'Este schließlich 1505/06 nochmals einen Versuch, von Bellini ein Bild für ihr Studiolo zu erlangen. Bembo scheint besser als die anderen Vermittler verstanden zu haben, weshalb sich der Austausch mit dem Maler als so schwierig und zäh erwies. In einem Brief vom 11. Januar 1506 berichtet er von der Notwendigkeit, für das geplante Gemälde ein Sujet zu wählen, das sich für Bellinis Malerei eigne. Allzu konkrete und detaillierte Vorgaben seien dabei aber hinderlich, da sie sich nicht mit Bellinis Stil vereinbaren ließen. Denn der Maler sei es nach eigener Auskunft gewohnt, «nach Belieben in den Bildern umherzuwandern».[15]

Laut Bembos Bericht hat Bellini das italienische Wort «vagare» gewählt, um seinen Zugang zu Bildern zu beschreiben. Das ziellose Wandern, das auf diese Weise benannt ist, könnte sich auf mehreren Ebenen vollziehen: als imaginäres Eintreten in eine bildliche Szenerie, deren Landschaft sich im Geiste durchschreiten lässt, als Umherschweifen der Augen, die sich nach und nach möglichst vielen Partien der Bildfläche zuwenden, oder aber als freies Assoziieren bei der gedanklichen Ausdeutung des Dargestellten. Bembos knappe Formulierung bleibt in dieser Frage unbestimmt. Da aber in den Jahren zuvor sowohl Fragen des Stils als auch der Bedeutung von Gemälden verhandelt wurden, spricht einiges dafür, dass Bellinis «vagare» mehrere der genannten Ebenen umfasst. Seine Malerei hätte dann zum Ziel, den Blick des Betrachters über längere Zeit in Bewegung zu halten, um der freien, wenngleich nicht völlig beliebigen gedanklichen Beschäftigung mit dem Gesehenen viele Anregungen zu bieten. Versteht man die von Bembo überlieferte Aussage in diesem Sinn, so zeichnet sich die Möglichkeit ab, die rezeptionsästhetische Temporalität des Bildes mit einem bestimmten Modus des Denkens in Bildern zu verbinden. Indem die Zeitlichkeit der Bildbetrachtung nicht als Einschränkung des Präsenzeffekts des Bildes, sondern als produktives Potenzial verstanden wird, eröffnet sie die Option, mit dem Bild zu einem eher offenen Denkprozess anzuregen, statt einen bestimmten Gedanken zu vermitteln.

Viele Gemälde Bellinis (Abb. 7) weisen Charakteristika auf, die eine solche Bildkonzeption plausibel erscheinen lassen.[16] Insbesondere Darstellungen, die Figuren in einer Naturszenerie situieren, warten mit vergleichsweise vielen scharf gezeichneten und über die Bildfläche verteilten Motiven auf, die zu einer Ausdeutung einladen, ohne dass die Bezüge zwischen ihnen eindeutig vorgegeben wären. Bellini hat offenkundig weit verbreitete Andachtsformen, namentlich die spätmittelalterliche Praxis der Ding- und Naturallegorese aufgegriffen, um Landschaften der Meditation zu gestalten, die mit Figuren im Bildzentrum nur grob ein

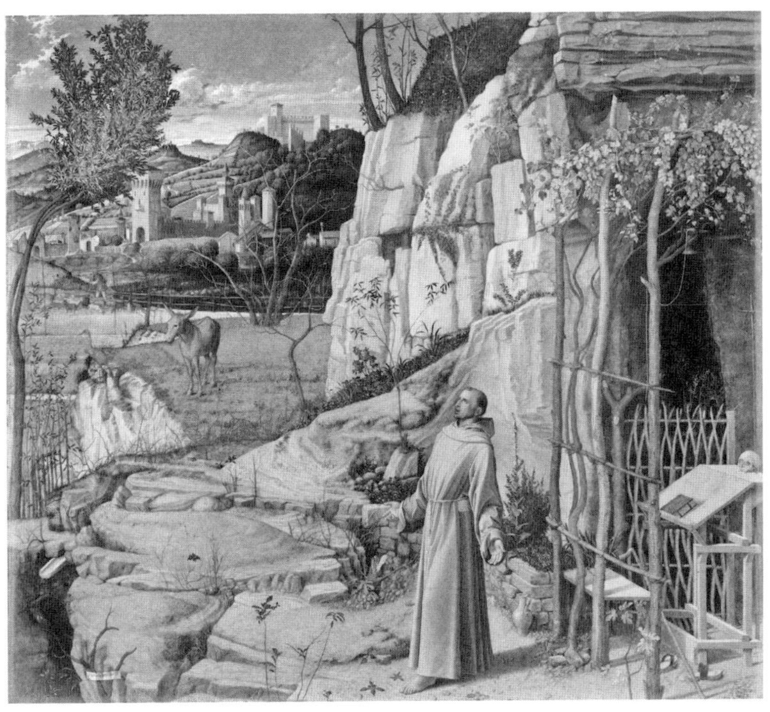

7. Giovanni Bellini, Der heilige Franziskus, um 1475–1480, Öl auf Holz, 124,6 × 142 cm, New York, Frick Collection

Thema vorgeben, das die Betrachter in einer langanhaltenden Beschäftigung mit zahlreichen Tieren, Pflanzen, Gesteinen, Gewässern etc. immer neu variieren können. Der jeweilige Rezipient realisiert dabei nicht einfach verbindliche Vorgaben, sondern hat die Gelegenheit, in einem mehrfachen Umherschweifen verschiedene, auch zueinander in Widerspruch stehende Ausdeutungen zu erproben – ganz so, wie es die christliche Naturallegorese auch ermöglichte. Bellinis Darstellung des Heiligen Franziskus, die immer wieder die Frage aufgeworfen hat, welches Ereignis der Heiligenlegende hier veranschaulicht wird, lässt sich daher vielleicht angemessener interpretieren, wenn man das Bild nicht auf einen Moment wie die Stigmatisierung oder auf ein komplexes, voraussetzungsreiches theologisches Programm festzulegen versucht. Das Angebot, das Bellini mit seinem Gemälde unterbreitet, ist erkennbar anderer Natur. Er fügt auch in den Mittel- und Hintergrund seiner Landschaft ungewöhnlich viele Detailmotive ein, die durch ihre auffällige Positionierung, die scharfe Präzision ihrer Erscheinung und ihre zugespitzte Individualisierung zur näheren Betrachtung und Ausdeutung einladen. Allerdings deutet nichts darauf hin, dass diese Detailmotive so im Bildraum oder auf der Bildfläche angeordnet sind, dass sie untereinander eindeutige sinntragende Relationen ausbilden. Auf diese Weise wird den Betrachtern ein Denkraum eröffnet, in dem sie Tiere, Pflanzen und andere Naturerscheinungen, aber auch die Gegenstände in der improvisierten Studierzelle des Heiligen in verschiedenen Hinsichten auf einen übertragenen Sinn befragen können: Die einzelnen Motive können auf den Heiligen und auf Stationen seines Lebens bezogen werden, sie lassen – wie der Stumpf des gefällten Feigenbaums unter der Hand von Franziskus – aber ebenso an biblische Texte denken und können zudem als Allegorien von Tugenden und Lastern im Allgemeinen aufgefasst werden. Dabei stellt die bemerkenswerte Präsenz dieser Details sicher, dass sie nach und nach den Blick auf sich ziehen, so dass sich das Auge auf eine längere Wanderung durch das Bild begibt. Der Maler unterbreitet auf diese Weise nichts anderes als das Angebot, «nach Belieben» – wenn auch nicht gänzlich beliebig – «in den Bildern umherzuwandern».

Bellini gehört damit meines Erachtens zu den Malerinnen und Malern, die gezielt daran arbeiten, den Betrachter in einen zeitlich erstreckten Prozess des Schauens und Denkens zu involvieren. Er setzt mithin auf den Vollzugscharakter des Sehens, anstatt auf ein bestimmtes vorformuliertes Ziel hinzuführen. Das ist gerade auch aus der Sicht eines christlichen Künstlers durchaus konsequent. Denn nicht selten behandelt er heilsgeschichtliche Geschehnisse und rührt an Grundfragen des Glaubens, die sich kaum als satzförmige Erkenntnisse formulieren lassen. Die Zeit des Bildbetrachtens wird bei Bellini daher zu einer Zeit der christlichen Kontemplation, die ihrerseits als performative Praxis zu verstehen ist. Zu Einsichten gelangt der Betrachter der Bilder des Venezianers durch Erfahrungen beim Vollzug des Sehens, nicht aber weil ihm Wissen vermittelt wird.

Die Malerei Giovanni Bellinis bietet ein Beispiel für das Phänomen, das hier versuchsweise als Blickwanderung bezeichnet wird. Das Ansinnen, die Augen des Betrachters längere Zeit durch das im Bild Dargestellte oder auch über die Bildfläche schweifen zu lassen, hat daneben auch andere Spielarten ausgebildet. Besonders bekannt geworden ist die im späten 18. Jahrhundert populäre Idee, profane Landschaftsbilder als Einladung zu einem Spaziergang mit den Augen zu begreifen. Denis Diderot hat diesen Gedanken, der einen immersiven Effekt mit der Temporalität der Bildbetrachtung verbindet, in seiner berühmten «Promenade Vernet» wirkungsvoll entfaltet.[17] Das als Teil der Salonbesprechung von 1767 entstandene Textstück, in dem verschiedene Gegenden und Naturszenerien geschildert werden, gibt sich zunächst als ein Bericht über Ausflüge auf dem Lande aus, um schließlich als Beschreibung von sieben Landschaftsbildern des Malers Claude Joseph Vernet entlarvt zu werden. Diderots Würdigung von Vernet blieb kein Einzelfall. Sowohl in theoretischen Ausführungen als auch in eigenen Bildern lässt etwa Jakob Philipp Hackert erkennen, dass ihm Landschaftsbilder dann als besonders gut gelungen erscheinen, wenn sie den Betrachter mit allen Sinnen in die Natur eintauchen lassen und das Schweifen des Auges zum Äquivalent des Spaziergangs wird.[18]

Widerstreite zwischen Erscheinen und Verbergen

Während die Landschaftsmalerei des fortgeschrittenen 18. Jahrhunderts mit der Idee der Blickwanderung darauf setzte, dass der zeitliche Prozess der Bildbetrachtung gleichsam als Substitut des Wanderns in der Natur die Illusion verstärkt, in die dargestellte Landschaft einzutauchen, wird die rezeptionsästhetische Temporalität des Bildes im frühen 19. Jahrhundert vermehrt genutzt, um Spannungen hervortreten zu lassen. Insbesondere Philipp Otto Runge und Caspar David Friedrich haben in ihren Bildern Widerstreite zwischen dem Dargestellten und den Darstellungsmitteln provoziert, die vom Betrachter nur in zeitlich erstreckten Wahrnehmungsvollzügen erfasst werden können.[19]

Ein Blick auf zwei Landschaftsgemälde Caspar David Friedrichs mag andeuten, wie sich der Dresdner Maler die rezeptionsästhetische Temporalität des Bildes für seine Zwecke zunutze machte. Das kleinfor-

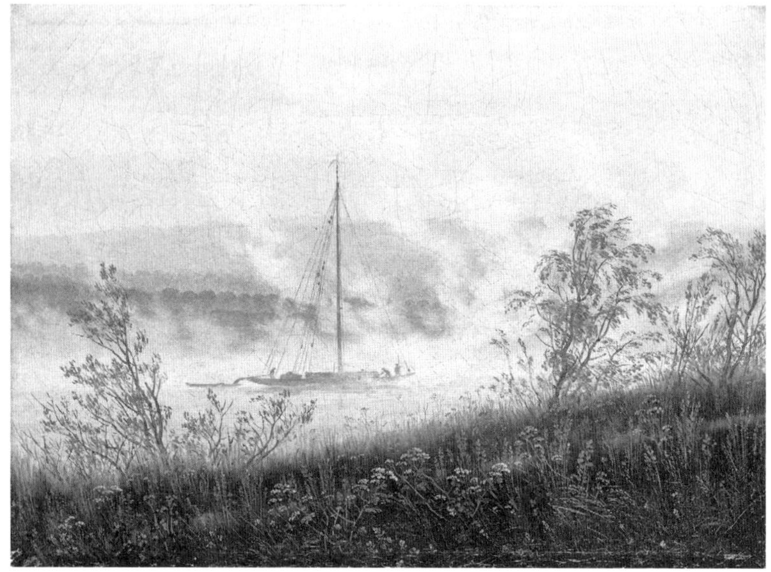

8. Caspar David Friedrich, Elbschiff im Frühnebel, um 1821, Öl auf Leinwand, 22,5 × 30,8 cm, Köln, Wallraf-Richartz-Museum & Fondation Corboud

matige Bild *Elbschiff im Frühnebel* (Abb. 8) gibt sich bereits durch den Bildtitel als Momentaufnahme einer stark veränderlichen Situation zu erkennen. Während die Blumen, Gräser und Büsche im Vordergrund des Bildes klar zu sehen sind, trübt der vom Fluss aufsteigende Nebel im Mittelgrund die Sicht in die Ferne. Nur schwach erahnt der Betrachter, dass sich am anderen Ufer des Flusses Baumreihen staffeln, die von sanften Hügelketten hinterfangen werden. Mitten im dichten weißen Nebel lässt sich lediglich ein Frachtkahn ausmachen, der von drei Schiffern manövriert wird. Klar konturierte Motive stehen neben Zonen, die sich dem Blick nur vage und schemenhaft erschließen.

Insbesondere die diagonal aufsteigenden Nebelschwaden lassen darauf schließen, dass im Bild ein höchst transitorischer Moment erfasst ist. Das sommerliche Grün der Vegetation und das zarte Blau des Himmels hinter den Schwaden legen die Vermutung nahe, dass wenig später die wärmende Sonne den Nebel auflösen wird. Zeit ist mithin schon auf der

Ebene des Dargestellten von zentraler Bedeutung. Mit der Fahrt des Schiffes auf dem Fluss wird neben diesem vergänglichen atmosphärischen Augenblick eine zweite Zeitebene erfahrbar. Das Schiff ist in Bewegung, es legt einen Weg zurück, der sich buchstäblich, aber auch im übertragenen Sinne verstehen lässt. Erinnerungen an den Topos von der Lebensfahrt und entsprechende ikonographische Traditionen werden angeregt.[20] Zugleich aber – und darauf wird zurückzukommen sein – erscheint kein Motiv im Bild so statisch wie das Schiff. Während die Büsche und der Nebel einen leichten Windhauch erahnen lassen, sind auf dem Schiff alle Segel eingeholt. Und anders als der Rest des Bildes, der überwiegend durch dynamische Diagonalen strukturiert ist, wird der Kahn durch die Horizontale des Schiffsrumpfes und die Vertikale des Mastes fest auf der Bildfläche verankert.

Friedrichs Entscheidung, einen sehr rasch vergänglichen Augenblick darzustellen, hat bei einigen zeitgenössischen Betrachtern Irritationen hervorgerufen. Zum *Elbschiff im Frühnebel* oder einem etwa zeitgleich entstandenen, vergleichbaren Bild heißt es in einem Bericht über die Dresdner Kunstausstellung des Jahres 1822, der in der *Wiener Zeitschrift für Kunst, Literatur, Theater und Mode* erschien, dass man angesichts des Morgennebels über der Elbe «die gegenüberliegenden Weinberge nur ahnen» könne: «[…] ein dichter weißer Dunst lagert sich über das Ganze so schwerfällig, daß des berühmten Künstlers Name der einzige Sonnenstrahl bleibt, der es erleuchtet. Unläugbar erscheint die Natur bisweilen so, aber dann ist sie nicht malerisch; eine Viertelstunde später, wenn sich diese Nebelkappe hebt oder senkt, wäre erst ein Bild daraus geworden.»[21]

Der Rezensent erfasste mit seiner Kritik intuitiv einen Aspekt, der auch Friedrich interessiert haben könnte: Im Motiv des Frühnebels lässt sich die Darstellung eines transitorischen Moments mit einem spannungsreichen Spiel zwischen Sichtbarmachung und Verschleierung verknüpfen. Mit dem Nebel stellt sich unweigerlich die Frage, was überhaupt im Bild sichtbar in Erscheinung treten kann und unter welchen Bedingungen sich uns etwas zeigt.

Es ist aber nicht allein das ungewöhnliche Bildmotiv, das dazu anregen kann, über die Bedingungen der Sichtbarkeit nachzudenken. Indem das Schiff mit seinem Rumpf und seinem Mast die Vertikale und Horizontale betont, nimmt es jene Grundrichtungen auf, die auch die Grenzen des Bildträgers, der gerahmten rechteckigen Leinwand, kennzeichnen. Wird die Aufmerksamkeit des Betrachters erst einmal auf die Flächigkeit des Bildes gelenkt, so kann er darauf stoßen, wie subtil verschiedene Motive des Bildes, die räumlich weit voneinander entfernt sind, auf der Fläche zueinander in Beziehung treten. Die sanft ansteigenden oder fallenden Diagonalen des vorderen Ufers sowie der Baumreihen und Hügelketten im Hintergrund sind im Sinne einer Zickzack-Linie gleichsam miteinander verspannt; und die Wipfel der Büsche und kleinen Bäume im Vordergrund enden genau dort, wo sie sich mit einer dieser Diagonalen überschneiden. Bei aller Momenthaftigkeit liegt dem Bild mithin eine strenge Komposition zugrunde, die sich an der Flächigkeit und Begrenztheit des Bildträgers orientiert. Dadurch eröffnet das Gemälde einen Widerstreit, der potenziell in jedem Bild zu finden ist, hier jedoch gesteigert zur Geltung kommt: Der Betrachter ist einerseits eingeladen, sich so sehr in den dargestellten Augenblick zu versenken, dass er gleichsam das Ziehen der Nebelschwaden zu verfolgen meint; andererseits aber kann ihn das Kalkül der Komposition jederzeit auch auf die Statik und Artifizialität des Bildes aufmerksam machen.

Der Betrachter von Friedrichs *Elbschiff im Frühnebel* sieht sich daher in mehrfacher Weise Prozessen des Sichtbarmachens und Verbergens gegenüber. So wie der Nebel je nachdem, ob er sich verdichtet oder auflöst, etwas offenbart oder verschleiert, kann auch das Bild selbst entweder einen transparenten Durchblick auf das Dargestellte gewähren oder aber mit seiner eigenen Materialität und Künstlichkeit konfrontieren. Der Betrachter kann zwischen diesen Polen nur in einem zeitlich erstreckten Wahrnehmungsprozess vermitteln. Indem der Blick des Rezipienten bald auf die im Bild erscheinende Landschaft, bald aber auf das Gemälde selbst trifft, wiederholt sich gleichsam jener Wechsel von Ver- und Entschleierung, von Transparenz und Opazität, der auch dem Nebel als beherrschendem Bildmotiv eigen ist.

Insbesondere in den Jahren um 1820 hat Friedrich bemerkenswert viele Darstellungen von Nebel und Wolken gemalt, die mit ähnlichen Effekten aufwarten. In seinem kleinen Gemälde *Ziehende Wolken* (Abb. 9) hat er die Materialität der Farbe genutzt, um das Bild nochmals auf an-

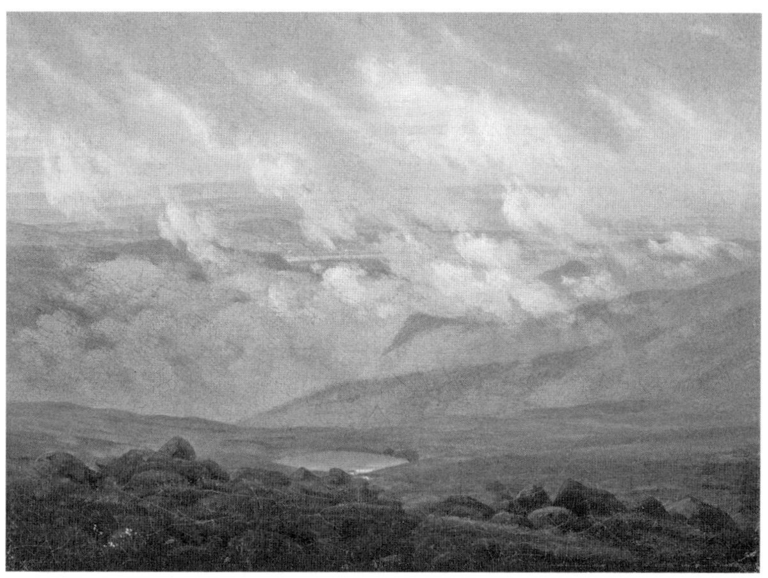

9. Caspar David Friedrich, Ziehende Wolken, um 1820, Öl auf Leinwand, 18,3 × 24,5 cm, Hamburger Kunsthalle

dere Weise als Gegenstand eigenen Rechts erfahrbar werden zu lassen. Auch in diesem Fall scheint der Betrachter zunächst aufgefordert, sich ganz in die dargestellte Landschaft hineinzuversetzen, um nachzuempfinden, wie der Wind die Wolken vor sich her treibt. Doch das kleine Format nötigt ihn, so nah an das Gemälde heranzutreten, dass der Blick unvermeidlich auf die pastos aufgetragene Farbsubstanz trifft, an der sich noch die Spuren des Pinsels ablesen lassen. Am Motiv der Wolken, die einen Teil der Landschaft verbergen, wird auf diese Weise zugleich erfahrbar, dass die Erscheinung von Hügel und Wolken bildlich vermittelt ist. Auch hier wird der Betrachter dazu angeregt, seine Aufmerksamkeit ständig zwischen dem Dargestellten und den Darstellungsmitteln schwanken zu lassen.

Die beiden Landschaften zeigen, dass die Transitorik des Verschleierns und Enthüllens, die Friedrich mit den Motiven des Nebels und der Wolken in seinen Bildern inszeniert, nicht allein auf die Ebene des Dargestellten beschränkt bleibt, sondern das Bild in einem fundamentaleren

Sinne betrifft. Wenn Bilder etwas vor Augen führen, müssen sie zugleich auch sich selbst zeigen. Friedrich hat ganz in diesem Sinne darauf beharrt, dass seine Gemälde nicht mit Mitteln des Illusionismus täuschen dürfen, sondern in ihrer Gemachtheit erkennbar sein sollen: «Ein Bild muß sich als Bild als Menschenwerk gleich darstellen; nicht aber als Natur täuschen wollen [...].»[22] Sobald jedoch das Bild in seiner Artifizialität Aufmerksamkeit auf sich zieht, trübt sich der Blick auf das ein, was im Bild zuvor noch unmittelbar zugänglich zu sein schien. Friedrichs Anspruch, das Bild immer auch als «Menschenwerk» zu kennzeichnen, musste daher zwangsläufig jenen bildinternen Widerstreit zur Folge haben, der in unseren systematischen Vorüberlegungen als eine wesentliche Triebfeder der rezeptionsästhetischen Temporalität ausgemacht worden ist. Indem Friedrichs Bilder sowohl zur Versenkung in Landschaften einladen als auch ihre eigene Materialität und Flächigkeit auffällig werden lassen, setzen sie ihre Betrachter gezielt der Erfahrung eines grundlegenden Widerstreits aus. Wenn sich der Rezipient offen auf diese Herausforderung einlässt, wird er in einen Wahrnehmungsprozess verstrickt, der sich in der Zeit entfaltet und nicht gänzlich seiner eigenen Kontrolle unterliegt. Auf subtile Weise kann das Bild ‹Macht› über seinen Betrachter gewinnen und ihm eine Erfahrung von Zeit ermöglichen, die sich nur vor Bildern denken lässt.

Am Beispiel von Friedrichs Wolken- und Nebel-Malerei erweist sich damit die rezeptionsästhetische Temporalität als ein wesentlicher Aspekt zum Verständnis der zeitlichen Qualitäten von Bildern. Wenn auch Bilder anspruchsvolle Erfahrungen von Zeit anregen können, so verdankt sich dieses Potenzial in erheblichem Maße dem Umstand, dass sie mit rezeptionsästhetischen Mitteln den Prozess der Bildbetrachtung zu beeinflussen vermögen. Indizien zeitlicher Verläufe auf der Ebene des Dargestellten reichen dazu nicht aus. Von einer ‹ästhetischen Eigenzeit›[23] von Bildern kann vielmehr erst die Rede sein, wenn Bilder nicht nur zeichenhaft auf Zeit verweisen, sondern im Betrachter Zeiterfahrungen eigener Art anstoßen.

GRUNDLAGEN

III. Ebenen der rezeptionsästhetischen Temporalität. Eine idealtypische Differenzierung

Die Streifzüge durch die Kunstgeschichte, die im vorangehenden Kapitel unternommen wurden, haben an einigen Beispielen vor Augen geführt, wie vielfältig damit umgegangen werden kann, dass jede Bildbetrachtung ein zeitlicher Vorgang ist. Die ausgewählten Fälle sind keineswegs repräsentativ, sondern bieten nur Ausschnitte eines weitaus umfangreicheren Untersuchungsfeldes. Immerhin lassen sie aber erkennen, dass sehr unterschiedliche Ebenen der Gestaltung bildlicher Darstellungen daran teilhaben können, den zeitlichen Prozess der Betrachtung zu beeinflussen. Diese Ebenen sollen im Folgenden näher in den Blick genommen werden.

Für Texte wie für Bilder oder Musik gilt gleichermaßen, dass sich die rezeptionsästhetische Temporalität nur angemessen beschreiben lässt, wenn der Gegenstand, der im Zentrum der Rezeption steht, nicht auf problematische Weise reduziert wird. Die Vielfalt der gestalterischen Möglichkeiten, mit denen Gegenstände der ästhetischen Rezeption den Prozess unserer Wahrnehmung beeinflussen, bliebe unterschätzt, wenn man nur wenige Eigenschaften herausgriffe. Für eine Untersuchung von Bildern ergibt sich aus diesem Anspruch allerdings eine besondere Herausforderung. Denn Bilder lassen es kaum zu, die potenziell relevanten Charakteristika näher einzugrenzen. Nelson Goodman hat mit seiner Charakterisierung von allographischen und autographischen Künsten eine Differenzierung vorgeschlagen, die im Einzelfall vielleicht allzu holzschnittartig bleibt, als analytische Unterscheidung aber durchaus aufschlussreich ist.[1] Goodman betonte dabei, dass Bilder – anders als Texte – keine Notation mit regelhafter Syntax oder Semantik aufweisen und daher ihre Rezipienten bei der Unterscheidung zwischen kontingenten und potenziell konstitutiven Eigenschaften vor tiefgreifende Probleme stellen: Insofern Bilder – was zumindest im Regelfall zutrifft – auf keine Notation zurückgreifen, die mit stabilen vorgängig gegebenen kleinsten Einheiten (etwa Buchstaben, Zahlen, Notenzeichen) arbeitet, kann in ihnen jedes Detail, jede Spur, jeder Fleck und jede Auslassung unter dem Verdacht stehen, sinnträchtig zu sein. Da aber jedes potenziell für die Bedeutung des Bildes relevante Element auf die Zeit des Bildbetrachtens zurückwirken kann, bleibt die Zahl und Vielfalt der Faktoren unabsehbar, die auf die rezeptionsästhetische Temporalität eines Bildes Einfluss nehmen können. Dennoch lassen sich zumindest idealtypisch verschiedene Phänomenbereiche und Ebenen benennen, die auf den zeitlichen Prozess der Bildbetrachtung einwirken können.

1. Bildlich Dargestelltes

Die zeitliche Erstreckung und Strukturierung des Prozesses der Bildbetrachtung wird erheblich durch das Dargestellte geprägt, mithin durch die im Bild erscheinenden Sujets, Motive, Details, die sich identifizieren lassen oder zumindest zu einer gegenständlichen Bestimmung anregen. Das Dargestellte stößt Prozesse der Fokussierung, des Identifizierens, Assoziierens und Deutens an. Dabei ist nicht nur an die Bestimmung einzelner Bildmotive, sondern insbesondere auch an deren innerbildlichen Zusammenhang sowie an bildexterne Referenzen zu denken. Es ist nicht zuletzt der im engeren Sinne hermeneutische Prozess, der die Zeitlichkeit des Wahrnehmungsvollzuges in erheblichem Maße beeinflusst.

Wenn Betrachter Relationen zwischen Motiven und deren möglichen Referenzen herstellen, vollziehen sie keineswegs nur Bezüge nach, die bereits vom Bildproduzenten intendiert waren. Vielmehr sehen sich Bildbetrachter einer unabgeschlossenen Vielzahl an Optionen und Kombinationen gegenüber, von denen sie einige ergreifen, im Prozess der Bildbetrachtung nicht selten aber auch wieder revidieren. Die konkrete

Gestaltung eines Bildes kann bereits auf dieser Ebene in erheblichem Maße die Zeit der Betrachtung beeinflussen: Je vielfältiger und offener solche Angebote der Relationierung ausfallen, desto höher ist die Wahrscheinlichkeit, dass Betrachter mehrere Optionen erproben. Ein besonderes Potenzial zur Dehnung der Zeitspanne der Bildbetrachtung bergen unbestimmte, vieldeutige oder ‹verrätselte› Erscheinungen des Dargestellten. Und zusätzlich verschärfen lassen sich derartige Verstrickungen von Betrachtern in ein Bild, wenn die Zusammenstellung verschiedener im Bild erscheinender Phänomene widersprüchlich ist. Unbestimmte, mehrdeutige oder widersprüchlich anmutende Erscheinungen haben zur Folge, dass die Betrachter ihre Beschäftigung mit dem Bild nicht rasch abschließen können, sondern verschiedene Sicht- und Verständnisweisen gegeneinander abwägen müssen.

All diese Phänomene sind der Kunstgeschichte vertraut; sie lassen sich zum Beispiel im Rahmen einer kunsthistorischen Hermeneutik systematisieren, die darlegt, unter welchen besonderen Umständen sich der hermeneutische Zirkel angesichts von Artefakten vollzieht, die während des Aktes des Verstehens durchweg vollständig gegenwärtig sind und vor Augen stehen.[2] In der Regel wird allerdings nicht eigens reflektiert, dass auf diese Weise die Zeit der Bildbetrachtung gedehnt und strukturiert werden kann. Insofern die Gestaltung von Bildern Einfluss auf die Prozesse des Verstehens nimmt, hat sie jedoch auch Anteil an der Herausbildung einer spezifischen rezeptionsästhetischen Temporalität.

2. Formale Bildelemente

Wahrnehmungen und Bestimmungen des Dargestellten setzen voraus, dass sich die visuellen Spuren im Bild für den Betrachter bereits zu Formen und Gestalten verdichtet haben, um zum Beispiel als Motiv, als Umriss oder als Kürzel aufgefasst werden zu können. Diese formalen Bildelemente – der Strich, der Punkt, die Schraffur, der Fleck oder die Fläche – können aber auch je für sich temporale Qualitäten aufweisen.[3] Augenfällig wird dieses Potenzial an Bildelementen, die auf den Vorgang ihrer Entstehung zurückschließen lassen, also etwa an Linienzügen, die an das händische Ziehen der Linie erinnern, oder an Tropfenspuren, mit denen der Betrachter unweigerlich ein Rinnen von Farbe verbindet.[4] Gerade bei Bildern, die sich manuellen Arbeitsprozessen verdanken, kann daher bereits der isolierte Blick auf einzelne Elemente zeitliche Prozesse assoziieren lassen. Besonders naheliegend ist dabei die Vorstellung, gleichsam nochmals dem Herstellungsprozess beizuwohnen. Doch weist eine schwungvoll gezogene Linie auch dann temporale Konnotationen auf, wenn man nicht dezidiert an den Moment ihrer Entstehung denkt.

Darüber hinaus sind diese Elemente nicht nur aufgrund ihrer jeweiligen individuellen Eigenschaften für die rezeptionsästhetische Temporalität des Bildes relevant. Vielmehr beeinflussen sie – wie bereits auf der Ebene des Dargestellten – auch in ihren potenziellen Relationen zu anderen Bildelementen den zeitlichen Prozess der Betrachtung.[5] Denn wie der Betrachter verschiedene visuelle Spuren im Bild zueinander ins Verhältnis setzt, ist keineswegs stets eindeutig vorherbestimmt. Auch hier gilt es, aus einer Vielfalt möglicher Bezüge auszuwählen, um zum Beispiel in der Zusammenschau mehrerer Striche die Kontur eines Gegenstands zu erblicken oder den Kontrast zweier Flecken als Indiz für eine Abgrenzung zweier Motive zu verstehen. Bereits die Einsicht, dass die von ihm gebildeten Relationierungen nicht alternativlos sind, kann den Betrachter dazu veranlassen, andere Optionen zu erwägen, so dass sein Wahrnehmungsprozess verlängert wird. Dies gilt insbesondere für Fälle, in denen sich Bildelemente durch Ambiguität auszeichnen und auf sinnvolle Weise mit verschiedenen anderen Spuren kombiniert werden können, dabei aber Widersprüche hervorrufen.

3. Farben und Farbrelationen

Die Spanne und die Strukturierung des Wahrnehmungsprozesses werden auch durch Farben und Farbrelationen beeinflusst. Sie können einerseits der Betrachtung Impulse geben, den Blick auf sich lenken oder weiterleiten; andererseits stehen sie selbst in einer Abhängigkeit vom zeitlichen Vollzug der Betrachtung, wie Nachbildphänomene, Sukzessivkontraste und Phaseneffekte zeigen können.[6] Je nachdem, wie stark ein Bild dazu einlädt, den Blick auf bestimmten Partien ruhen zu lassen, befördert es eine Adaption des Auges an Helligkeitsgrade oder

Farben, durch die wiederum die darauf folgenden Wahrnehmungen beeinflusst werden können. Die Erscheinung einer Farbe hängt daher nicht unwesentlich von der Frage ab, welche Farben das Auge zuvor gereizt haben. Farbklänge und Farbkontraste dürften somit einen erheblichen Anteil daran haben, die Augen des Betrachters zu zeitlich erstreckten Wahrnehmungsvollzügen anzuregen.

In besonderen Fällen kann das Nebeneinander unterschiedlicher Farbreize auch beim statischen Bild die Anmutung von Veränderlichkeit erwecken. Pointillistische Gemälde, wie sie Georges Seurat gemalt hat, erzielen durch die additive Farbmischung der rein und unvermischt aufgetragenen Farben bekanntlich eine höhere Brillanz der Farbwirkung. Darüber hinaus scheinen sie aber auch dazu anzuregen, unausgesetzt und rasch den Fixationspunkt der Augen zu wechseln. Auf diese Weise kommt es zu schnellen Verschiebungen der Fovea centralis (also des relativ eng eingegrenzten Bereiches mit der höchsten Sehschärfe), so dass ein zuvor scharf gesehenes Detail im nächsten Moment nur noch unscharf im peripheren Sehen erscheint. Derartig rasche Wechsel zwischen Schärfe und Unschärfe können wiederum einen Eindruck von Bewegung hervorrufen.[7] Eine Verstärkung der Illusion von Veränderlichkeit lässt sich auch durch Isoluminanz erzielen, d. h. durch eine Gestaltung, bei der Flächen mit unterschiedlichen Farben annähernd dieselbe Helligkeit aufweisen.[8]

Farben können jedoch ebenso daran beteiligt sein, ein Verharren des Blicks zu begünstigen. Dabei ist nicht so sehr an die eigentlichen Farbtöne und Helligkeitsabstufungen als an verwandte Eigenschaften wie Glanz oder Transluzenz zu denken. Die besondere Farbtiefe und Lichthaltigkeit, die sich bei der Ölmalerei oftmals aus dem Zusammenwirken mehrerer Malschichten ergibt, bietet ein Beispiel dafür, wie die Aufmerksamkeit längere Zeit auf bestimmte Partien gelenkt und dort gebunden werden kann.

4. Emergenz der Bildelemente

Ebenso wenig wie gegenständliche Motive können formale Bildelemente wie Linien als kleinste Einheiten gelten, aus deren Addition sich Bilder zusammensetzen. Bilder lassen sich nicht auf klar isolierbare, distinkte und disjunkte Zeichen zurückführen, sondern treten ihren Betrachtern als visuelles Kontinuum gegenüber, in dem die verschiedenen Spuren und Markierungen oftmals ineinander übergehen. Was Betrachter als Formen und Gestalten im Bildfeld erblicken, muss daher zuallererst aus diesem Kontinuum emergieren. Wo ein Strich anfängt und endet, ist oftmals keineswegs klar zu bestimmen. Und namentlich in Ölgemälden und Aquarellen kann anschaulich werden, wie Farbverläufe so ineinander übergehen, dass es kaum möglich ist, klar abgegrenzte Formen auszumachen, und dennoch etwas Bestimmtes hervortritt. Selbst jene Formen, die sich auf den ersten Blick durch Klarheit und Bestimmtheit auszuzeichnen scheinen, können bei näherem Hinsehen Fragen aufwerfen: Die Linie einer Radierung mag aus einiger Entfernung zwar wie eine klare, unmissverständliche Kontur anmuten, bei äußerster Nahsicht lässt sie jedoch ihre poröse, körnige Konsistenz erkennen, so dass die Linie wie eine Zusammenballung kleinster Punkte erscheinen kann.

Die Emergenz formaler Bildelemente vollzieht sich ihrerseits in der Zeit und tentativ; sie kann auf Unbestimmtheiten oder Ambiguitäten stoßen und Revisionen unterliegen. Sobald die Erscheinung von einzelnen Elementen und Formen im Bild fragwürdig wird oder ihre Abgrenzung Probleme aufwirft, kann den Betrachtern bewusstwerden, dass sich Bilder nicht aus vorgängig gegebenen, eindeutig abgrenzbaren Grundeinheiten aufbauen. Auch auf dieser Ebene kann die zeitliche Erstreckung der Rezeption durch komplexe Formen der Relationierung befördert werden. Denn nur in ihrem Zusammenspiel fügen sich zum Beispiel die abgeriebenen, auf dem Papier haftenden Pigmente einer Kreidezeichnung zu einem Strich. Auch sie unterliegen dabei einer differenziellen Logik, die nicht starre, eindeutige und irreversible Bezüge, sondern veränderliche Relationen ausbilden kann.[9] Dieses differenzielle Geschehen vollzieht sich in der Zeit der Betrachtung und wird durch den Grad beeinflusst, in dem das Bild die Möglichkeiten der Relationierung von Spuren und Markierungen bestimmt oder offenhält.

5. Dualität des Bildes

Das Potenzial, zeitlich erstreckte Wahrnehmungsprozesse anzuregen, ist bereits in einem grundlegenden Spezifikum von Bildern verankert. Bildern ist eine Dualität eigen, da sie sich dem Blick darbieten, um etwas anderes zur Darstellung zu bringen. Dass sie auf etwas anderes zeigen, gelingt nur, weil sie zugleich sich selbst zeigen. In Anlehnung an die phänomenologische Bildtheorie erweist sich das, was grob vereinfachend als Bild bezeichnet wird, als eine «zwiespältige Einheit von Bildvehikel und Bildobjekt».[10] Mit einem dinglichen Artefakt, dem Bild, sind daher zwei Gegenstände der Wahrnehmung gegeben: das «Bildvehikel», d. h. der Bildträger mit seiner eigenen Materialität und physischen Beschaffenheit, zugleich aber auch das Bildobjekt als das im Bild erscheinende Objekt, dem eine «artifizielle Präsenz»[11] eigen ist. Die «zwiespältige Einheit», die Bildträger und Bildobjekt verbindet, ist nicht in jedem Fall von der Art, dass das «Bildvehikel» gänzlich unauffällig bleibt, um die Aufmerksamkeit allein auf das Bildobjekt zu lenken. Vielmehr kann die Dualität oder Zwiespältigkeit in Spannungen und Widersprüche führen, wenn Eigenschaften des Bildträgers, etwa seine Flächigkeit, das Augenmerk des Rezipienten auf sich lenken und damit in Konkurrenz zu einer Vertiefung in das Bildobjekt treten. Jedem Bild, das in irgendeiner Form auf etwas anderes – auf reale Gegenstände ebenso wie auf Phantasmen – verweist, ist daher potenziell ein grundlegender Widerstreit eigen, der sich in der Wahrnehmung nicht immer auflösen lässt. Der Betrachter kommt in solchen Fällen nicht umhin, sich immer wieder für den Blick auf das Dargestellte oder aber auf das Bild als Gegenstand eigenen Rechts zu entscheiden. Richard Wollheim hat zwar mit seinem Konzept des *seeing-in* eine wirkmächtige Bildtheorie vertreten, die davon ausgeht, dass wir beim Blick auf Bilder gleichzeitig sowohl das im Bild Erscheinende als auch das Bild in seiner eigenen Dinglichkeit wahrnehmen.[12] Doch hat die jüngere Forschung Wollheims Argument insofern modifiziert, als Spannungen und Rivalitäten zwischen den verschiedenen

Aspekten des Bildes mehr Bedeutung zugesprochen wird.[13] Es scheint daher keineswegs ausgeschlossen, dass die Zwiespältigkeit des Bildes zu Aufmerksamkeitsverschiebungen zwischen dem Dargestellten und dem Bild als eigenem materiellen Gegenstand anregen kann – mit anderen Worten: zu Aufmerksamkeitsverschiebungen, die sich nur in zeitlich erstreckten Wahrnehmungsprozessen realisieren lassen.

Potenziale und Realisierungen

Mit den fünf skizzierten Ebenen der Bildgestaltung, die auf die rezeptionsästhetische Temporalität Einfluss nehmen können, sind allein Potenziale beschrieben, die in konkreten Bildern auf je unterschiedliche Weise zu Tage treten können. Für unseren Zusammenhang ist vor allem wichtig, dass diese Potenziale ausschließlich auf konkrete spezifische Eigenschaften des jeweiligen Bildes zurückzuführen sind. Ihre konkrete, situative Realisierung ist davon abhängig, dass individuelle Betrachter das Bild in den Blick nehmen und gleichsam in eine Interaktion mit ihm eintreten. Wie sich diese Aktualisierung vollzieht, wird erheblich vom jeweiligen Rezipienten, seiner Disposition, seinen Interessen, Erinnerungen und Erwartungen, von Konventionen und Routinen sowie nicht zuletzt von der individuellen Kompetenz im Umgang mit Bildern beeinflusst. Die rezeptionsästhetischen Potenziale, die dabei zur Geltung gebracht werden, sind jedoch unabhängig vom jeweiligen konkreten Betrachter bereits im Bild selbst verankert.

Die rezeptionsästhetische Temporalität eines Bildes umfasst mithin ein kaum ausschöpfbares und dennoch keineswegs beliebiges Potenzial möglicher Rezeptionsverläufe, von denen in der konkreten Betrachtung nur wenige Optionen realisiert werden können. So kontingent der konkrete Prozess der Bildbetrachtung gegenüber der dem Bild eigenen rezeptionsästhetischen Temporalität auch bleibt, kann eine präzise Analyse dieser im Bild selbst verankerten Temporalität doch aufzeigen, warum der Rezeptionsverlauf keineswegs allein im Belieben des Betrachters steht. Mit der rezeptionsästhetischen Temporalität werden daher Spezifika von Bildern beschreibbar, die einen entscheidenden Anteil daran haben, dass wir ihnen ‹Macht› zuschreiben. Wenn wir im Prozess der Betrachtung die rezeptionsästhetische Temporalität eines Bildes zur Geltung bringen, können wir den Eindruck gewinnen, dass Bilder nicht bloß passive Anschauungsobjekte sind, sondern unsere Souveränität einschränken können und gleichsam in eine Interaktion mit uns einzutreten vermögen.

Die vorgeschlagene analytische Differenzierung dient in erster Linie heuristischen Zwecken. Sie erweist sich als produktiv, wenn es in konkreten Bildanalysen gelingt, das Zusammenspiel mehrerer hier idealtypisch unterschiedener Faktoren nachzuvollziehen. Denn erst im Zusammenwirken verschiedener bildspezifischer Eigenschaften wird plausibel, dass sich einzelne Setzungen, die auf die Zeiterfahrung bei der Bildbetrachtung Einfluss nehmen, nicht bloß einem Zufall verdanken.

IV. Form, Struktur und Zeit. Bildliche Formkonstellationen und ihre rezeptionsästhetische Temporalität

Anders als es die verblasste Metapher des Augenblicks suggeriert, impliziert unser Sehen Prozesse, die sich in der Zeit vollziehen. Dass es keine instantane, unmittelbare visuelle Wahrnehmung gibt, lehrt die Wahrnehmungsphysiologie spätestens seit dem 19. Jahrhundert.[1] So hat die Blickbewegungsforschung sowohl für unser Umgebungssehen als auch für die Bildwahrnehmung gezeigt, wie das Auge unausgesetzt zwischen Sakkaden (d. h. schnellen Bewegungen) und Fixationen wechselt und dabei innerhalb kürzester Zeit vielfältige Wege zurücklegt, um das Gegenüber zu erfassen. Zu dieser über die Muskulatur des Auges gesteuerten Motorik treten weitere, miteinander interagierende neuronale und kognitive Prozesse, die der Weiterverarbeitung von Reizen dienen. Erst auf der Grundlage dieser Vorgänge, die zwar nur minimale Zeitspannen in Anspruch nehmen, in sich aber zeitlich komplex differenziert sind, entsteht jene Wahrnehmung, die oftmals auch als Wahrnehmungsbild bezeichnet wird.[2]

Zweifellos ist daher auch die Bildbetrachtung als ein Prozess zu verstehen, dessen zeitliche Erstreckung von zahlreichen Faktoren bestimmt wird. Neben kontingenten situativen Einflüssen und den Intentionen des Rezipienten kommt dabei der Beschaffenheit des Bildes ein hohes Maß an Bedeutung zu. Durch seine formalen Eigenschaften sowie durch Gehalte, die möglicherweise in ihm zur Darstellung kommen, kann es die Aufmerksamkeit lenken, dem Blick Wege eröffnen oder Möglichkeiten verschließen. Wenngleich Bilder den Wahrnehmungsprozess ihrer Betrachter keinesfalls vollständig determinieren, ist ihnen eine rezeptionsästhetische Temporalität eigen, indem sie Wahrnehmungsangebote darbieten, die auch die Zeitlichkeit des Sehens erheblich mitbestimmen können. Jeder konkrete individuelle Wahrnehmungsprozess ist in diesem Sinn eine Realisierung – oder mit Roman Ingarden gesprochen: eine Konkretisation[3] – der Zeit des Bildes, eine Realisierung freilich, die zahlreichen externen Faktoren unterliegt.

Mit der tentativen idealtypischen Differenzierung von fünf Ebenen, die im vorangehenden Kapitel für eine Analyse der rezeptionsästhetischen Temporalität des Bildes vorgeschlagen wurde, hat sich bereits gezeigt, dass neben den repräsentationalen, figürlichen oder narrativen Aspekten des Bildes auch dessen formale, farbliche und kompositorische Gestaltung von erheblicher Bedeutung ist, um zu verstehen, wie Bilder auf die zeitliche Erstreckung ihrer Betrachtung Einfluss nehmen. Im Folgenden soll detaillierter untersucht werden, inwiefern Bilder auch unabhängig von den in ihnen dargestellten Handlungen oder Ereignissen Zeitlichkeit implizieren. Zu diesem Zweck ist in einem ersten Schritt genauer danach zu fragen, welche formalen Phänomene in Bildern in besonderer Weise zeitlich ausgedehnte Wahrnehmungsprozesse anstoßen können, die dem Betrachter die Möglichkeit eröffnen, Zeit bewusst zu erfahren. Viele dieser Phänomene lassen sich nicht ausschließlich in Bildern ausmachen, wenngleich sie dort besonders nachdrücklich und wirkmächtig zur Geltung kommen können. Daher ist in einem zweiten Schritt zu erwägen, ob es Konstellationen von Formen gibt, an denen sich eine für das Bild spezifische rezeptionsästhetische Temporalität aufweisen lässt. Auf diese Weise soll untersucht werden, ob gerade auch für Bilder «Form als eine Organisation der Zeit» verstanden werden kann.[4]

Linienzug und Rhythmus

Sieht man von Farbeffekten – etwa den Simultankontrasten des Divisionismus – ab, so kann bereits die ältere Kunsttheorie auf zwei formale Phänomene in Bildern aufmerksam machen, denen besondere Bedeutung für die Zeitlichkeit des Sehens zuzukommen scheint: auf die Linie und auf den sogenannten Rhythmus. In der kunsttheoretischen Literatur des 18. Jahrhunderts lässt sich exemplarisch beobachten, wie mit einem erhöhten Interesse an den materiellen und motorischen Grundlagen des Zeichnens auch eine Aufwertung des Strichs einhergeht, der nun verstärkt von seiner gegenstandsbezeichnenden Funktion emanzi-

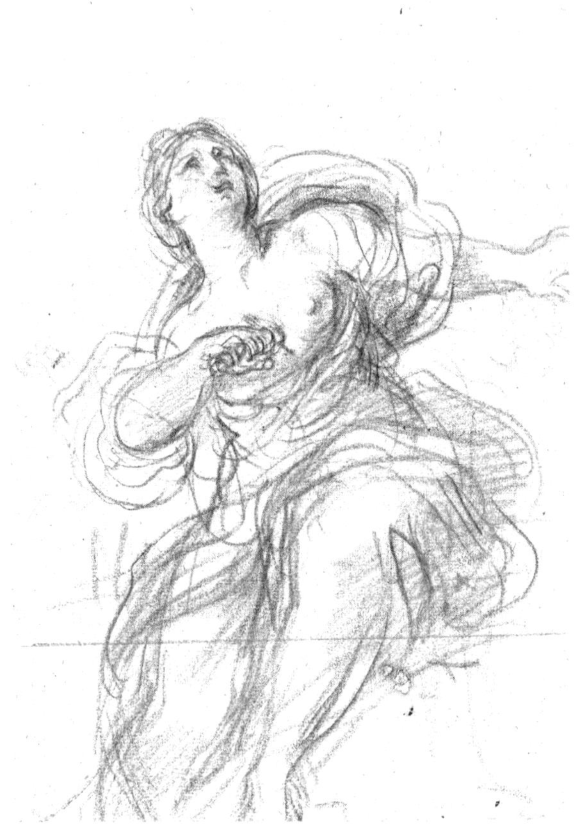

10. Francesco Barbieri, gen. il Guercino, Tod der Lucrezia, 1640, Rötel, 26,9 × 18,4 cm, Düsseldorf, Museum Kunstpalast

piert wird.[5] Die Linie dient nicht mehr allein oder vorrangig der Konturierung dessen, was im Bild erscheinen soll, sie wird nicht länger darauf reduziert, unvermeidbare Materialisierung der künstlerischen *idea* zu sein. Vielmehr gilt sie nun verstärkt auch als Ausdruck der Virtuosität und insbesondere des Genies eines Künstlers. Auffällig häufig wird im Diskurs der Sammler und Kenner betont, dass sich Skizzen gegenüber vollendeten Werken durch den Vorzug auszeichnen, eine unmittelbare Teilhabe an der «Begeisterung», «Verzückung» und am «Feuer» des

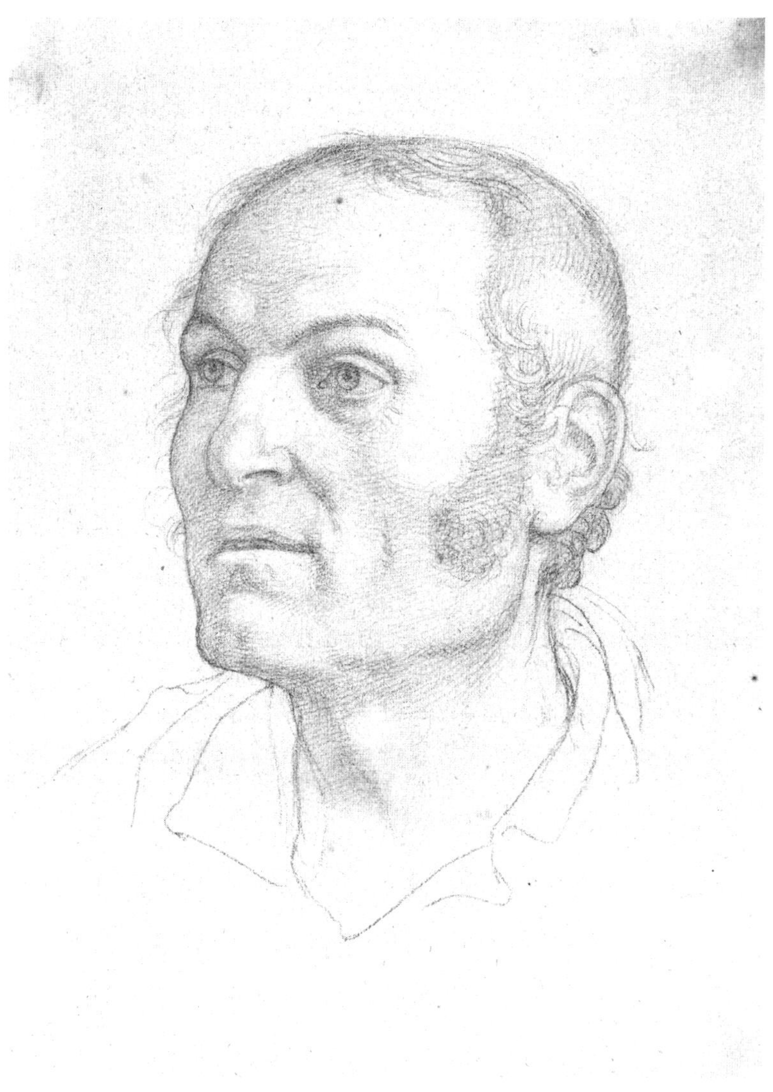

11. Friedrich Overbeck, Kopf eines Mannes, um 1820/25, Bleistift, 22 × 16,5 cm, Los Angeles, J. Paul Getty Museum

Schöpfungsakts zu ermöglichen.[6] Theoretiker wie der Comte de Caylus, Antoine-Joseph Dézallier d'Argenville oder Goethe umkreisen immer wieder den Gedanken, dass der Kenner und Liebhaber bei der Betrachtung einer Skizze mit ihrer offenliegenden künstlerischen Handschrift nochmals den Moment ihrer Entstehung nachvollziehen könne.[7] Der Grundgedanke dieser Konjunktur der Skizze ist bereits in die Etymologie der Wörter Strich und Zug eingelagert: Im dynamischen Linienzug hallt der Moment nach, in dem die Hand die Linie zog, und im rasch hingeworfenen Strich wird nochmals die Zeit erfahrbar, die im Zeichenakt verstrich.

Tatsächlich kann der geübte Blick einem Strich einiges über den Entstehungsprozess entnehmen: So kann sich im schwungvollen An- und Abschwellen einer Linie der rasch zu- oder abnehmende Druck der Zeichenhand andeuten (Abb. 10); und im kontrollierten Verlauf eines sehr zurückgenommenen Strichs zeichnet sich ab, wie langsam und bedacht der Zeichner vorging (Abb. 11). Die Vermutung liegt daher nahe, dass die individuelle formale Erscheinung der Linie für die Unmittelbarkeit bürgt, mit der sich der Betrachter den Akt des Zeichnens vergegenwärtigen können soll. Dass der Nachvollzug eines Zugs nachträglich, unter grundlegend veränderten Bedingungen und in einer anderen Geschwindigkeit erfolgt,[8] hat dem Erfolg des Gedankens, im Strich werde der Zeichenakt erfahrbar, keinen Abbruch getan. Bis zu Roland Barthes oder David Rosand lässt sich das Konzept der dynamischen Linie und der ihr eigenen Temporalität verfolgen.[9]

Die Dynamik und Zeitlichkeit der zeichnerischen Linie wird dabei aber keineswegs immer auf deren Entstehungsmoment zurückbezogen. Namentlich in der Kunst der Moderne (Abb. 12) sind oftmals auch dauerhaft fixierte Linienzüge, die nicht mehr direkt auf ihre Entstehung zurückschließen lassen, als Ausdruck von Energien, von Kräften oder von Zeit verstanden worden.[10] Diese Kopplung von Linie und Zeit dürfte nicht zuletzt dem Umstand geschuldet sein, dass sich Linien als gerichtet verstehen lassen. Ungeachtet der Tatsache, dass der Blick an verschiedenen Punkten der Linie ansetzen und dann zwischen zwei Richtungen wählen kann, vermag die Linie zu einem Vektor zu werden.[11] Sobald der Blick einen Ausgangspunkt genommen hat und dem Verlauf

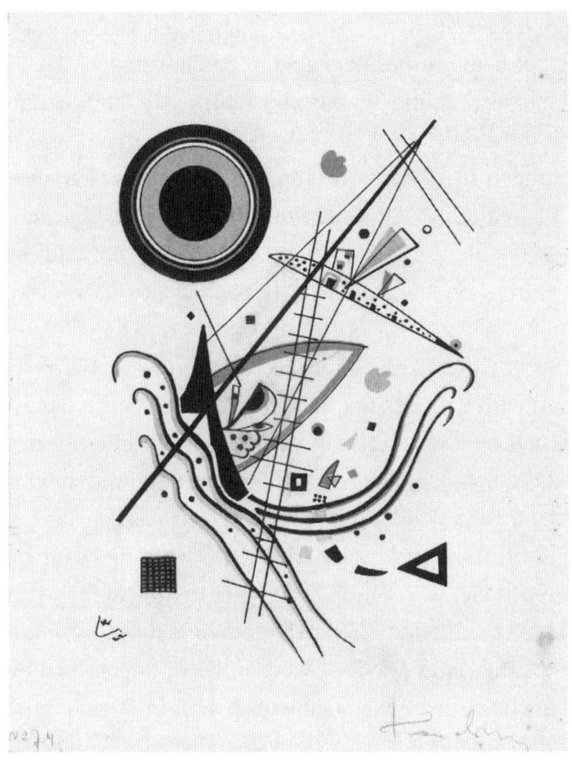

12. Wassily Kandinsky, Blau, 1922, Lithographie, 21 × 14,3 cm, Houston, Museum of Fine Arts

der Linie folgt, ist ihm eine Orientierung eigen, die als Gerichtetheit der Linie erfahren werden kann. Wenn der Linienzug als das formale Bildelement *par excellence* gelten kann, dem eine eigene temporale Qualität zuzukommen scheint, so verdankt sich das zum einen der gestischen Anmutung vieler Striche und zum anderen dem Umstand, dass Linien als gerichtet erscheinen können.

Als ein zweites formales Phänomen, das für die Temporalität von Bildern zu bürgen scheint, gelten Rhythmen. Ausgehend von Gottfried Semper und anderen Theoretikern wurde die Anwendung des Rhythmusbegriffs, der in der Ästhetik für die klassischen ‹Zeitkünste› Dichtung und Musik eingeführt war, ab dem späteren 19. Jahrhundert auch für die Architektur erprobt.[12] Um 1900 lässt sich ein weiterer Transfer, nun auf die bildende Kunst, beobachten. Auch hier stieß der Rhythmusbegriff auf lebhaftes Interesse; mit ihm schien sich die Hoffnung zu verbinden, die ‹Lebendigkeit› von Bildern, ihre ‹Energien› und ihre affektiven Wirkungen in formal-strukturellen Bestimmungen zu erfassen.[13] Erwin Panofsky konnte auf diese Forschungen zurückblicken, als er in einer umfangreichen Reaktion auf ein Buch von Hans Kauffmann über «Albrecht Dürers rhythmische Kunst» nachdachte.[14] Panofsky versteht den Rhythmus als «stetige Ordnung optischer oder akustischer Eindrücke in der Zeit»,[15] wobei er die zeitliche Folge von Eindrücken im Fall des Bildes mit dem Akt der Betrachtung für gegeben hält. Aus seiner Sicht lässt sich eine rhythmische Ordnung ausmachen, wenn gewährleistet ist, dass distinkte, aber einander verwandte und aufeinander beziehbare Elemente sukzessive wahrgenommen werden und dabei eine übergreifende Verbindung zutage tritt. Voraussetzung des rhythmischen Erlebnisses sei daher, wie Panofsky in einer rhythmisierten Parataxe formuliert, «daß die Glieder des rhythmischen Ganzen stets miteinander verbunden bleiben, mit anderen Worten, daß in denselben eine ununterbrochene, von einheitlichem Schwunge getragene, sich immer wieder aus sich selbst erneuernde, kurzum ‹lebendige› Bewegung empfunden werde».[16] In Bildern könne ein solcher Rhythmus sowohl in der Anordnung des Dargestellten, etwa in der Disposition von Figuren oder architektonischen Motiven (Abb. 13), als auch auf rein formaler Ebene, in den «Linien- und Flächengebilde[n]»[17] (Abb. 12), zur Geltung gebracht werden. Der Gedanke einer Bildrhythmik, die allein auf der Anordnung von Formen beruht, hatte sich zuvor bereits bei Wassily Kandinsky angedeutet und sollte sowohl Kandinsky als auch Paul Klee in den Bauhaus-Jahren weiterhin beschäftigen.[18]

Bei allen Kontroversen, die sich am Rhythmusbegriff im frühen 20. Jahrhundert entzündeten, ist den verschiedenen Versuchen, ihn auf die bildenden Künste anzuwenden, ein – meist unausgesprochen gebliebenes – rezeptionsästhetisches Kernargument gemeinsam: Kaum strittig ist, dass der Rhythmus Temporalität impliziert, dass er als «Ordnung in der Zeit» zu verstehen ist, um nochmals eine Formulierung Panofskys aufzugreifen.[19] Von Temporalität kann aber im Fall der bildenden Künste

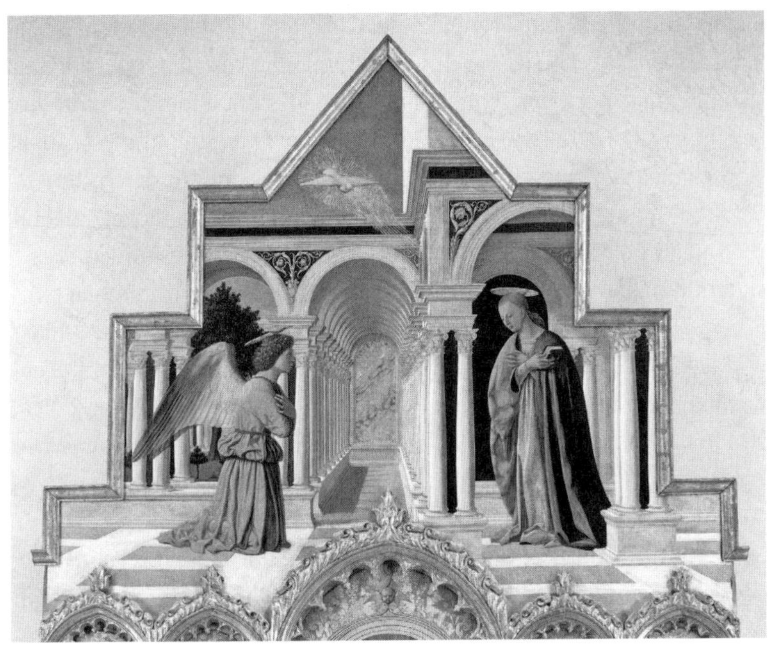

13. Piero della Francesca, Verkündigung (oberer Abschluss des Sant'Antonio-Altars), um 1460/70, Öl und Tempera auf Pappelholz, Perugia, Galleria Nazionale dell'Umbria

nur sinnvoll gesprochen werden, wenn die zeitliche Erstreckung des Wahrnehmungsprozesses in den Blick kommt. Erst im betrachtenden Nachvollzug könnte das räumliche Nebeneinander von Elementen die dem Rhythmus eigene zeitliche Qualität gewinnen.[20] Zu den wenigen Autoren, die diese Voraussetzung explizit dargelegt haben, gehört Willi Drost: «Sicher ist aber, daß auch das zeitliche Element eingeführt werden muß, wenn der Begriff des Rhythmus einwandfrei in der bildenden Kunst angewandt werden soll. Damit ist verknüpft, daß nicht außer acht gelassen werden darf, sich dem Subjekt zuzuwenden, sei es bei der künstlerischen Hervorbringung oder dem ästhetischen Genießen. Denn der Bestand des Erzeugnisses der bildenden Kunst ist simultan, und Rhythmus im zeitlichen Verlauf kann nur in dem genießenden Menschen lebendig werden [...].»[21]

Ungeachtet späterer Versuche (u. a. von John Dewey und Henri Maldiney),[22] den Rhythmusbegriff für die bildenden Künste weiter zu schärfen, zeichnet sich bereits mit den hier skizzierten Überlegungen ab, dass sich die Frage nach der Temporalität des Bildes mit dem Rhythmus von den Einzelelementen auf deren Komposition verlagert. In diesem Fall sind es nicht einzelne formale Erscheinungen, sondern deren Relationen und Ordnungen, die ein rhythmisches und damit zeitliches Erlebnis zu ermöglichen scheinen. Zu Recht ist darauf hingewiesen worden, dass – anders als in der Dichtung oder in der Musik – einer rhythmischen Ordnung im Bild in der Regel kein klar bestimmbarer Anfang, kein Schluss und keine eindeutig gerichtete Abfolge zugrunde liegen können.[23] Dennoch können bestimmte Formkonstellationen als rhythmisiert anmuten, was freilich impliziert, dass die konkrete Realisierung der rhythmischen Folge erst im Vollzug des Betrachtens erfolgt und daher Unterschiede aufweisen kann.[24]

Der Begriff des Bildrhythmus, mit dem zumeist eine regelmäßige, aber auch spannungsvolle Ordnung von Elementen oder Eindrücken (mithin weder ein starres Gleichmaß noch ein unverbundenes Nebeneinander) bezeichnet wird, kann als ein besonders prägnant hervortretender Sonderfall von Kompositionen im Bild gelten. An ihm fällt auf, was grundsätzlich allen bildlichen Formkonstellationen eigen ist: Sie bieten die Möglichkeit, Formelemente in ihrer Differenz zu sehen und zugleich Bezüge zwischen ihnen zu erproben. In vielen Fällen wird diese Möglichkeit vom Betrachter nicht bewusst ergriffen, da er die Komposition verschiedener Elemente sogleich als eine zusammenhängende Einheit, etwa als Gestalt, begreift. Sofern der Rezipient aber bemerkt, dass ihm verschiedene, potenziell gar unendlich viele Möglichkeiten der Relationierung von Bildelementen offenstehen, kann er mit dem Wechsel zwischen solchen Optionen auch die Zeitlichkeit seiner Wahrnehmung erfahren. Zumindest potenziell kann daher jede Zusammenstellung verschiedener Bildelemente, jede Komposition von Punkten, Linien, Flächen etc., aber auch jede Figur-Grund-Relation, zum Anlass für eine zeitlich erstreckte Betrachtung werden.[25]

Differenzielle Strukturen

An Phänomenen wie dem Strich oder dem Rhythmus lässt sich nachvollziehen, dass Bildern bereits aufgrund ihrer formalen Gestaltung eine rezeptionsästhetische Temporalität eigen ist. Um herzuleiten, dass die Zeiterfahrung vor Bildern nicht auf komplexe Darstellungsgehalte oder Narrationen angewiesen ist, haben wir bislang von formalen Bildelementen und deren Konstellationen gesprochen. Dabei hat der Blick auf Linien und Rhythmen die Vermutung nahegelegt, dass sowohl einzelne Formen als auch deren Komposition eine potenzielle zeitliche Qualität aufweisen. Doch wirft der Begriff der Form gerade für die Frage nach der rezeptionsästhetischen Temporalität des Bildes Probleme auf, da er suggerieren kann, dass sich Bilder in klar nachvollziehbarer Weise aus distinkten formalen Grundelementen und deren Komposition aufbauen. Insbesondere die zwei klassischen Gegenbegriffe, Materie und Gehalt, bergen die Gefahr, die Form selbst als eine in sich geschlossene Ganzheit stillzustellen: Sie dient dann entweder als Gestalt eines Gehaltes oder gibt einem Stoff seine Form.[26] In beiden Fällen bindet sich die Form an eine gegebene Einheit oder konstituiert sie sogar. Im Sinne eines solchen Formbegriffs würde die Konturlinie eines im Bild dargestellten Gegenstands zwar den Betrachter einladen, sein Auge mit dem Linienzug wandern zu lassen, die Linie selbst aber erschiene dann als statische und stabile Gegebenheit. Analog dazu wären auch die Relationen zwischen diesen Formen als dauerhaft gegebene, beständige Kompositionen zu verstehen, wenngleich sie vom Rezipienten nur in einem zeitlich erstreckten Prozess der Betrachtung nach und nach aktualisiert werden könnten. Ein solches Konzept hat allerdings in zweierlei Hinsicht eine fragwürdige Komplexitätsreduktion zur Folge: Es unterschätzt sowohl die differenziellen und veränderlichen Relationen, die formale Elemente im Bild eingehen können, als auch den Umstand, dass diese Elemente selbst fragiler und differenzieller Natur sind.

Denn anders als es die Rede von Gestalten, Formen oder Figuren im Bild zunächst nahezulegen scheint, beschränken sich Bilder nicht auf ein geordnetes Nebeneinander von Elementen, die für sich bereits signifikant sind. Schon auf der Ebene des Dargestellten ergibt sich der Sinn der im Bild zusammengeführten Einzelmotive nicht aus deren Addition, sondern aus den konkreten, anschaulich gegebenen Bezügen, die zwischen ihnen gestiftet werden. Dass sich Bilder nicht ohne vielfältige, potenziell unerschöpfliche Relationen denken lassen, erschließt sich aber vor allem beim Blick auf die Darstellungsmittel, mithin auf die Striche, Punkte, Flecken, Flächen und Lasuren, die das Bild konstituieren. Jede Markierung im Bild kann unzählige Beziehungen zu anderen Spuren eingehen und auf diese Weise dazu beitragen, dass im Bild etwas zur Erscheinung kommt.[27] Sowohl die zahlreichen Bezüge auf der Ebene des Dargestellten als auch die Relationen zwischen den Darstellungsmitteln können nur in Wahrnehmungsakten aktualisiert werden, denen eine zeitliche Erstreckung eignet.

Will man diese fundamentale Relationalität des Bildes beschreiben, so würde der Formbegriff wohl allzu enge Grenzen setzen, da er bereits eine Stabilisierung der unzähligen Spuren im Bild und ihrer Relationen untereinander unterstellt. Im Folgenden werde ich stattdessen auf den Strukturbegriff zurückgreifen. Dieser Vorschlag mag auf den ersten Blick wenig plausibel erscheinen, da Strukturen nicht selten als vergleichsweise komplexe und zugleich feste oder gesetzmäßige Anordnungen verstanden werden. Doch lassen sie sich auch als dynamische Prozesse der Relationierung begreifen. Ein solcher alternativer Strukturbegriff, der voraussetzt, dass sich die Elemente erst wechselseitig in ihren vielfältigen und veränderlichen Relationen bestimmen lassen, kann durchaus sinnvoll auf Bilder angewandt werden. Wenngleich jede Bestimmung des Bildes angesichts der aktuellen Grundsatzdebatten vorläufig bleiben muss,[28] erscheint es plausibel, Bilder als Gefüge zu verstehen, die mindestens durch äußere Grenzen als eine zusammengehörige Einheit markiert sind und zumeist eine Mehrzahl von Binnenelementen aufweisen, aus deren Relationen sich Sinn ergeben kann. Als ein in sich ausdifferenziertes Ganzes, das in den Binnenrelationen seiner Elemente zu seiner eigentlichen Bestimmung findet, ist das Bild kaum ohne Strukturen zu denken.[29] Auch für Bilder gilt dabei, «daß der Sinn immer aus der Kombination von Elementen resultiert, die selbst nicht bezeichnend sind».[30] Mit diesen Worten hat Gilles Deleuze eine grundlegende Einsicht reformuliert, die Ferdinand de Saussure seiner Linguistik zugrunde gelegt hatte. Die Relationalität, die Saussure für sprachliche Zeichen postuliert hatte, gilt Deleuze als zentrales Charakteristikum aller Strukturen: In ihnen treten nicht Elemente zueinander, die je für sich bereits vorgängig als gleichsam «präexistente Realitäten»[31] konstituiert wurden und einen eigenen Gehalt aufweisen. Vielmehr gewinnen sie nur differenziell, mithin in Relationen zu anderen Elementen, ihre Identität und Bedeutung.

Für eine Reflexion über formale Relationen in Bildern ist dabei von besonderem Interesse, dass Deleuze die Struktur generell in einem Raum bzw. einer Topologie verankert sieht. Es sind Plätze und Orte sowie die daraus hervorgehenden Nachbarschaften, die wesentlich für die Herausbildung von Strukturen sind.[32] Sie bedingen auch, dass die Relationen zwar vielfältig, aber keineswegs beliebig sind, da die topologische Verortung der Elemente einen Rahmen ausweist, in dem sich deren Relationierungen vollziehen. Mit Blick auf strukturalistische Denkformen der Ethnologie, Psychoanalyse oder der Philosophie hat sich Deleuze dagegen gewandt, das topologische Prinzip des Strukturbegriffs allzu buchstäblich auf konkrete räumliche Verhältnisse und Ausdehnungen festzulegen. Für einen Strukturalismus des Bildes jedoch erweist sich selbst eine solche grob vereinfachende Lesart als produktiv. Denn die begrenzte Fläche des Bildes (analog ließe sich der Gedanke für die Skulptur entwickeln) bietet einen idealen Rahmen, um topologische Relationen zwischen Elementen zur Geltung kommen zu lassen. Jede Markierung, die im Bild in Erscheinung tritt, verortet sich nicht nur im Verhältnis zu anderen Bildelementen, sondern positioniert sich auch zu den Grundrichtungen oben, unten, rechts und links sowie zum Zentrum oder zur Peripherie des Bildes. Auch hier gilt, um eine weitere Formulierung von Deleuze aufzugreifen, dass «der Platz Vorrang hat vor dem, der ihn einnimmt».[33]

Die topologisch fundierte Relationalität der bildlichen Struktur hat zur Folge, dass sich das Bild nicht auf Differenzen reduzieren lässt, die allein aus der Addition präexistenter Motive oder Figurationen hervorgehen. Markierungen oder Spuren im Bild können indes zu zahlreichen anderen Bildelementen in Beziehung gesetzt werden. Erst durch die Aktualisierung einiger ausgewählter Relationen, die sich im Prozess der

Bildwahrnehmung zwangsläufig vollzieht, bilden sich jene Differenzen heraus, die schließlich als Träger des Sinns aufgefasst werden. Die anfänglich mit dem Bild gegebene Überfülle an potenziellen Differenzierungen ist davon zu unterscheiden; sie lässt sich – um nochmals Deleuze zu zitieren – als ein «Gewimmel von Differenzen» beschreiben, als «einen Pluralismus von freien, wilden oder ungezähmten Differenzen, einen im eigentlichen Sinn differentiellen, ursprünglichen Raum und eine differentielle, ursprüngliche Zeit, die über die Vereinfachungen der Grenze oder des Gegensatzes hinweg fortbestehen.» Erst auf dieser Grundlage lassen sich Formen und Konturen etablieren. Deleuze fährt daher fort: «Damit Kräftegegensätze oder Formbegrenzungen Gestalt annehmen, ist zunächst ein tieferes reales Element notwendig, das sich als eine formlose und potenzielle Mannigfaltigkeit definiert und bestimmt».[34] Die Differenzen, durch die sich bildliche Strukturen auszeichnen, beruhen nicht auf vorgängig gegebenen Identitäten, die vom Bildbetrachter gleichsam nur wiedererkannt werden müssten. Vielmehr konstituiert sich das im Bild Erscheinende, mithin die Form oder der dargestellte Gehalt, erst in einem Differenzierungsgeschehen. Der Schluss liegt nahe, dass dieses Differenzierungsgeschehen nicht ohne einen zeitlich erstreckten Wahrnehmungsprozess zu denken ist.

Bildliche Strukturen sind daher darauf angewiesen, durch den Betrachter im Akt der Bildwahrnehmung aktualisiert zu werden.[35] Sie bieten sich nicht offen und vollständig ausdifferenziert dar, um in einem Augenblick erfasst werden zu können. Die Vielzahl bisweilen minimaler Spuren und Markierungen sowie die Vielfalt möglicher Relationen, die sich zwischen ihnen etablieren lassen, haben zur Folge, dass keine Aktualisierung das Potenzial der bildlichen Struktur vollständig ausschöpfen kann. Jede Entscheidung für eine Relation kann andere Optionen verdecken oder gar ausschließen. Folgt der Blick einer Spur, um zum Beispiel aus mehreren Strichen eine Form herauszuarbeiten, die schließlich einen Gegenstand zu bezeichnen scheint, so bleiben andere denkbare Relationen zumindest kurzzeitig ausgeblendet. Der Betrachter hat keine andere Wahl, als sich der Frage, welche Bildelemente er zueinander ins Verhältnis setzt, immer wieder zu stellen. Noch bevor er in eine vertiefte Deutung eintreten kann, hat er Entscheidungen zu fällen, die nicht selten im Verlauf der intensiveren Beschäftigung mit dem Bild in Frage gestellt und revidiert werden können.

Oftmals vollziehen sich diese Prozesse der Differenzierung und Relationierung von Elementen des Bildes so reibungslos, dass sie nicht als ein eigener Vorgang erfahren werden. Die Temporalität des Wahrnehmungsprozesses, in dem einige ausgewählte Potenziale der bildlichen Struktur aktualisiert werden, bleibt in solchen Fällen unauffällig und tritt nicht in das Bewusstsein des Rezipienten. Störungen oder Irritationen können den Betrachter jedoch jederzeit darauf aufmerksam werden lassen, dass kein bloßer Augenblick reicht, um ein Bild zu betrachten. Und sie können zur Folge haben, dass sich ein zeitlich ausgedehnter Prozess der Bildbetrachtung nicht mit einem umfassenden, synthetisierenden Gesamteindruck abschließen lässt, sondern nur abgebrochen werden kann.

Emergenzen von Form

Die bisher skizzierten Überlegungen zu bildlichen Strukturen und zu der ihnen eigenen Temporalität beruhen jedoch auf einer weitreichenden Komplexitätsreduktion. Denn die Rede von Elementen im Bild ist voraussetzungsreicher, als der Verweis auf graphische Spuren wie Punkte, Striche, Flecken oder Flächen zunächst suggeriert. Bemüht man sich, solche Binnenelemente bildlicher Strukturen genauer zu fixieren, so kann sich – je nach Bild – bald der Eindruck aufdrängen, dass sie sich in einem informellen, differenzlosen Chaos der Darstellungsmittel auflösen und jeder Versuch der Identifikation und Abgrenzung einzelner Markierungen scheitert. Bestimmte Bildformen und Stile begünstigen solche Erfahrungen, etwa die materialintensive Malerei der sog. Schule von Barbizon, die so sehr aus der Farbpaste gearbeitet ist, dass die gegenstandsbezeichnenden Züge bei näherer Betrachtung zunehmend fraglich werden. Bei einem Blick auf ein beliebig ausgewähltes Bild (Abb. 14 u. 15) zeigt sich rasch, dass es zu kurz greifen würde, die Bäume, das Wasser, die Wiese und die Kühe als elementare Grundeinheiten der bildlichen Struktur anzusprechen.[36] Doch lassen sich in diesem Fall auch kaum Striche, Linien oder Punkte isolieren, da alle Spuren ineinander

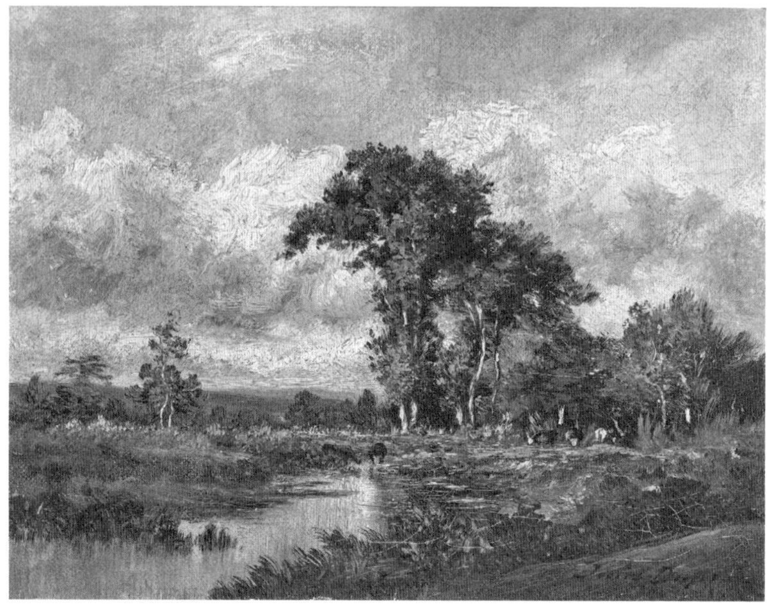

14. Jules Dupré, Landschaft mit Kühen, Mitte des 19. Jh.s, Öl auf Leinwand, 24,5 × 32,3 cm, Privatbesitz

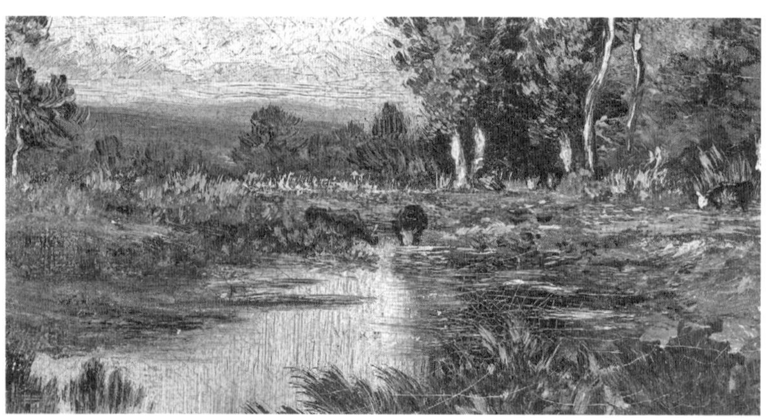

15. Jules Dupré, Landschaft mit Kühen (Detail)

überzugehen scheinen. Das Problem ist keineswegs auf die Malerei beschränkt; es gilt nicht minder für die vermeintlich auf klare Grenzziehungen fokussierte Druckgraphik. Lenkt ein einzelner Strich in Rembrandts Radierung *Die drei Kreuze* (Abb. 16) erst die Aufmerksamkeit auf sich, so lässt sich an guten Abzügen mit einem Vergrößerungsglas, bisweilen aber bereits mit dem bloßen Auge erkennen, dass einige Linien (die der sogenannten Kaltnadel) von einem samttonigen Schatten begleitet sind, während andere (die geätzten) körnig und porös anmuten (Abb. 17). Auch hier stellt sich die Frage, wo jene kleinsten abgrenzbaren Binnenelemente zu suchen wären, die in der bildlichen Struktur unerschöpflich viele Relationen mit anderen Elementen eingehen können: Sind es die Linien, die der Ritzung der Radiernadel entsprechen, oder die kaum mehr sichtbaren Spuren, Punkte und Fransen, aus denen sich die Linien zusammenzusetzen scheinen?

Dass es nicht hinreichend ist, in Markierungen und Spuren der Bildentstehung elementare Grundeinheiten des Bildes ausmachen zu wollen, hat James Elkins am Beispiel einer berühmten Künstlerlegende aus der *Naturalis historia* (XXXV, 81–83) von Plinius dem Älteren vor Augen geführt.[37] Plinius berichtet von einem ungewöhnlichen stillen Wettstreit zwischen Apelles und Protogenes: Apelles hatte eigens eine Reise von Kos nach Rhodos auf sich genommen, um den verehrten, älteren Meister Protogenes kennenzulernen, ihn aber bei seiner Ankunft auf Rhodos nicht angetroffen. Gleichsam als Gruß zog er auf einer Tafel eine höchst feine farbige Linie. Als Protogenes die Linie sah und in ihr die Hand des Apelles erkannte, bemühte er sich mit Erfolg, in diese Linie hinein eine weitere, feinere Linie zu ziehen. Apelles traf bei seinem zweiten Besuch im Haus des Protogenes den berühmten Maler erneut nicht an, fand dafür aber nochmals die Tafel vor, die er nun als Herausforderung verstehen musste. Tatsächlich gelang es dem jungen Maler, so Plinius, die Linien mit einer dritten Farbe zu durchziehen, «so daß für etwas noch Feineres kein Platz mehr war».[38] Unter den zahlreichen, noch immer umstrittenen Versuchen, das Aussehen der Tafel mit den Linien von Apelles und Protogenes zu rekonstruieren, hebt Elkins eine Variante besonders hervor: den naheliegenden Gedanken, dass beide Maler ihre gleichgerichteten Linien mit verschiedenen Farben jeweils direkt über-

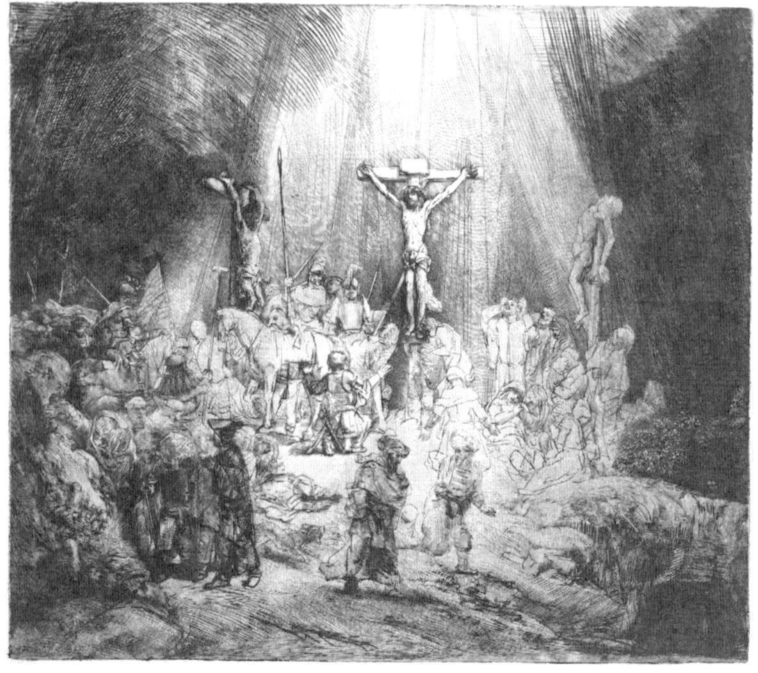

16. Rembrandt van Rijn, Die drei Kreuze, 2. Zustand, um 1653–1655, Kaltnadel und Radierung, 38,2 × 45,1 cm, Boston, Museum of Fine Arts

einander gezogen und dabei die bereits vorhandene Spur mit einem noch schmaleren Pinselzug geteilt haben. Folgt man diesem Vorschlag, so wird deutlich, dass die Zahl der gezogenen Striche nicht mit der der sichtbaren Linien übereingestimmt haben kann. Mit der zweiten Linie müssen nämlich drei schmale farbige Bahnen sichtbar geworden sein: ein schmaler, gerade noch erkennbarer Streifen des teilweise übermalten ersten Strichs, dann – mittig – die im zweiten Schritt von Protogenes gezogene Linie sowie daneben ein weiterer hauchdünner Streifen, der ebenfalls vom ersten, leicht breiteren Strich des Apelles verblieben war. Nach dem Auftrag des dritten, nochmals schmaleren Strichs könnten dem Betrachter schließlich sogar fünf Linien vor Augen gestanden haben.

Das Beispiel zeigt, dass auch die formalen Elemente im Bild nicht als

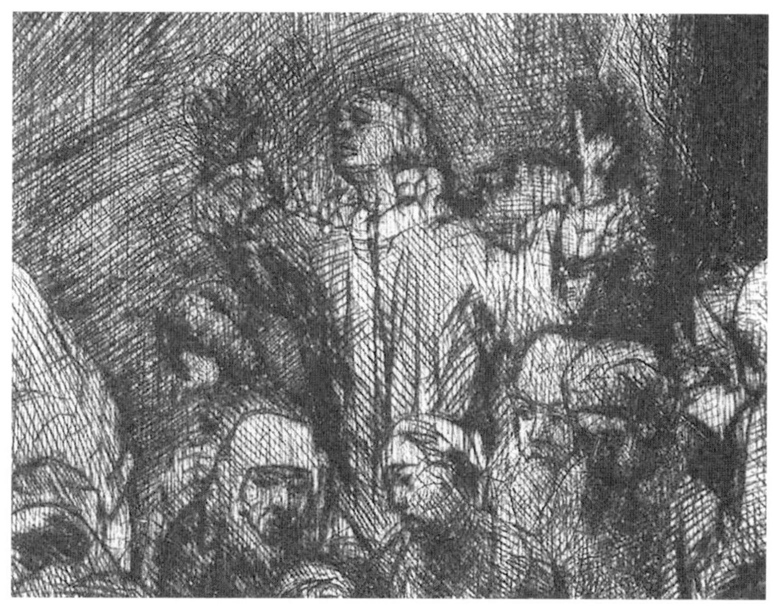

17. Rembrandt van Rijn, Die drei Kreuze (Detail)

gegebene, eindeutig und endgültig abgrenzbare Grundeinheiten verstanden werden können, indem man sie etwa auf die Spur einer Künstlerhand oder auf eine Markierung zurückführt. Im Bild addieren sich nicht einfach zahlreiche Spuren des Entstehungsprozesses nebeneinander auf, die dann in einem zweiten Schritt Relationen eingehen könnten. Vielmehr unterliegt bereits die Konstitution der formalen Elemente einer differenziellen Logik. Jede weitere Markierung kann eine frühere Spur trennen und zerlegen oder eine scheinbar körperlose Linie als schmale Fläche erscheinen lassen, in der weitere Einzeichnungen Platz finden.

Und doch orientiert sich unser Blick in Bildern, findet Markierungen, die er fixieren kann und die ihm zum Ausgangspunkt werden, um temporär Relationen im Bild zu etablieren. Das Fehlen von abgrenzbaren Grundelementen muss mithin die Rede von bildlichen Strukturen keineswegs in Frage stellen. Vielmehr zeigt sich, dass die Prozesse der Stiftung und Ausdifferenzierung von innerbildlichen Bezügen mit Vorgängen verschränkt sein können, in denen der Betrachter unwillkürlich oder bewusst einzelne Phänomene im Bild klar eingrenzt. Es sind daher nicht allein die Relationen, sondern oftmals auch deren Grundelemente, die im Wahrnehmungsprozess zuallererst emergieren müssen.[39] Sie bleiben vorläufig und fragil, können durch andere Beobachtungen erschüttert und einer Revision unterzogen werden. So wenig sich also bildliche Strukturen gleichsam essentialistisch dauerhaft fixieren lassen, so sehr ist die Bildrezeption fortwährend auf Prozesse der Differenzierung und Strukturierung angewiesen, damit aus dem rohen Chaos der materiellen Spuren etwas in Erscheinung treten kann. Auch für Bilder erscheint daher plausibel, was Gilles Deleuze allgemein an Strukturen bemerkte: «Auf eine gewisse Weise sind sie nicht gegenwärtig. Gegenwärtig ist das, worin die Struktur sich verkörpert, oder vielmehr das, was sie konstituiert, indem sie sich verkörpert.»[40]

Zwar werden solche Prozesse der Emergenz von formalen Elementen und deren Relationen eher selten auffällig und bewusst vom Betrachter erfahren. Dennoch sind sie von grundsätzlicher Bedeutung bei dem Versuch, die rezeptionsästhetische Temporalität von Bildern angemessen zu beschreiben. Wenn die Elemente, die wir im Bild zu erblicken glauben, ebenso wie die zahlreichen potenziellen Bezüge zwischen ihnen nicht immer schon stabil, wohlgeordnet und klar voneinander abgegrenzt in den Bildern gegeben sind, so deutet sich an, welche vielfältigen, teils einander überlagernden Prozesse mit der Bildbetrachtung einhergehen können. Vor diesem Hintergrund wird nicht allein die Rede von der augenblickshaften, simultanen Rezeption des Bildes fragwürdig,[41] sondern auch der Versuch, «folgerichtige» Abläufe der Blickbewegung zu rekonstruieren.[42] Wenn unser Blick durch ein Bild schweift, vollziehen sich Emergenzen von Differenzierungen und Relationen, auf deren Grundlage erst die Identifikation von Motiven und Bedeutungen möglich wird, die ihrerseits ebenfalls reversibel und wandelbar sind.

Spätestens auf der Ebene der Emergenz einzelner Formen in der bildlichen Struktur zeichnet sich ab, inwiefern die mit ihr verknüpfte rezeptionsästhetische Temporalität spezifisch für Bilder ist und nicht gleichermaßen auch anderen Dingen eignet. Denn jede dieser Formen, die aus den differenziellen Prozessen emergiert, steht einerseits unter den materiellen Bedingungen des jeweiligen Bildes, sie muss mithin der konkreten Beschaffenheit von Bildträger und Darstellungsmitteln sowie den technischen Spezifika der Bildproduktion entsprechen. Andererseits aber kann sie dazu dienen, im Bild etwas zur Erscheinung zu bringen. Jede Form kann daher als Eigenschaft des im Bild Dargestellten, aber auch des Bildes selbst verstanden werden.

Wenn die Form auffällig wird, kann sie den Rezipienten nicht zuletzt dazu anregen, die Aufmerksamkeit zwischen dem bildlich Dargestellten und den Darstellungsmitteln wechseln zu lassen. So kann das Bemühen um die genaue Erfassung der Kontur eines Bilddetails zum Beispiel dazu führen, dass die entsprechende Linie in ihrem Eigenwert, als graphische Spur einer Hand, in Erscheinung tritt. Bei gegenständlich darstellenden Bildern wird in solchen Momenten ein Aspektwechsel angestoßen, der einen Widerstreit zwischen der Konzentration auf das Dargestellte einerseits und einem Bewusstsein für die bildliche Vermittlung andererseits zur Folge hat. Austragen lässt sich ein solcher Widerstreit nur temporal, indem der Betrachter bald den einen, bald aber den anderen Aspekt fokussiert.[43] Dabei zeigt sich, dass die bildliche Struktur nicht nur in den Relationen von Elementen auf einer begrenzten Fläche zu suchen ist, sondern gleichsam eine mehrschichtige Tiefe aufweist. Jeder Punkt, Strich oder Fleck kann Teil eines im Bild dargestellten Gegenstands und zugleich eine eigenständige Erscheinungsform der Darstellungsmittel sein. Die Binnenelemente im Bild entwickeln daher nicht nur vielfältige Relationen, vielmehr gewinnen diese wechselhaften, durchaus reversiblen Bezüge zusätzlich an Komplexität, weil sich mit ihnen verschiedene Aspekte verbinden können. Denn es macht einen Unterschied, ob eine Linie, die der Betrachter zu anderen Elementen im Bild in Bezug setzt, dabei als Kontur, d. h. als Objektbegrenzung und damit als Eigenschaft eines dargestellten Gegenstands, gesehen wird oder als spezifische Erscheinungsweise des Darstellungsmittels Aufmerksamkeit weckt. Neben die potenziell unzähligen Relationen auf der Bildfläche treten damit Relationen zwischen verschiedenen Aspekten.

Form, Struktur und Zeit

Bevor Bilder ein zeitliches Geschehen darzustellen und Narrationen auszubilden versuchen, bieten sie bereits aufgrund ihrer formalen Beschaffenheit und ihrer Struktur eine Vielzahl an Möglichkeiten für Zeiterfahrungen. Die temporalen Qualitäten, die traditionell dem Linienzug oder Rhythmen im Bild zuerkannt werden, erweisen sich bei näherer Betrachtung als keineswegs außergewöhnlich. Zeiterfahrungen, wie sie im kunsttheoretischen und ästhetischen Diskurs seit der frühen Neuzeit für Linien und rhythmisch anmutende Formkonstellationen immer wieder beschrieben worden sind, lassen sich grundsätzlich an allen Bildern machen, in denen mehrere Spuren, Elemente oder Formen zueinandertreten. Zwei Ebenen scheinen dabei von besonderer Bedeutung zu sein: zum einen die differenziellen Strukturen, die sich zwischen Bildelementen ausbilden, zum anderen aber die Formationen und Deformationen, das Emergieren und Zurücksinken abgrenzbarer Elemente im Bildkontinuum.

Dass die Bildbetrachtung nicht nur ebenso wie die Umgebungswahrnehmung als ein zeitlich erstreckter Prozess zu verstehen ist, sondern noch in höherem Maße Temporalität impliziert, erklärt sich, wenn man sich vor Augen hält, worin sich Bilder von Objekten der Umgebung unterscheiden: Bildern ist ein hoher Grad an Unbestimmtheit oder, mit anderen Worten, an vielfältiger Bestimmbarkeit eigen. Sie regen daher ganz unwillkürlich zu längeren Wahrnehmungsprozessen an, in denen die dem Bild eigenen Unbestimmtheiten und Ambiguitäten versuchsweise abgebaut werden.[44] Da die bildliche Darstellung – anders als das Bild als materieller Gegenstand eigenen Rechts – in der Regel keine weiteren Informationen preisgibt, wenn der Betrachter den Bildträger umkreist, und weil die Bewegungsparallaxe nicht greift,[45] lassen sich viele Fragen nicht auf den Wegen klären, die uns von der Umgebungswahrnehmung vertraut sind. Mit dieser Unbestimmtheit geht das Potenzial einher, den Betrachter stärker in den Wahrnehmungsprozess zu involvieren. Der Versuch, Mehrdeutigkeiten aufzulösen, führt dabei nicht selten dazu, deren Quelle genauer in den Blick zu nehmen. Auf diese Weise kann der Blick auf die Zwiespältigkeit der Bildelemente gestoßen werden, die sowohl eine Qualität des Dargestellten als auch eine formale Eigenschaft des Bildträgers und der Darstellungsmittel zur Geltung bringen. Darüber hinaus kann die verstärkte Aufmerksamkeit für einzelne Elemente und ihre vielfältigen potenziellen Relationen auch den fragilen Status und die mangelnde Abgrenzbarkeit von Strichen, Flecken, Pinselzügen, Lasuren etc. auffällig werden lassen. Es sind mithin basale Grundbestimmungen des Bildes, in denen die rezeptionsästhetische Temporalität verankert ist. Dass diese Möglichkeit zu komplexeren Zeiterfahrungen oftmals weder vom Künstler noch vom Betrachter gezielt angestrebt wird, sollte nicht über deren grundlegende Bedeutung hinwegtäuschen. Denn es ist nicht zuletzt die rezeptionsästhetische Temporalität, durch die Bilder ihre Betrachter so wirkungsvoll in Wahrnehmungsprozesse verstricken, dass sie ‹Macht› über ihre Rezipienten zu gewinnen scheinen.

V. Zwiespalt und Zeit. Die Dualität des Bildes und ihre rezeptionsästhetischen Implikationen

Was die rezeptionsästhetische Temporalität des Bildes zu einem ungewöhnlich interessanten Untersuchungsgegenstand macht, ist der Umstand, dass sie nicht nur dazu einlädt, darüber nachzudenken, wie lange der Betrachter ein Bild anschaut oder wann er seinen Blick auf welche Partien richtet. Vielmehr zeichnet sich die Bildwahrnehmung im Unterschied zum gewöhnlichen Umgebungssehen dadurch aus, dass auch ein und derselbe Punkt, Strich oder Fleck im Bild auf mindestens zweierlei Weise Aufmerksamkeit auf sich ziehen kann: Ein Bildelement kann als Teil des Dargestellten, etwa einer Bildnarration oder der Wiedergabe eines Gegenstands, erblickt werden, oder aber als materielle Eigenschaft des Bildes, also zum Beispiel als farbliche Spur auf dem Bildträger. Für eine Beschreibung der rezeptionsästhetischen Temporalität des Bildes folgt daraus, dass nicht nur darauf zu achten ist, *wann* ein bestimmter Teil des Bildes den Blick auf sich lenkt. Vielmehr ist auch relevant, *als was* er zu verschiedenen Zeitpunkten wahrgenommen werden kann. Mit empirischen Untersuchungsmethoden wie etwa dem Eye-Tracking lässt sich darauf kaum befriedigend antworten. Im Folgenden wird daher vorgeschlagen, dieser Frage nachzugehen, indem rezeptionsästhetische Überlegungen mit Einsichten der Bildtheorie verknüpft werden. Die Rezeptionsästhetik kann erschließen, welche Potenziale oder Einschränkungen für die Wahrnehmung sich dem Betrachter eines Bildes darbieten. Sie kann dabei auch der Frage nachgehen, ob dem Blick nahegelegt wird, zwischen verschiedenen Aspekten zu wechseln. Erst eine bildtheoretische Fundierung dieses Ansatzes vermag aber zu klären, inwieweit sich derartige Potenziale den Spezifika verdanken, durch die sich die Bildbetrachtung vom gewöhnlichen Umgebungssehen unterscheidet.

Die Zwiespältigkeit des Bildes

Insofern Bilder etwas darstellen, zeichnen sie sich dadurch aus, etwas anderes und zugleich sich selbst vor Augen zu führen. Im Bild treten Bildobjekte hervor, die beim Betrachter Momente des Wiedererkennens anstoßen können und damit Bezugnahmen auf Außerbildliches zulassen. Diese Bildobjekte sind jedoch keineswegs identisch mit dem Bildträger und den Darstellungsmitteln, die eine eigene Dinglichkeit, Materialität und sinnliche Erscheinung aufweisen. Wolfram Pichler und Ralph Ubl haben in einer Variation älterer, vor allem phänomenologischer Begrifflichkeiten zwischen «Bildobjekt» und «Bildvehikel» differenziert und zugleich deren «unverbrüchliche Bindung» betont.[1] Von «Bild» kann nur dort die Rede sein, wo uns eine «zwiespältige Einheit von Bildvehikel und Bildobjekt»[2] begegnet. Mit dem Attribut «zwiespältig» deutet sich an, dass dem Bild, das etwas zeigt und zugleich sich selbst zeigen muss, eine Spannung inhärent ist. Das Bild kann etwas anderes, das selbst physisch nicht gegenwärtig ist, nur zur Darstellung bringen, indem es sich selbst dem Blick des Betrachters darbietet. Eine allzu auffällige Präsenz des Bildes als Bild, mithin als begrenzter flächiger Gegenstand mit eigener Materialität, droht aber den Blick vom Dargestellten abzulenken. Und analog dazu kann die Konzentration auf das im Bild Erscheinende dazu führen, dass dessen bildliche Vermitteltheit zugunsten einer Fokussierung auf die dargestellte Sache in den Hintergrund tritt. Unabhängig von der Frage, ob das Bild reale Gegenstände oder Imaginationen und Phantasmen zur Erscheinung bringt, weist es einen Widerstreit auf, der im Zuge der Betrachtung nicht gänzlich aufgelöst wird. Immer wieder kann sich der Rezipient vor die Wahl gestellt sehen, ob er beim Blick auf eine bestimmte Partie eines Bildes seine Aufmerksamkeit auf einen dargestellten Gegenstand oder aber auf das Bild selbst als Gegenstand eigenen Rechts richtet. Er kann, so scheint es, nicht beider Aspekte zugleich habhaft werden, sondern sie nur nacheinander, d. h. in einem zeitlich erstreckten Wahrnehmungsprozess realisieren. Wenn diese Beschreibung der Zwiespältigkeit des Bildes Plausibilität beanspruchen darf, wäre ein Ausgangspunkt gefunden, um zu verstehen, wie Bilder in einer Weise

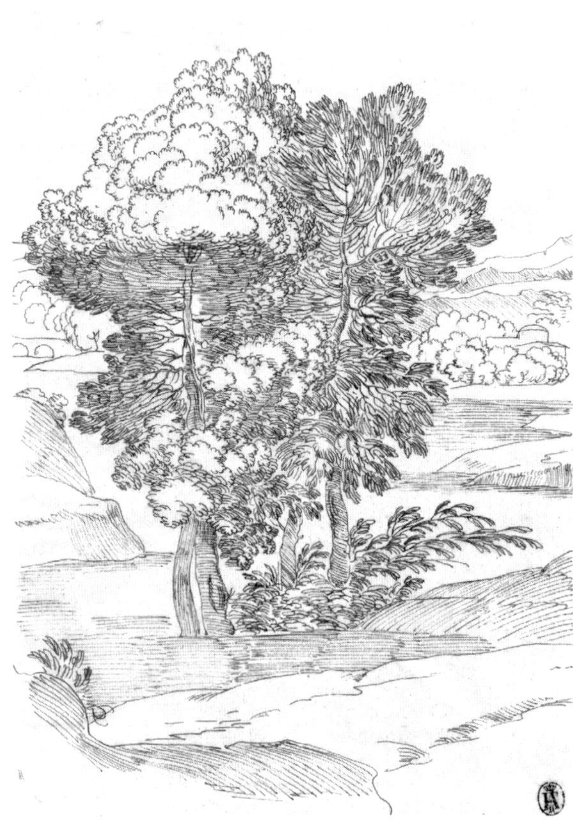

18. Heinrich Reinhold, Baumgruppe in der Serpentara, um 1820–1824, Feder in Schwarz auf Transparentpapier, 19,2 × 12,8 cm, Privatbesitz

Zeitlichkeit implizieren, die sich fundamental von der Erfahrung anderer Objekte unterscheidet.

Kunsthistorikerinnen und Kunsthistorikern dürfte diese Sicht auf Bilder vertraut erscheinen. Sie sind es gewohnt, in heuristischer Absicht zwischen der Identifikation des Dargestellten und der Ikonographie einerseits sowie formalen und bildstrukturellen Analysen andererseits zu

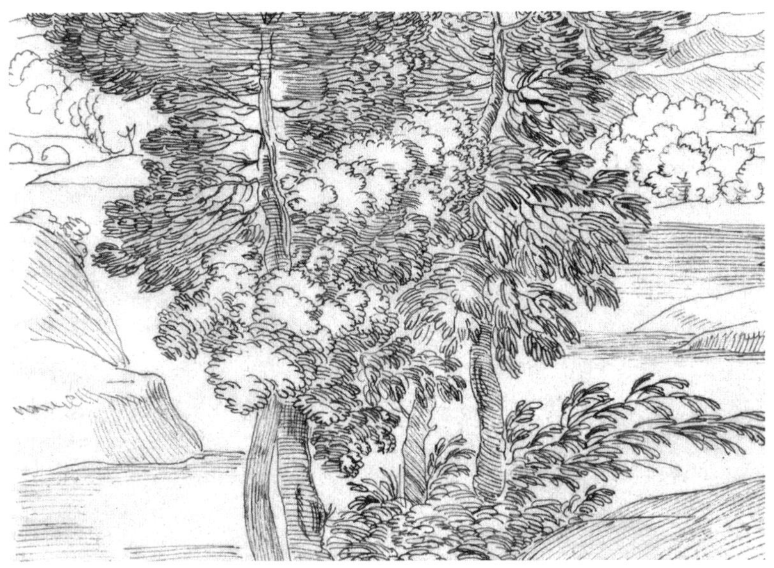

19. Heinrich Reinhold, Baumgruppe in der Serpentara (Detail)

unterscheiden. Wenn sie über Bilder sprechen oder schreiben, scheint eine solche Differenzierung schon allein deswegen unvermeidlich, weil die gegenständlichen Bezüge ihrer Beobachtungen und Aussagen sonst missverständlich sind. So kann sich die Beschreibung einer Zeichnung von Heinrich Reinhold (Abb. 18) zunächst darauf konzentrieren, das Dargestellte zu erfassen, indem auf die zentrale, belaubte Baumgruppe, den See oder Fluss im Mittelgrund, die Brücke am linken Bildrand, das teils von einem Wäldchen verdeckte Gebäude rechts sowie auf die Hügel und Berge im Hintergrund hingewiesen wird. Bei einer genaueren Analyse wird die Aufmerksamkeit aber auch vom Dargestellten auf die Darstellungsform zu verschieben sein (Abb. 19). Dann treten zum Beispiel Reinholds souveräne, schwungvolle und zugleich kontrollierte Linienführung, die klar auf das Zentrum der Bildfläche bezogene Komposition oder – insbesondere vor dem Original – die Materialeigenschaften des semitransparenten Papiers in den Blick.

Eine solche Verschiebung der Aufmerksamkeit erfolgt insbesondere dann, wenn die klare Abgrenzung und unmissverständliche Identifika-

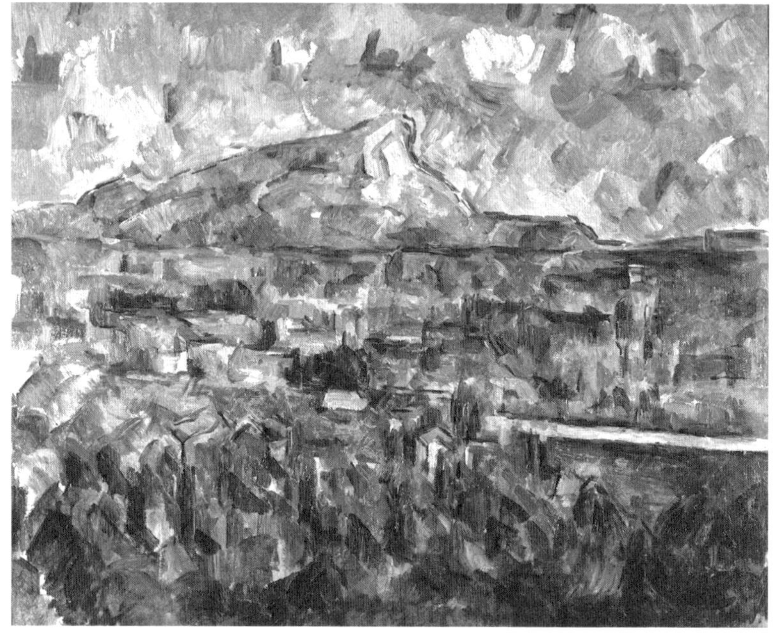

20. Paul Cézanne, Montagne Sainte-Victoire, 1902–1906, Öl auf Leinwand, 64,8 × 81,3 cm, Philadelphia Museum of Art

tion gegenständlicher Motive in einem Bild erschwert ist. Einer solchen Herausforderung sieht sich zum Beispiel der Betrachter von Gemälden Paul Cézannes gegenüber. Cézannes Bilder der Montagne Sainte-Victoire, hier eine auf 1902 bis 1906 datierte Fassung im Philadelphia Museum of Art (Abb. 20), geben den Berg und die ihn umgebende Landschaft auf den ersten Blick gut zu erkennen. Versucht man jedoch einzelne Details genauer in den Blick zu nehmen (Abb. 21), so stößt der Betrachter in der Nahsicht auf Farbflecken sowie über- und ineinander gearbeitete Pinselzüge, die sich nicht sogleich zu klar voneinander abgrenzbaren Motiven fügen. Cézannes Darstellungsform ist offenkundig einem anspruchsvollen künstlerischen Anliegen verpflichtet, das er in Äußerungen mit Schlüsselbegriffen wie *sensation* und *réalisation* umkreist hat. Da sich die Textur der Farbe in seinen Bildern nicht mehr den unterschiedlichen Distanzen und Beschaffenheiten der Gegenstände im Bild anpasst, bie-

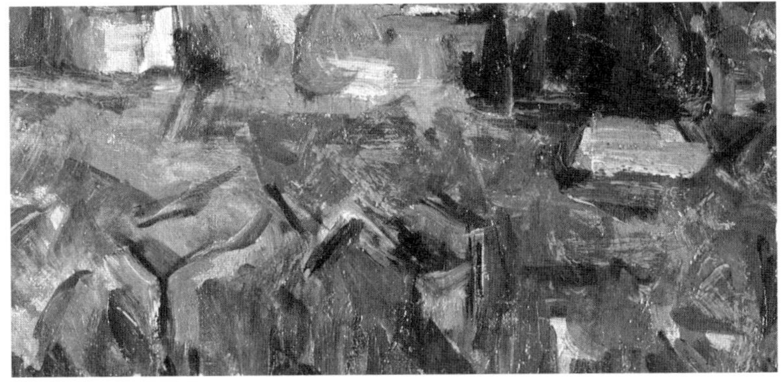

21. Paul Cézanne, Montagne Sainte-Victoire (Detail)

ten die farblichen Erscheinungen im Bild kein bloßes Äquivalent zum gewöhnlichen Wahrnehmungseindruck. Mit ihnen scheinen vielmehr farbliche Qualitäten erfahrbar zu werden, die dem gegenständlich identifizierenden Sehen vorausliegen. Diese *sensations colorantes* (die am ehesten als «farbige Empfindungen» zu übersetzen wären) hat Cézanne als primäre Phänomene verstanden, aus denen erst Gegenstandswahrnehmungen emergieren können.[3] Werner Hofmann hat treffend von einer «allmähliche[n] Vergegenständlichung der Farb-Formen» sowie vom «Dingwerden[...] aus der Farbe»[4] gesprochen und auf diese Weise betont, wie sehr der Bildauffassung Cézannes eine fundamentale und unhintergehbare Temporalität eigen ist.

Die recht beliebig herangezogenen Beispiele scheinen die eingangs dargelegte Intuition zu bestätigen, dass die Aufmerksamkeit von Betrachtern nicht nur auf verschiedene *Partien* eines Bildes, sondern auch auf verschiedene *Aspekte* gelenkt werden kann, so dass bald dargestellte Motive, mithin Bildobjekte, bald aber auch Qualitäten des Bildträgers und der Darstellungsmittel in den Vordergrund treten können. Mit der Dualität des Bildes geht daher eine Grundspannung zwischen verschiedenen Aspekten einher, die für die rezeptionsästhetische Temporalität von grundlegender Bedeutung ist.

Zwiespalt ohne Spannung? Die Bildbetrachtung als *seeing-in*

Doch gibt es gewichtige Argumente, die gegen ein solches Verständnis von Bildern zu sprechen scheinen. Den vermutlich stärksten Einwand hat Richard Wollheim formuliert, als er zu erfassen versuchte, was die Bildwahrnehmung von unserem gewöhnlichen Umgebungssehen unterscheidet. Auch er geht von einer Dualität oder Zwiespältigkeit des Bildes bzw. der Bildwahrnehmung aus, für die er den Begriff der *twofoldness* geprägt hat. Wollheim begreift die Bildbetrachtung als ein «Sehen-in»[5] (*seeing-in*), bei dem sowohl das im Bild Erscheinende als auch die Flächigkeit oder Materialität des Bildes gleichzeitig wahrgenommen werden. Hat Wollheim in seinen frühen Schriften noch vermutet, dass bei der Bildwahrnehmung zwei unterschiedliche Erfahrungen gleichzeitig zusammentreten würden,[6] so versteht er das *seeing-in* in seinen späteren Arbeiten als eine einzige Erfahrung, der lediglich zwei verschiedene Aspekte eigen seien. Ganz in diesem Sinne vertritt er die These, dass wir eine Bildpartie nicht entweder als ein dargestelltes Motiv oder als bemalte Oberfläche des Bildträgers erblicken. Vielmehr erfassen wir beim Blick auf Bilder seines Erachtens im selben Moment das dargestellte Motiv (*recognitional aspect*) und zugleich etwas von der materiellen Beschaffenheit der Bildfläche (*configurational aspect*). Wollheim wendet sich mit dieser Charakterisierung der Bildbetrachtung insbesondere gegen Ernst Gombrich, der davon ausging, dass jedes Bild zwei grundlegend verschiedene Formen der Betrachtung anspreche, und es für ausgeschlossen hielt, beide ‹Sehweisen› zum selben Zeitpunkt erfahren zu können.[7] Der Kunsthistoriker hatte auf diese Weise eine Beobachtung verallgemeinert, die Psychologen wie Joseph Jastrow oder Philosophen wie Ludwig Wittgenstein zuvor vor allem an Vexierbildern (Abb. 22) diskutiert hatten. Während Gombrich vermutete, dass nur ein Wechsel oder ein Kippmoment in der Wahrnehmung zwischen zwei einander ausschließenden «Sehweisen» vermitteln könne, verficht Wollheim die These, dass wir gleichzeitig sowohl die Farben, Formen und Relationen der Bildobjekte als auch die Farben, Formen und Relationen auf der Fläche des Bildträgers wahrzunehmen vermögen.[8] Gegen Gombrich

Welche Thiere gleichen einander am meisten?

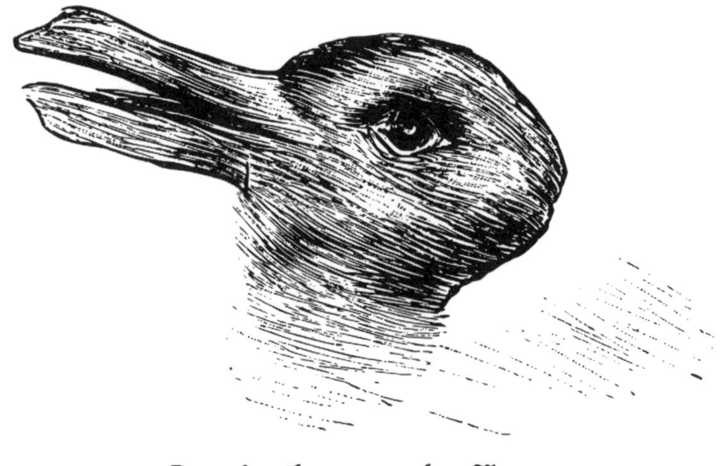

Kaninchen und Ente.

22. Vexierbild «Kaninchen und Ente» (aus: Fliegende Blätter, 23.10.1892)

kann Wollheim das überzeugende Argument anführen, dass sich die Relation zwischen Bildobjekt und Bildträger nicht mit den beiden Aspekten von Vexierbildern wie dem bekannten Hase-Ente-Beispiel vergleichen lässt. Denn beim Vexierbild liegt ein Widerstreit zwischen zwei im Bild erscheinenden Bildobjekten vor, während Gombrichs Argument auf den Konflikt zwischen Bildobjekt und Bildträger zielt. Wollheim begreift daher die Bildbetrachtung als einen einzigen Wahrnehmungsvorgang, als ein für Bilder spezifisches *seeing-in*, das «eine unbegrenzte simultane Aufmerksamkeit auf das, was gesehen wird, und auf die Merkmale des Mediums»[9] zulasse.

Wollheims These hat zwar nicht wenige kritische Einwände und kontroverse Debatten hervorgerufen und ist daher auch modifiziert, ausdifferenziert oder eingeschränkt worden.[10] Dennoch gilt sie bis heute als ein wesentlicher Bezugspunkt ästhetischer und bildtheoretischer Überlegungen.[11] Verfolgt man die jüngeren Weiterentwicklungen von Wollheims Argument, so fällt auf, dass der Gedanke einer simultanen Wahrnehmung rekognitionaler und konfigurationaler Aspekte, also etwa des Dargestellten und der Darstellungsmittel, oftmals in entscheidender Hinsicht abgeschwächt oder relativiert wird. So hat Patrick Maynard 1994 in einer Zwischenbilanz der Diskussion um Wollheims *seeing-in* dafür plädiert, die gleichzeitige Erfahrung beider Aspekte der Bildwahrnehmung mit dem Gedanken zu verknüpfen, dass nichtsdestotrotz ‹Rivalitäten› zwischen diesen beiden Aspekten um die Aufmerksamkeit des Rezipienten denkbar seien: «Bildende Künstler können so vorgehen, dass ihre Werke nicht als Zeichnungen, Gemälde oder dergleichen wahrgenommen werden. Oder aber sie können ihre Art und Weise, Spuren zu setzen oder Figuren und Bilder zu zeichnen oder zu malen, so ‹thematisieren›, dass sie die figürliche Vorstellungskraft vom Dargestellten ablenken, minimieren oder eliminieren. Außerdem können unterschiedliche Arten einer verengten Blickführung wie durch eine Blende verschiedene dieser Aspekte von Zeichnungen oder Gemälden für vielfältige Zwecke unterdrücken.»[12]

Maynard sah mit diesen Überlegungen den Grundgedanken von Wollheim nicht in Frage gestellt, eröffnete aber die Denkmöglichkeit, dass im Rahmen des *seeing-in* verschiedene Akzentuierungen einzelner Aspekte möglich sind. Ähnliche Überlegungen finden sich auch bei Jerrold Levinson, der Wahrnehmungen von bildlichen Darstellungen für plausibel hält, in denen einzelne Aspekte wie die Oberfläche des Bildträgers ignoriert werden: «Wenn man eine Frau in einem Bild sieht, weil man ein Muster von Markierungen visuell verarbeitet, dann nimmt man damit natürlich in gewisser Weise das Medium wahr, dem diese Markierungen anhaften oder in dem sie bestehen. Aber es ist keineswegs klar, dass man, wenn man die Frau in dem Bild sieht, in einem gewissen Maße die Oberfläche des Bildes oder das Muster als solches wahrnehmen, zur Kenntnis nehmen oder gar sich bewusst darauf konzentrieren muss.»[13]

Eine genuin ästhetische Wahrnehmung, die mit einem Bewusstsein für die bildliche Gegebenheit des Erscheinenden einhergehe, erfolge zwar nur bei einem *seeing-in* im Sinne Wollheims. Doch nicht alle Bildrezeptionen würden diesem Anspruch gerecht werden. Levinson fragt daher dezidiert nach dem Grad an Aufmerksamkeit, der im *seeing-in* sowohl den rekognitionalen als auch den konfigurationalen Aspekten gewidmet werde. Er skizziert eine Modifikation von Wollheims These, die zur Folge hat, nicht für jede Bildrezeption eine gezielte Aufmerksamkeit für den Bildträger voraussetzen zu müssen. Vielmehr hält Levinson es für erwägenswert, dass der Rezipient bei einer Bildbetrachtung im eigentlichen Sinne (einem *pictorial seeing*, das dem Bild als Bild gilt) wechseln kann zwischen Phasen, die dem *seeing-in* im Sinne Wollheims entsprechen, und Momenten, in denen der Fokus nur auf einem Aspekt liegt.[14] Denkt man diesen Vorschlag weiter, so würde mit dem Blick auf bildlich Dargestelltes zwar ein Hintergrundbewusstsein für das Vorhandensein eines Bildträgers, nicht aber notwendig eine Aufmerksamkeit für dessen konkrete Eigenschaften einhergehen. Vor diesem Hintergrund liegt es nahe, das Bildbetrachten nicht mit einem stabilen, statischen *seeing-in* gleichzusetzen, sondern als einen zeitlichen Prozess zu verstehen, in dem Situationen des *seeing-in* und Phasen einer stärkeren Fokussierung auf das im Bild Erscheinende oder aber auf Eigenschaften des Bildträgers einander ablösen können.

Oszillationen der Aufmerksamkeit

Inzwischen ist Wollheims Vorschlag, dass sich die Bildbetrachtung durch *twofoldness* auszeichne und daher als ein *seeing-in* zu beschreiben sei, auch mit der empirischen Forschung zur Bildwahrnehmung ins Verhältnis gesetzt worden. Insbesondere Bence Nanay ist der Frage nachgegangen, wie sich Wollheims theoretisch begründete These mit Erkenntnissen über die neuronale Verarbeitung von Wahrnehmungen vereinbaren lässt.[15] Nanay geht davon aus, dass den zwei Dimensionen des Bildes, mithin dem, was im Bild gezeigt wird, und dem Bild selbst in seiner Dinglichkeit, in unserem neuronalen System zwei unterschiedliche Subsysteme der Reizverarbeitung entsprechen.[16] Das alltägliche Umgebungssehen kommt seinen grundlegenden Aufgaben – dem (Wieder-)

Erkennen von Objekten und der Koordination unserer Interaktionen mit ihnen – nicht zuletzt deswegen verlässlich nach, weil es sich über zwei komplementäre Hauptverarbeitungskanäle vollzieht: Der ventrale Pfad gewährleistet die Objekterkennung, wohingegen der dorsale Pfad Informationen verarbeitet, die der Lokalisierung von Objekten dienen, so dass sich das Subjekt in seinen Bewegungen und Handlungen dazu verhalten kann. Eine solche Aufgabenverteilung sei, so Bence Nanay, auch für den Sonderfall der Bildbetrachtung anzunehmen. Dabei müssen sich jedoch für den Anteil des dorsalen Pfades unvermeidlich Änderungen ergeben, da uns der Bildraum nicht in derselben Weise zugänglich ist wie der Realraum beim Umgebungssehen. Wir können daher unsere Distanz zu Objekten im Bild nicht so bestimmen, wie es uns von der Alltagserfahrung vertraut ist. Allerdings gelingt es uns in der Regel mühelos, unsere Nähe oder Entfernung zum Bildträger einzuschätzen und anzupassen. Nanay schließt daraus, dass sich die beiden Hauptverarbeitungskanäle beim Betrachten von Bildern auf verschiedene Objekte beziehen: Während der ventrale Pfad die Identifikation des im Bild erscheinenden Objekts und seiner Eigenschaften (also des rekognitionalen Aspekts im Sinne Wollheims) leiste, erfolge im dorsalen Pfad eine Verarbeitung von Informationen zu den Eigenschaften des Bildes in seiner eigenen Dinglichkeit (mit anderen Worten: des Bildträgers).[17] Da sich die Reize beider Pfade letztlich zu *einer* robusten Repräsentation des wahrgenommenen Gegenstands ergänzen, stimmt diese Überlegung im Grundsatz mit Wollheims Konzept des *seeing-in* überein. Allerdings hält Nanay ausdrücklich fest, dass mit seiner Hypothese noch nicht entschieden sei, ob diese Reizverarbeitung mit einem Wahrnehmungsbewusstsein einhergehe.[18]

Von besonderem Interesse sind Nanays Ausführungen über die Wahrnehmung der Oberfläche des Bildträgers. Nachdem er hergeleitet hat, dass dem Betrachter der Bildträger mit seinen eigenen sinnlichen und materiellen Eigenschaften über den dorsalen Pfad zugänglich sei, beschreibt er Fälle, in denen es dennoch auch zu einer Reizverarbeitung mittels des ventralen Pfades kommen könne. Nanay imaginiert den Blick auf die Fernsehübertragung eines Fußballspiels, bei der auch der Strafraum gezeigt werde, der im Fernsehbild naturgemäß nicht als Rechteck, sondern aufgrund des Blickwinkels der Kamera als Trapez erscheine. Diese Verzerrung werde im Regelfall bei der Betrachtung problemlos korrigiert. «Wenn mich aber jemand nach der Form auf der Bildfläche fragt, die den Strafraum darstellt, müsste ich *meine Aufmerksamkeit aktiv* auf die Oberflächeneigenschaften *richten*, um antworten zu können.»[19] Ausdrücklich spricht Nanay in diesem Fall von einer «aktiven und absichtlichen Verschiebung der Aufmerksamkeit»,[20] die sich allein dadurch erklären lasse, dass die Oberflächeneigenschaften des Bildträgers zuvor nur durch den dorsalen Pfad verarbeitet worden seien und nun durch den ventralen Pfad erfasst würden. Wenn formale Qualitäten des Bildträgers – Nanay nennt exemplarisch Pinselstriche oder die Flächenkomposition eines Gemäldes – zum eigentlichen Gegenstand des Interesses würden, erfolge eine Verarbeitung über den ventralen Pfad. Dies sei keineswegs für jede Form der Bildbetrachtung erforderlich, sondern – so vermutet er – ein Spezifikum der ästhetischen Erfahrung.[21]

Mit den Überlegungen von Bence Nanay deutet sich an, dass das Bewusstsein für die Bildfläche, das Wollheim als konfigurationalen Aspekt beschrieben hat, stark begrenzt sein kann, sofern die eigentliche Aufmerksamkeit des Betrachters auf dem im Bild Erscheinenden liegt. Wenn das Interesse dem Dargestellten gilt, ist vermutlich eher von einem Hintergrundbewusstsein für konfigurationale Aspekte als von einer bewusst gerichteten Aufmerksamkeit für die Bildfläche zu sprechen. Wollheim hat zwar gute Argumente dafür, dass wir bei der Bildwahrnehmung in der Regel nie völlig von der Oberfläche des Bildträgers absehen. Doch ist damit keineswegs ausgeschlossen, dass die Zwiespältigkeit des Bildes dennoch zu Aufmerksamkeitsverschiebungen zwischen dem Dargestellten und dem Bild als eigenem materiellen Gegenstand anregen kann. Die jüngere Forschung hat Wollheims Argument insofern modifiziert, als Spannungen und ‹Rivalitäten› zwischen den verschiedenen Aspekten des Bildes mehr Bedeutung zugesprochen wird. Im Lichte dieser Überlegungen erscheint es durchaus möglich, dass beispielsweise das im Bild Dargestellte die Aufmerksamkeit des Rezipienten bindet und in hohem Maße vom Bildträger ablenkt. Wenn aber Bildern das Potenzial eigen ist, die Aufmerksamkeit stark auf einen Aspekt zu lenken, dann muss es ihnen auch möglich sein, durch bestimmte Wahrnehmungsangebote markante Aufmerksamkeitsverschiebungen anzustoßen. Die von Gombrich oder auch Kenneth Clark[22] beschriebenen Kippmomente in der Bildbetrachtung wären dann zwar nicht notwendiger Bestandteil eines jeden Rezeptionsprozesses, aber doch eine Möglichkeit, die insbesondere bei ästhetisch anspruchsvollen Bildern oftmals zur Geltung gebracht wird.

Die Überlegungen Bence Nanays skizzieren ein Modell, um solche Verlagerungen der Aufmerksamkeit im Prozess der Bildbetrachtung differenzierter und unter Rückgriff auf empirische Untersuchungen zu beschreiben. Wenn die Informationen über die Beschaffenheit des Bildträgers in der Regel durch den dorsalen Pfad verarbeitet werden, während der ventrale Pfad vor allem Informationen zu den Bildobjekten zugänglich macht, so zeichnet sich ab, dass wir zwischen einem allgemeinen Bildbewusstsein und einer gezielten Aufmerksamkeit für die sinnlich wahrnehmbaren Qualitäten von Bildträger und Darstellungsmitteln unterscheiden können. Denn anders als für den ventralen Pfad, der stärker differenziert und auf eine möglichst scharfe, präzise Objekterkennung gerichtet ist, wird bezüglich des dorsalen Pfads, der vor allem die räumliche Verortung und Bewegung von Objekten erfasst, nicht davon ausgegangen, dass die durch ihn vermittelten Informationen bewusst verarbeitet werden. Er dient vielmehr dazu, motorische Bewegungen des Körpers zu justieren, indem er die durch Bewegungen bedingten, ständigen minimalen perspektivischen Verschiebungen in unserer Wahrnehmung ausgleicht: «Kleine Bewegungen des Kopfes und unbewusste Blicksprünge ermöglichen uns, Eigenschaften wahrzunehmen, die als solche zwar nicht im Bewusstsein repräsentiert werden müssen, aber uns dennoch […] eine Erfahrung der *Präsenz* dieses Gegenstandes ermöglichen.»[23] Der dorsale Pfad, so folgt daraus für den Sonderfall des Bildes, gewährleistet, dass der Betrachter um die dingliche Präsenz des Bildträgers und um dessen räumliche Lage weiß. Dieses Bildbewusstsein impliziert jedoch keineswegs eine gezielte und bewusste Fokussierung der Aufmerksamkeit auf Einzelheiten der materiellen und formalen Gestalt des Bildträgers. Damit dessen spezifische Eigenschaften, etwa die Beschaffenheit der Darstellungsmittel, Pinselspuren oder Oberflächenqualitäten des Bildträgers, als solche zu einem Gegenstand bewussten Erkennens werden, bedürfen sie vielmehr – so steht im Lichte der jüngeren Forschung zu vermuten – einer Verarbeitung durch den ventralen Pfad.

Nanays Überlegung zur spezifischen Rolle des ventralen und des dorsalen Pfades in der Bildbetrachtung bildet nur einen von mehreren jüngeren Ansätzen, mit denen Wollheims Konzept der *twofoldness* so weiterentwickelt wird, dass sich neue Spielräume für Wechsel und Verschiebungen der Aufmerksamkeit auftun. Ohne die Unterscheidung von ventralem und dorsalem Pfad zu vertiefen, hat Nanay auch an anderer Stelle hervorgehoben, dass nicht jedes Sehen mit einer gerichteten und bewussten Aufmerksamkeit einhergehen muss.[24] Zuletzt haben Gabriele Ferretti und Francesco Marchi einen weiteren Ausdifferenzierungsvorschlag vorgebracht, indem sie sowohl zwischen unbewusster und bewusster als auch zwischen verteilter und fokussierter Aufmerksamkeit unterscheiden. Auf dieser Grundlage beschreiben sie für die Spezifik des Bildersehens zwei mögliche Erklärungen: Im ersten Fall, der eher alltäglichen Bildwahrnehmung, sehe und beachte der Betrachter bewusst das dargestellte Objekt, während er die Oberfläche nur unbewusst sehe und beachte. Im zweiten Fall, der für die ästhetische Erfahrung kennzeichnend sei, würde der Betrachter der Bildfläche und dem Bildobjekt durchaus gleichermaßen bewusst Beachtung schenken, allerdings mit einer nicht gerichteten, sondern verteilten Aufmerksamkeit (*distributed conscious attention*), die nicht denselben Grad von Schärfe oder detaillierter Auflösung aufweise. Zudem skizzieren sie eine weitere Option: «Es ist erwähnenswert, dass die bewusste fokussierte Aufmerksamkeit [*conscious focal attention*] zwischen der Oberfläche und dem abgebildeten Objekt alternieren kann. Und in diesem Fall gibt es keinen Mangel an Auflösung, da die bewusste fokussierte Aufmerksamkeit zu einem bestimmten Zeitpunkt auf ein Ziel ausgerichtet werden kann, und nicht gleichzeitig [auf verschiedene Ziele].»[25] Damit haben Ferretti und Marchi einen weiteren plausiblen Ansatz umrissen, der es erlaubt – durchaus in Einklang mit Wollheims Grundgedanken – Verschiebungen der Aufmerksamkeit zwischen Bildobjekt und Bildträger zu denken.

Mit Blick auf die erwähnten jüngeren Forschungen liegt daher der Schluss nahe, dass es sich nicht zwangsläufig um ein nachträgliches Konstrukt handelt, wenn Betrachter die Erfahrung machen, mit ihrem Blick zwischen den im Bild dargestellten Gegenständen einerseits und Eigenschaften der Bildfläche oder des Bildträgers andererseits zu wechseln. Das von Richard Wollheim beschriebene *seeing-in* impliziert eher ein Hintergrundbewusstsein für die Tatsache, dass wir mit dem Bildträger einem Ding gegenüberstehen, in dem jene Bildobjekte erscheinen, auf die unsere Aufmerksamkeit eigentlich gerichtet ist. Nicht jede Form der Bildbetrachtung muss durchgehend die fragile Balance zwischen einer Aufmerksamkeit für das Dargestellte und einem mitlaufenden Bewusstsein für den Bildträger wahren. Mit der Gleichzeitigkeit der Wahrnehmung beider Aspekte, die Wollheim behauptet, geht unvermeidlich deren latente ‹Rivalität› einher. Im Verlauf einer Bildbetrachtung kann jederzeit einer der beiden Aspekte, das Bildobjekt oder der Bildträger, so sehr die Aufmerksamkeit auf sich ziehen, dass der andere in den Hintergrund gedrängt wird.

Die skizzierten bildtheoretischen Überlegungen sind für ein angemessenes Verständnis der rezeptionsästhetischen Temporalität des Bildes von erheblicher Bedeutung. Wenn sich Bilder dadurch auszeichnen, dass sie besondere zeitlich erstreckte Wahrnehmungsprozesse anregen können, so muss sich diese Qualität in ihrer Differenz zu den Eigenschaften anderer Gegenstände beschreiben lassen. Mit dem Potenzial, Aufmerksamkeitsverlagerungen zwischen Bildobjekt und Bildträger anzustoßen, wird eine solche spezifische Qualität von Bildern fassbar, da dieses Potenzial unmittelbar an das charakteristische Merkmal des Bildes, seine Dualität als «zwiespältige Einheit von Bildvehikel und Bildobjekt»,[26] gekoppelt ist. Sollte sich dieses Argument erhärten lassen, so wäre eine Definition des Bildes gewonnen, deren Kern es unausweichlich macht, Bildern eine rezeptionsästhetische Temporalität zuzuerkennen, die nur ihnen eigen ist. Auf dieser Basis wird sich besser darlegen lassen, wie Maler und andere Bildproduzenten Strategien entwickeln können, um derartige Verschiebungen der Aufmerksamkeit gezielt herbeizuführen. Denn viele Bilder, die uns anhaltend fesseln, zeichnen sich dadurch aus, dass sie unser Augenmerk sowohl auf Figuren und Motive als auch auf die sinnliche Beschaffenheit des Bildes selbst lenken – allerdings nicht gleichermaßen zur selben Zeit. Daraus aber folgt, dass solche Fokussierungen im Laufe der Zeit auch Verschiebungen unterliegen können, zum Beispiel wenn zuvor übersehene Partien des Bildes auffällig werden, die ihrerseits zu einer Verlagerung der Aufmerksamkeit vom Bildobjekt auf den Bildträger oder umgekehrt anregen.

VI. Werk und Wirkung – Bild und *agency*. Zur Aktualität der phänomenologischen Unterscheidung zwischen Kunstwerk und ‹ästhetischem Objekt›

Mit der in den vorangegangenen Kapiteln entfalteten These, dass Bildern eine spezifische rezeptionsästhetische Temporalität eigen ist, verbindet sich die Vermutung, dass sie ihre Betrachter in Wahrnehmungsprozesse zu verstricken vermögen. Nicht zuletzt aufgrund der ihnen eigenen Dualität, aber auch mittels ihrer materiellen, formalen und farblichen Eigenschaften sowie durch das in ihnen Dargestellte können Bilder zeitlich erstreckte Prozesse der Betrachtung anstoßen und beeinflussen. Ohne dabei die Rezipienten gänzlich zu steuern, schränken sie zu einem signifikanten Teil deren Souveränität und Kontrolle ein. Sie verführen, lenken, nötigen oder beschränken und behindern den Blick; auf diese Weise involvieren sie die Betrachter in einen Prozess, der nicht allein deren Steuerung unterliegt.

In der rezeptionsästhetischen Temporalität des Bildes könnte daher eine – wenngleich vermutlich nicht die einzige – Antwort auf die Frage zu suchen sein, warum wir Bildern ‹Macht› zuschreiben. Diese ‹Macht› zumindest auch in rezeptionsästhetischen Qualitäten verankert zu sehen, wäre insofern von Interesse, als die ‹Macht› damit gerade nicht schlichtweg dem Bild als einem vermeintlich passiven, stummen Gegenstand zugewiesen würde und ebenso wenig als bloße Projektion oder Einbildung des Subjekts gelten könnte. Denn die Rezeptionsästhetik setzt bei Eigenschaften des rezipierten Gegenstands an, die allerdings nur mittels einer Aktualisierung oder ‹Konkretisation› im Akt der Rezeption zur Geltung kommen. Mit anderen Worten: Die Rezeptionsästhetik verortet sich in einem Zwischenraum, der die dichotome Alternative, die ‹Macht› entweder dem Betrachter oder aber dem Bild zuzuerkennen, fragwürdig erscheinen lässt.

Die folgenden Überlegungen verstehen sich als ein Versuch, diesen

Zwischenraum etwas genauer auszuleuchten. Dabei tritt die eigentliche Rezeptionsästhetik in den Hintergrund; stattdessen richtet sich das Hauptaugenmerk auf deren phänomenologische Grundlagen. Das Ziel dieser Akzentverlagerung ist es, im Rückgriff auf die phänomenologische Grundunterscheidung zwischen Kunstwerk und ‹ästhetischem Objekt› darzulegen, warum es fragwürdig ist, im Nachdenken über die ‹Macht› des Bildes die Dichotomie zwischen Bild und Betrachter zu perpetuieren. Die ‹Macht› des Bildes, so soll vorgeschlagen werden, liegt nicht bei einer dieser beiden Instanzen, sondern wird erst in deren Zusammenspiel generiert, d. h. im Rezeptionsprozess, der genuin zeitlicher Natur ist.

Wenn dieses Zusammenspiel im Folgenden ausgehend von der Unterscheidung zwischen Kunstwerk und ‹ästhetischem Objekt› beschrieben wird, so verbindet sich mit dem erhofften Zugewinn an begrifflicher Differenzierung freilich auch eine Hypothek: Ich werde vermehrt auf Begriffe zurückgreifen, die dem Nachdenken über Kunst entstammen, während doch in den vorangegangenen Kapiteln von Bildern im Allgemeinen die Rede war. Was zunächst wie ein eher zufälliger und wenig eleganter Umweg anmuten mag, könnte jedoch einem Problem in der Sache geschuldet sein. Denn in mancherlei Hinsicht wiederholen oder variieren die jüngsten Diskussionen um die ‹Macht› des Bildes Argumente, Denkfiguren und emphatische Vorannahmen, die früher im Register der Kunst verhandelt wurden.[1] Der folgende Versuch, aus älteren Überlegungen zum Kunstwerk Anregungen für eine Reflexion über Bilder zu gewinnen, zielt nicht darauf, einer Blickverengung allein auf künstlerische Bilder mit besonderen ästhetischen Qualitäten das Wort zu reden. Vielmehr soll erprobt werden, ob sich aus den begrifflichen Differenzierungen der Phänomenologie des Kunstwerks etwas für das Denken über Bilder gewinnen lässt. Umso wichtiger ist es jedoch, die teils problematischen Implikationen des Werkbegriffs im Blick zu behalten. Dessen heikle Aspekte und latente Wirkungen auf jüngere bildtheoretische Überlegungen treten besonders klar hervor, wenn man sich die Begriffsverwendung im Fach Kunstgeschichte vor Augen hält.

Der Werkbegriff der Kunstgeschichte

Die Disziplin Kunstgeschichte unterhält seit jeher ein ambivalentes Verhältnis zur Kunstphilosophie und Kunsttheorie, ja zu theoretischen Fragen überhaupt. Das Fach ist seit den Anfängen seiner disziplinären Formierung – mit einem großen Teil der fachgeschichtlichen Forschung messe ich dabei der Zeit um 1800 besondere Bedeutung zu[2] – aufs Engste mit theoretischen Fragen verflochten und zeigt dennoch häufig ein Bemühen, sich selbst der Theoriearbeit und begrifflicher Klärungen weitgehend zu enthalten. Die Kunstgeschichte lässt sich, wie Hubert Locher überzeugend vorgeschlagen hat, als eine «historische Theorie der Kunst» verstehen.[3] Sie antwortet auf eine zugespitzte Problemlage der Kunsttheorie um 1800, die sich entweder – in ihrem älteren, normativ geprägten Strang – angesichts des ‹Empiriedrucks› einer Fülle historisch überlieferter Werke in Aporien verstrickt hatte oder aber – in Form der idealistischen Kunstphilosophie – ihre Anwendbarkeit auf konkrete Fragen der Kunstproduktion und -rezeption einzubüßen schien. Das sich langsam herausbildende Fach Kunstgeschichte barg in dieser Situation das Versprechen, jene Fragen, zu denen die Kunsttheorie nicht mehr mit der vormaligen Selbstverständlichkeit beizutragen wusste, auf anderem, dezidiert nicht theoretischem Wege zu beantworten. Eine historisch präzise, wohlgeordnete Zusammenschau der Fülle je für sich bedingter und beschränkter Kunstwerke sollte es nun erlauben, das «Ganze der Kunst»[4] zu erblicken. Das Ideal, das sich nicht mehr im einzelnen Meisterwerk fassen ließ, schien sich so in jenes allgemeine «Ganze der Kunst» hinüberretten zu lassen, das sich in den einzelnen konkreten Werken immer nur defizitär artikulierte. Als modellhaftes Vorbild erwies sich dabei die beschreibende, taxonomisch verfahrende Naturgeschichte, von der um 1800 nicht zuletzt eine Bestimmung dessen, was die Natur überhaupt ausmacht, erwartet wurde. Vor allem dort, wo die frühe Kunstgeschichte eine morphologische Programmatik verfolgte, übernahm sie wesentliche Fragen und Aufgaben der Kunsttheorie, ohne selbst explizit theoretisch vorzugehen.[5]

Der empirische und historische (oder historistische) Zug der Disziplin Kunstgeschichte hat sich zweifelsohne bald schon in so hohem

Maße verselbständigt, dass die zunächst explizit oder implizit mitgeführten theoretischen Grundfragen zunehmend in den Hintergrund rückten. Wichtige Ausprägungen des Faches pflegten und pflegen noch immer eine Distanz gegenüber der Theorie oder gar eine Theorieabstinenz: Die kennerschaftliche Kunstgeschichte, die archivalisch gestützte Sachforschung, die ikonographisch-ikonologische Analyse und Interpretation, aber auch sozial- und institutionengeschichtliche Ansätze meiden überwiegend kunsttheoretische Fragen. Das zeigt sich vielleicht am deutlichsten dort, wo dennoch ein theoretischer Anspruch geäußert wird. Denn in diesen Fällen handelt es sich auffällig häufig um methodische Fragen, denen bereits deswegen, weil sie nicht auf der Ebene empirischer Einzelfälle verbleiben, der Status theoretischer Probleme zugesprochen wird. Eher selten hat die Kunstgeschichte indes ihr Alltagsgeschäft unterbrochen, um nicht nur methodologische Erwägungen zu skizzieren, sondern die eigenen theoretischen Grundlagen zu befragen.[6]

Der Umgang mit dem Werkbegriff spiegelt das ambivalente Verhältnis des Faches zu theoretischen Fragen wider.[7] Als Disziplin, die sich in großen Teilen immer noch der Erforschung von Kunstwerken in ihrer historischen Dimension annimmt, setzt die Kunstgeschichte einen Begriff des Kunstwerks voraus, zugleich aber hat sie sich nur sporadisch an der Reflexion dieses Grundbegriffs beteiligt. Nicht selten hat sie sich weitgehend darauf beschränkt, theoretische Bemühungen anderer Disziplinen, vor allem der Philosophie, aufzugreifen oder Termini begriffsgeschichtlich zu historisieren. Während der Begriff der Kunst dabei verschiedentlich Aufmerksamkeit weckte und herangezogen wurde, um etwa in strittigen Fällen zu klären, was zum Gegenstandsbereich des Faches gehört,[8] konnte der Werkbegriff unproblematisch erscheinen. Hier ließ sich eine Begriffsreflexion in der Regel durch die Deixis ersetzen: Man zeigte schlichtweg auf den physischen Gegenstand, den man mit dem Werk identifizierte, und war sich auf diese Weise seiner sicher.[9] Die vermeintliche materielle Gegebenheit und suggestive «optisch-dingliche Präsenz»[10] des Werks, das in aller Regel den Ausgangspunkt konkreter kunsthistorischer Forschung bot, schien Kunsthistorikerinnen und Kunsthistoriker der Notwendigkeit zu entheben, den Werkbegriff selbst terminologisch präzise zu fassen. Wolfgang Thierse konnte daher mit einigem Recht resümieren, «daß in der Kunstwissenschaft eine problematisierende Reflexion des Werkbegriffs so gut wie ausfällt».[11]

Wie weitgehend das Fach Kunstgeschichte Werkstatus und Dingcharakter zusammengedacht hat, zeigt sich exemplarisch in einführenden Darstellungen. So hat etwa Hermann Bauer in seiner *Kunsthistorik* das Kunstwerk als «Gegenstand der Kunstgeschichtsschreibung»[12] ausgewiesen. Wenn er dabei den Begriff des Kunstwerks, das er als ein spezifisches Produkt «bildnerischer Gestaltung»[13] versteht, in Anführungszeichen setzt, zeigt diese Distanzierung keinen Vorbehalt gegenüber dem *Werk*begriff an; vielmehr markiert Bauer damit eine verhaltene Problematisierung und Historisierung des *Kunst*begriffs.[14] Mit einem individuellen materiellen Ding wird das Kunstwerk ebenfalls ganz selbstverständlich identifiziert, wenn die kunsthistorische «Gegenstandssicherung» – etwa bei Willibald Sauerländer – als «Rekonstruktion der historischen Identität eines zunächst nicht näher bestimmten Kunstwerks aus vergangener Zeit»[15] verstanden wird. Denn diese «Gegenstandssicherung» setzt bei handfesten physischen Eigenschaften von Gemälden, Skulpturen etc. an, indem sie nach Material, Gewicht, Maßen und dergleichen mehr fragt und ursprüngliche Bestandteile von späteren Änderungen und Hinzufügungen zu unterscheiden versucht. Die auf diese Weise ‹gesicherten› Eigenschaften des physischen Gegenstands gelten mithin fraglos als Qualitäten des Kunstwerks. Da die kunsthistorische Forschung tatsächlich in der Regel von dinglichen Artefakten ausgeht, ist es nur folgerichtig, wenn die so aufgefassten Kunstwerke ohne Probleme als primäre Gegenstände des Fachs verstanden werden. Anlass zu Kontroversen bietet daher nicht ihr Werkstatus, insofern dieser mit dem Status materiell gegebener, eigens hergestellter Objekte gleichgesetzt wird, sondern allenfalls ihr Kunstcharakter.

Während der Begriff des Werks lange Zeit zu den ebenso selbstverständlichen wie unterreflektierten Grundbegriffen des Faches Kunstgeschichte zählte, ist er in der zweiten Hälfte des 20. Jahrhunderts allerdings nach und nach zu einem fragwürdigen Terminus, ja bisweilen zu einem Unwort geworden. Eine grundsätzliche Infragestellung des bis dahin vorherrschenden Begriffsverständnisses konnte gleich aus mehreren Gründen als unvermeidlich erscheinen: Zum einen war die stillschweigende Engführung von Kunstwerken und dinglichen Objekten der Kunst zunehmend weniger in der Lage, der zeitgenössischen Kunstproduktion gerecht zu werden; zum anderen musste sie im Lichte neuerer theoretischer Positionen wie der Rezeptionsästhetik, des Konzepts des «offenen Kunstwerks», aber auch wichtiger Teile der analytischen Kunstontologie zweifelhaft erscheinen.[16]

Vor allem erwies sich der traditionelle, verdinglichte Werkbegriff als wenig geeignet, dem breiten Repertoire jüngerer Kunstformen, vom *ready made* und *objet trouvé* über die Konzeptkunst und die *appropriation art* bis zur Performance und zum Happening, gerecht zu werden.[17] Neben der Herausforderung durch Kunstformen, die sich dem klassischen Werkbegriff mit seinen Assoziationen von Dinglichkeit, Dauerhaftigkeit, Geschlossenheit und strukturierter Ganzheit widersetzten, sah sich der Begriff des Kunstwerks zudem verstärkt einer ideologiekritisch motivierten Ablehnung ausgesetzt, die vor allem die impliziten normativen Konnotationen des Begriffsgebrauchs ins Visier nahm. Wer explizit von Kunstwerken sprach, gab sich nun als Vertreter einer konservativen, bürgerlich geprägten Kunstgeschichte zu erkennen, die mit den Entwicklungen der zeitgenössischen Kunst nicht Schritt hielt. Die parallel dazu verlaufende Entwicklung des Faches Kunstgeschichte machte es allerdings zunehmend leichter, sich ohne den Werkbegriff zu verständigen: Die Ikonologie war dem Werkstatus gegenüber gleichgültig und konzentrierte sich auf die motivischen Gehalte bildlicher Darstellungen; die Sozialgeschichte konnte den emphatischen Begriff des Kunstwerks zu einem ihrer historischen Untersuchungsgegenstände machen; und selbst die Stilgeschichte erwies sich als hinreichend elastisch, um sie auch auf nicht-künstlerische Phänomene (etwa Stile wissenschaftlicher Visualisierungen) anzuwenden, so dass sie ebenfalls keiner festen Verankerung im Werkbegriff bedurfte. Wo noch von Kunstwerken die Rede war, erschien das Wort mehr und mehr seiner terminologischen Bestimmung entleert. Folgerichtig verdrängten andere Wörter den Begriff: Vermehrt war und ist nun von Bildern, Gemälden, von Objekten und – gelegentlich in programmatischer Abgrenzung zum Werkbegriff – von Arbeiten die Rede.[18]

Welche meist unausgewiesenen Vorannahmen und Implikationen mit dem Begriff des Kunstwerks einhergegangen waren, trat nicht zuletzt in jenem Moment stärker hervor, als der Begriff selbst bereits in die Phase seiner Historisierung eintrat. Exemplarisch für dieses Phänomen kann ein Aufsatz stehen, den Lorenz Dittmann 1985 unter dem Titel *Der Begriff des Kunstwerks in der deutschen Kunstgeschichte* publizierte.[19] Sieht man davon ab, dass auch Dittmann den *Kunst*begriff weit ausführlicher als den *Werk*begriff behandelt, so deutet seine Darstellung nochmals an, welch spekulative Aufladungen der Begriff des Kunstwerks vor allem in der ersten Hälfte des 20. Jahrhunderts erfahren hatte. In ihm hatte sich offenkundig die Hoffnung verdichtet, bei der Beschäftigung mit einzelnen, je für sich bedingten Gegenständen der Kunst dennoch auf Überzeitliches und Überindividuelles, auf Ganzheit und Einheit, auf Gesetzmäßigkeiten und Wahrheit zu stoßen. Bei aller Kritik im Detail blieb Dittmanns Darstellung dem spekulativen Einsatz des Werkbegriffs gegenüber affirmativ; sie bestätigte auf diese Weise aber genau jene Vorbehalte, die zur Krise des Werkbegriffs geführt hatten.[20]

Von der Wirkmacht des Werks zur *agency* des Bildes

Der Aufsatz Dittmanns zeugt exemplarisch davon, dass auch der wenig reflektierte Begriff des Kunstwerks, mit dem die Kunstgeschichte lange Zeit arbeitete, einen Großteil jener Bestimmungen mit sich führte, die Wolfgang Thierse als Charakteristika des traditionellen Werkbegriffs herausgearbeitet hat: «raum-zeitliche Begrenztheit, Selbständigkeit, Strukturiertheit, Ganzheitlichkeit und Autorschaft» sowie eine «Analogie zum Organischen».[21] Im Zuge der Autonomieästhetik und der Kunstphilosophie des deutschen Idealismus war das Verständnis des Werkbegriffs zusätzlich emphatisch aufgeladen und um weitere aufwertende Attribute bereichert worden: «Autonomie, Individualität und Originalität, Ganzheit und Geschlossenheit, Organizität […] und innere Zweckmäßigkeit, das in sich Vollendete, Einheit, ja Identität von Inhalt und Form, Eigenwert der Kunstgestalt als spezifisches Objekt der Kommunikation, Adäquanz von absoluter und sinnlicher Gestalt.»[22]

Auf der Basis dieser anspruchsvollen Zuschreibungen konnte das sich durch überzeitliche Dignität auszeichnende Kunstwerk nicht nur als «Ort der Wahrheit»[23] verstanden werden. Vielmehr wurde ihm auch eine besondere Wirkung beigemessen. Für eine eigene Wirkmacht des Kunstwerks schien bereits die etymologische Verwandtschaft von ‹Werk› und ‹Wirkung› zu sprechen. Das Grimmsche Wörterbuch führt das Substantiv ‹Werk› auf das Verbum ‹wirken› zurück und verweist dabei sowohl auf das Partizip Perfekt Passiv, das Ge- oder Bewirkte, als auch auf das Partizip Präsens Aktiv, das Wirkende.[24] Dass dieser Ableitung des Werks vom Wirkenden für den Werkbegriff eine ähnlich große Bedeutung zukommt wie dem Verständnis des Werks als Ergebnis des künstlerischen Wirkens, zeichnet sich bereits mit der weit zurückreichenden Tradition ab, Kunstwerken rhetorische und wirkungsästhetische Qualitäten wie Lebendigkeit, *energeia* und *enargeia* bzw. *evidentia* zuzuerkennen.[25] Im Sinne solcher Zuschreibungen übt das Werk selbst Wirkung aus; es wird zum Agens, zu einer eigenständig handelnden Instanz, die zum Beispiel mit dem Vermögen begabt ist, seine Betrachter zu bannen.

Die weniger reflektierte als vielmehr suggestiv evozierte Wirkmacht des Werks, die sich nicht zuletzt durch eine spezifische kunsthistorische Beschreibungssprache inszenieren lässt, ist verschiedentlich – sehr prominent u. a. durch Martin Warnke in einer denkwürdigen Sektion des Kölner Kunsthistorikertages von 1970 – kritisiert und zurückgewiesen worden.[26] Im Lichte der Sprachkritik, zu der Warnke und seine Mitstreiter aufriefen, musste die Wirkmacht von Kunstwerken vor allem als Effekt einer problematischen Beschreibungspraxis gelten, die künstlerischen Artefakten durch Wortwahl und Syntax eine Eigenaktivität zuerkannte. Insofern scheint es nur folgerichtig, dass zeitgleich mit dieser Kritik auch der emphatische Begriff des Kunstwerks fragwürdig wurde. Man könnte daher erwarten, dass in dem Maße, in dem der Werkbegriff an Dignität und Selbstverständlichkeit im kunsthistorischen Fachdiskurs einbüßte, auch die Neigung nachließ, Werk und Wirkung eng zu verkoppeln.

Dass es aber nicht allein aufgrund disziplinärer Traditionen, sondern auch der Sache nach schwierig ist, sich gänzlich einer Beschreibungssprache zu entledigen, die das Werk als ein Agens erscheinen lässt, zeigt sich beim Blick auf jüngere Diskussionen, obgleich diese ihrerseits kaum mehr auf den Werkbegriff rekurrieren. Zu denken ist insbesondere an jüngere bildtheoretische Ansätze. Unter stark veränderten Voraussetzungen begegnen hier Bestimmungen, die an den älteren emphatischen Werkbegriff erinnern können. Dies gilt insbesondere für die Vielzahl jener Formulierungen, die Bildern die Rolle aktiver Subjekte zuweisen: Mit Überschriften wie «The Power of Images» (David Freedberg), «What Do Pictures Want» (W. J. T. Mitchell), «Wie Bilder Sinn erzeugen» (Gottfried Boehm) oder «Der Bildakt» (Horst Bredekamp)[27] verbindet sich – bei allen teils grundsätzlichen Unterschieden der damit verbundenen Ansätze – die Intention, Bilder nicht allein als passive Verfügungsmasse von Prozessen der Bedeutungsstiftung zu verstehen, die ausschließlich in der Gewalt menschlicher Subjekte liegen oder hauptsächlich durch soziale Strukturen bestimmt werden. Jüngere Bildtheorien betonen demgegenüber den Eigenanteil, der Bildern in jenen Prozessen und Praktiken zukomme, die unseren Umgang mit ihnen kennzeichnen. Ihnen wird dabei u. a. Widerständigkeit, Reflexivität, Lebendigkeit sowie Handlungsmacht, *agency*, attestiert.[28]

Im deutschsprachigen Raum hat sich die Debatte zuletzt in der Auseinandersetzung mit Horst Bredekamps Bildakttheorie zugespitzt. Mit seiner Konzeption des ‹Bildakts› hat Bredekamp das Bild nicht jene Position übernehmen lassen, die im Sprechakt von den Wörtern eingenommen wird, sondern ihm bewusst die Rolle eines Sprechenden, mithin eines Akteurs, zugewiesen.[29] Dieser Vorschlag ist auf anhaltende Kritik gestoßen und als eine Revitalisierung magischer, irrationaler oder animistischer Bildkonzeptionen gebrandmarkt worden.[30] Bredekamp hat diesen Vorwurf zurückgewiesen, ohne freilich – abgesehen von leicht relativierenden Formulierungen – genauer darzulegen, worin sich sein Ansatz vom Animismus unterscheidet, zumal er aus der Theorie des Bildakts sogar ein «Lebensrecht der Bilder»[31] abgeleitet hat. Er beruft sich vor allem darauf, dass sich die lange und vielfältige Geschichte des Bilddenkens und der Bildpraktiken, in der Bildern in gänzlich verschiedenen Kontexten Macht zugesprochen wurde, im Rahmen subjektzentrierter und konstruktivistischer Ansätze nicht befriedigend erklären lasse.[32]

Die hier allzu grob skizzierten Diskussionen um die ‹Macht› oder *agency* von Bildern rekurrieren in der Regel nicht auf den Begriff des Kunstwerks. Sie scheinen auf den ersten Blick vielmehr Teil einer disziplinären Entwicklung der Kunstgeschichte zu sein, die ihren Fokus vom Kunstwerk abgewandt und auf das Bild verschoben hat. Diese Verschiebung könnte sich bei näherem Hinsehen sogar als eine wesentliche Voraussetzung dafür erweisen, dass über die ‹Macht› und Handlungsfähigkeit von Bildern in so weitreichender Weise nachgedacht werden kann. Denn erst die Lösung von einem als ideologisch kontaminiert und überholt geltenden Werkbegriff hat es erlaubt, alte Zuschreibungen, die sich auf Kunstwerke bezogen, in veränderter Form nochmals für Bilder in Betracht zu ziehen. In der Semantik des Bilddenkens scheinen dabei allerdings Formen der Sprachverwendung zurückzukehren, die – in der vormaligen Anwendung auf Kunstwerke – bereits grundsätzliche Kritik auf sich gezogen haben.[33]

Die latente Wiederkehr einiger Implikate des emphatischen Kunstwerkbegriffs im Gewand einer avancierten Bildtheorie, die ich zu umreißen versucht habe, könnte dazu Anlass geben, sich dem großen, vielstimmigen Chor der Kritiker dieses Ansatzes anzuschließen. Sie kann aber auch dazu anregen, Probleme der aktuellen Diskussion im Lichte von Überlegungen zu reflektieren, die unter den Bedingungen des Denkens über Kunstwerke entwickelt worden sind. Diese zweite Option soll im Folgenden erprobt werden. Ihr liegt die Erwägung zugrunde, dass in Teilen des älteren Diskurses, genauer: in der phänomenologischen Ästhetik, weiterführende Unterscheidungen eingeführt worden sind, die mit der Abwendung vom Kunstbegriff weitgehend in Vergessenheit geraten sind, aber gerade in den aktuellen bildtheoretischen Diskussionen hilfreich sein könnten.

Eine phänomenologische Grundunterscheidung: Kunstwerk und ‹ästhetisches Objekt›

Den Weg zum Werkbegriff der phänomenologischen Ästhetik kann die Beobachtung weisen, dass den jüngeren bildtheoretischen Ansätzen ein blinder Fleck eigen ist: Weder die hier kurz erwähnten Vorschläge noch andere prominente bildtheoretische Ansätze greifen in erkennbarer oder gar expliziter Weise auf Einsichten der kunsthistorischen Rezeptionsästhetik zurück. Selbst dort, wo bildtheoretische Überlegungen auf die Frage zugespitzt werden, was Bilder mit ihren Betrachtern machen, erfolgt weder ein Rückgriff auf rezeptionsästhetische Leitgedanken noch eine explizite Abgrenzung zu diesem Ansatz. Der Befund überrascht insofern, als die vor allem von Wolfgang Kemp etablierte kunsthistorische Rezeptionsästhetik als ein Versuch verstanden werden kann, die Wirkungen von Bildern auf ihre Betrachter genauer zu untersuchen, ohne dabei ausschließlich mutmaßliche Intentionen der Künstler anzuvisieren.[34] Man möchte meinen, dass sich ein solches Erkenntnisinteresse mit der Frage nach der ‹Macht› des Bildes berührt.

Die von Kemp vertretene Rezeptionsästhetik, die allzu rasch in das Methodenrepertoire der Kunstgeschichte einging und kaum theoretisch weiterentwickelt wurde,[35] verdankte der sog. Konstanzer Schule wesentliche Impulse. Für Überlegungen zum Werkbegriff sowie zur umstrittenen ‹Macht› von Werken oder Bildern ist dabei freilich weniger die Rezeptionsästhetik im Sinne von Hans Robert Jauß relevant, der, Anregungen Hans Georg Gadamers aufgreifend, den Anteil der Rezeptionsgeschichte an einer Hermeneutik betonte, um darzulegen, wie historisch bedingte Verschiebungen des Erwartungshorizonts von Rezipienten das Verständnis eines Werks einem unablässigen Wandel unterziehen.[36] Für die heutigen Debatten um die ‹Macht› von Bildern dürften vielmehr Wolfgang Isers Studien von Interesse sein, die nicht so sehr Anregungen der Hermeneutik Gadamers als der Phänomenologie Roman Ingardens aufgreifen.[37] Diese phänomenologisch fundierte Rezeptionsästhetik stellt den Gegenstand des Verstehens (bei Iser: den Text) ins Zentrum und sieht – durchaus im Sinne einer phänomenologischen *Epoché* – in heuristischer Absicht von den historischen und kulturellen Bedingtheiten konkreter Rezipienten ab, ohne deren Bedeutung deswegen schmälern oder gar leugnen zu wollen. Der Anspruch dieser Rezeptionsästhetik muss entsprechend begrenzt sein: Sie kann lediglich Möglichkeiten und Optionen des Rezeptionsgeschehens beschreiben, deren praktische Umsetzung vielfältigen anderen Faktoren unterliegt. Ihr Vorzug liegt aber darin, dass sie mit ihrer methodischen Einklammerung von externen, situativen und kontingenten Aspekten den Leitgedanken, dass das Werk selbst in erheblichem Maße Einfluss auf den Prozess der Rezeption hat, mit besonderem Nachdruck ernst nimmt und die Wirkung oder ‹Macht› von Kunstwerken nicht sogleich auf Projektionen, Konventionen, Diskurse oder Institutionen zurückführt.

Für unseren Zusammenhang ist das phänomenologische Fundament der Rezeptionsästhetik im Sinne Isers, das spätestens beim Theorieimport in die Kunstgeschichte aus dem Blick geriet, besonders aufschlussreich. Denn die phänomenologische Ästhetik, für die neben Roman Ingarden u. a. Jean-Paul Sartre und Mikel Dufrenne stehen,[38] hat eine Grundunterscheidung erarbeitet, die von der späteren Rezeptionsästhetik – oftmals stillschweigend – vorausgesetzt wird: die Differenzierung zwischen dem Kunstwerk, das unabhängig von individuellen Wahrnehmungsakten als Ding persistiert, und dem ‹ästhetischen Objekt›, das im Vollzug der Rezeption unter produktiver Beteiligung des Subjekts konstituiert wird. Dieses ‹ästhetische Objekt› ist zwar eng mit dem gegebenen Kunstwerk verknüpft, aber – wie Roman Ingarden festgehalten hat – nicht mit ihm identisch: «Das ästhetische Erlebnis führt zur Konstitution eines eigenen – des ästhetischen – Gegenstandes, der nicht zu identifizieren ist mit demjenigen Realen, dessen Wahrnehmung gegebenenfalls den ersten Impuls zur Entfaltung des ästhetischen Erlebnisses gibt und das manchmal, wenn es ein zu diesem Zweck gebildetes Kunstwerk ist, eine regulative Rolle beim Verlauf des ästhetischen Erlebnisses spielt.»[39]

Mikel Dufrenne hat diese Unterscheidung in seiner *Phénoménologie de l'expérience esthétique* besonders ausführlich und konsequent durchgeführt. Anders als das Kunstwerk (das Gemälde, die Plastik …), das auch einer außerästhetischen Wahrnehmung zugänglich ist und zum Beispiel auf bloße physische Eigenschaften wie die Flächigkeit eines Bildes oder die Sperrigkeit einer Skulptur reduziert werden kann, lässt sich das ‹ästhetische Objekt› ausschließlich ästhetisch erfahren.[40] Dieses ‹ästhetische Objekt› ist mithin nicht wie jedes beliebige Ding ein Gegenstand in der Welt, vielmehr erschließt es im Vollzug der ästhetischen Erfahrung eine eigene Welt, die sich für Dufrenne durch einen unausschöpfbaren Reichtum an Potenzialitäten auszeichnet.[41] Im Akt der ästhetischen Erfahrung realisiert der Rezipient einige dieser Potenziale, er muss dabei aber andere Optionen – zumindest vorläufig – unberücksichtigt lassen.

Dieses Verständnis von ästhetischer Wahrnehmung hat u. a. zur Folge, dass sich das ‹ästhetische Objekt› als ein genuin zeitliches Objekt erweist: Unabhängig davon, ob es von einem Werk der sog. Zeitkünste, mithin von einem Text oder von Musik, oder aber von einem Artefakt der sog. Raumkünste, etwa einem Bild, seinen Ausgang nimmt, konstituiert sich das ‹ästhetische Objekt› erst in einem Vorgang, der sich selbst in der Zeit vollzieht; zugleich lässt es sich nicht auf Dauer stellen.[42] Das ‹ästhetische Objekt› umfasst dabei jene Bestimmungen und Eigenschaften des zugrundeliegenden Werkes, denen sich der Rezipient zugewandt und die er ‹realisiert› hat. Vor der Rezeption bzw. ohne eine Rezeption ruht das ‹ästhetische Objekt› «latent»[43] im Kunstwerk. Es ist daher konstitutiv darauf angelegt, in der Rezeption des Kunstwerks zur Geltung gebracht zu werden.[44] Da aber der Rezeptionsvorgang selbst unvermeidlich Revisionen und Modifikationen unterliegt, bleibt das so konstituierte ‹ästhetische Objekt› zugleich unausschöpfbar;[45] es muss sich mithin eine Offenheit für die zunächst nicht aktualisierten Potenziale bewahren. Sieht sich der Rezipient im Verlauf der Beschäftigung mit dem Werk vermehrt zu Modifikationen veranlasst, so kann er die Erfahrung machen, dass die zunächst nicht realisierten, sondern latent gebliebenen Eigenschaften des Kunstwerks keineswegs kontingent oder beliebig sind und dass es gerade solche Latenzen sind, durch die sich das ‹ästhetische Objekt› auszeichnet.

Es ist entscheidend für ein adäquates Verständnis dieses Wahrnehmungs- und Erfahrungsprozesses, das ‹ästhetische Objekt› nicht als rein geistiges Konstrukt des rezipierenden Subjekts misszuverstehen, sondern sich bewusst zu halten, dass dieses in der ästhetischen Erfahrung konstituierte Objekt nichtsdestotrotz stets an die konkreten sinnlichen und anschaulichen Qualitäten des Werks zurückgebunden bleibt.[46] Im Sinne Dufrennes lässt sich das ‹ästhetische Objekt› als «das durch ästhetische Wahrnehmung vollendete Kunstwerk»[47] verstehen und das Kunstwerk analog als «ästhetisches Objekt in seiner Potentialität»[48] auffassen. Kunstwerk und ‹ästhetisches Objekt› bleiben mithin engstens miteinander verkoppelt, da die ästhetische Wahrnehmung – zumindest in der Regel (Dufrenne konzediert durchaus die Möglichkeit einer abgeleiteten Form ästhetischer Wahrnehmung, die sich an Gegenständen der Natur vollzieht[49]) – nicht an beliebigen Dingen, sondern an Kunstwerken ansetzt. Mit anderen Worten: Das ‹ästhetische Objekt› ist im Kunstwerk verankert, dieses wiederum wird im ‹ästhetischen Objekt› realisiert oder – um eine gewagte, aber bei Dufrenne bereits angelegte Metapher zu verwenden – mit Leben erfüllt.[50] Dabei sind es die spezifischen Qualitäten des Werks, die den Rezipienten affizieren, so dass er – gleichsam in einer passiven und aktiven Doppelrolle – an der Konstitution des ‹ästhetischen Objekts› beteiligt ist und es zugleich zum Gegenstand der eigenen ästhetischen Erfahrung macht.[51] Dass es dabei nicht zu einer strikten Rollenverteilung zwischen vermeintlich passivem Kunstwerk und aktivem, souveränem Subjekt kommt, begründet Dufrenne u. a. mit dem sinnlichen Charakter der ästhetischen Erfahrung. Die Sinnlichkeit des Kunstwerks und die des Rezipienten markieren gleichsam einen Vereinigungspunkt.[52] Dufrenne geht so weit, die Trennung von Anteilen des Subjekts und des Objekts für die Vollzüge der Rezeption und der ästhetischen Erfahrung als eine Differenz zu bezeichnen, die nur künstlich gezogen werden könne.[53] Dass sich zwischen Subjekt und Objekt unterscheiden lasse, sei eigentlich erst Resultat des Rezeptionsvollzugs und nicht ihm vorgängig.[54]

Zur Aktualität der Differenz zwischen Kunstwerk und ‹ästhetischem Objekt›

Die phänomenologische Ästhetik steht unter sehr spezifischen Voraussetzungen, die sich nicht von selbst verstehen, und sie hat – nicht zuletzt auch bei Dufrenne – zu emphatischen Spekulationen Anlass gegeben, die man nicht ohne weiteres wird teilen wollen. Dennoch verdient sie meines Erachtens gerade angesichts aktueller bildtheoretischer Streitfragen erneut Interesse. Sie markiert möglicherweise einen blinden Fleck jüngerer Debatten über die ‹Macht› der Bilder, dessen Ausblendung zu folgenreichen Komplexitätsreduktionen führt. Eine Aktualisierung der phänomenologischen Ästhetik – die allerdings das Ästhetische nicht zu sehr auf

Kunstwerke verengen dürfte, sondern an den ursprünglichen Wortsinn von ‹aisthesis› anzuschließen hätte – könnte vermutlich vor Augen führen, dass zum Beispiel die vieldiskutierte Bildakttheorie von Horst Bredekamp im Bemühen um eine Aufwertung des Bildes als Instanz mit eigener Handlungsmacht Gefahr läuft, erneut zu einer fragwürdigen Dichotomie zwischen Bild und Rezipient beizutragen. In seiner einschneidenden Kritik an «Dualismus», «Konstruktivismus», «Zerebralzentrismus» und verengenden Zeichentheorien[55] spricht Bredekamp von einem «Eigenwillen des geformten Stoffes»[56] und versteht seine Bildakttheorie als Versuch, der «Erfahrung autonomer und gleichsam pseudolebendiger Formen»[57] gerecht zu werden. Doch bei aller aufklärerischen Rhetorik, die er immer wieder bemüht, tragen solche Bestimmungen kaum zur Erhellung dessen bei, was wir als ‹Macht› der Bilder erfahren. Wenn er der Form, dem geformten Stoff und letztlich dem Bild als materiellem Artefakt Eigenwillen, Autonomie und Lebendigkeit attestiert, verbleibt Bredekamp auf der Ebene der tastenden Beschreibung eines Befundes, dessen Erklärung weiterhin aussteht.

Folgt man indes der Leitidee der phänomenologischen Ästhetik, so erweist es sich weder als hilfreich noch als notwendig, nach einer *agency* des physischen Gegenstands Bild zu fragen. Denn nicht das Bild im Sinne eines materiellen Dinges, sondern das in der Bildrezeption, d. h. im Zusammenspiel von Bild und Betrachter, konstituierte ‹ästhetische Objekt› (bzw. das Bildobjekt, wie man möglicherweise im Sinne von Edmund Husserls Bildtheorie formulieren könnte)[58] müsste als jene Instanz gelten, der ‹Macht› und Veränderbarkeit, mithin genuin temporale Qualitäten, zukommen können. Was verkürzend und wenig glücklich als Bildakt oder *agency* des Bildes bezeichnet wird,[59] entsteht erst in der Interaktion zwischen Bild und Betrachter. Statt die Handlungsmacht einer einzelnen Instanz – dem Bild *oder* dem Betrachter – zuzuweisen, muss eine angemessene Theorie der Bildmacht indes die *Situationen* der Begegnung von Bild und Betrachter analysieren, in denen ‹Macht› generiert wird. Diese ‹Macht› käme dann ausgerechnet der ephemersten, fragilsten Instanz zu, die in das Geschehen der ästhetischen Erfahrung involviert ist: weder dem Kunstwerk (im Sinne eines physischen Gegenstands) noch dem Rezipienten, sondern dem in der ästhetischen Erfahrung konstituierten ‹ästhetischen Objekt› bzw. dem Bildobjekt.

Da diese Interaktionen allerdings auf die Potenziale und Vorgaben des Bildes verwiesen bleiben, hat die hier vorgeschlagene Verschiebung des Macht-Begriffs nicht zur Folge, dass die Handlungsmacht erneut nur beim Subjekt liegt. Denn insbesondere Dufrennes *Phénoménologie de l'expérience esthétique* verortet das ‹ästhetische Objekt›, wie wir gesehen haben, keineswegs allein im Subjekt. Dufrenne betont ausdrücklich, dass in der ästhetischen Erfahrung eines Kunstwerks mit dem ‹ästhetischen Objekt› kein gänzlich neuer Gegenstand ins Spiel kommt. Vielmehr bleibt das ‹ästhetische Objekt› an die Eigenschaften des Kunstwerks gebunden;[60] zugleich aber konstituiert es sich nur im Vollzug der Rezeption. Die phänomenologische Ästhetik könnte daher einen Weg weisen, um die Debatte über die ‹Macht› des Bildes aus einer irreführenden Scheinalternative zwischen animistischen Positionen einerseits und subjektzentrierten oder konstruktivistischen Ansätzen andererseits herauszuführen. Und eine Rezeptionsästhetik, die phänomenologisch fundiert und bildtheoretisch reflektiert ist, könnte solche Bemühungen flankieren, indem sie auf detaillierte, differenzierte Weise entfaltet, wie sich die Wirkmacht des ‹ästhetischen Objekts› in der Betrachtung konkreter Bilder geltend macht. Bereits im Lichte des hier Skizzierten gilt es aber festzuhalten, dass allenfalls einem in der Bildbetrachtung konstituierten ‹ästhetischen Objekt› oder Bildobjekt jene «lebendige Eigenkraft»[61] zukommen kann, die in Diskussionen um Bildmacht und Bildakt allzu oft dem Bild (als physischem Ding) zugewiesen wird. Es scheint mir daher auch verfehlt, aus einer unpräzise den Bildern selbst zugeordneten *agency* deren «Lebensrecht»[62] abzuleiten.

Eine im Lichte der phänomenologischen Ästhetik geschärfte Bildtheorie vermag vielmehr auf andere Weise plausibel zu machen, warum die Begegnung mit Bildern gelegentlich als Kontrollverlust oder Erfahrung einer vom Bild ausgehenden ‹Macht› begriffen werden kann.[63] Mit ihr verbindet sich eine Rezeptionsästhetik des Bildes, die für Prozesse, Verläufe und Temporalitäten sensibel ist und wie sie hier in den vorangegangenen Kapiteln umrissen wurde. Denn durch ihre Gestaltung, ja bereits aufgrund der sie kennzeichnenden Dualität nehmen Bilder erheblichen Einfluss darauf, in welcher Zeitspanne sich der Prozess ihrer Betrachtung erstreckt und wie diese Zeit der Rezeption gegliedert wird. Der Wahrnehmungsvollzug und seine Zeitlichkeit unterliegen dabei keineswegs vollständig der Kontrolle des Betrachters. Vielmehr vollzieht sich die Konstitution des ‹ästhetischen Objekts› in einem Wechselspiel von Potenzialen und Vorgaben des Bildes einerseits sowie Entscheidungen und – mit Ingarden formuliert – ‹Konkretisationen› seitens des Rezipienten andererseits.[64] Damit ist, so scheint mir, jene *Situation* umrissen, in der dem ‹ästhetischen Objekt› tatsächlich eine ‹Macht› zukommen kann, die mehr ist als bloße Projektion oder Einbildung von Betrachtern.

Eine phänomenologisch fundierte Rezeptionsästhetik könnte auf diese Weise für den Sonderfall des Bildes zu Einsichten gelangen, die kaum zufällig Analogien zu anderen, nun dezidiert zeitgenössischen theoretischen Ansätzen aufweisen. Die hier vorgeschlagene, reformierte und reformulierte Rezeptionsästhetik versteht sich als ein Strang einer umfassenderen Entwicklung in den Sozial- und Kulturwissenschaften, die traditionelle dichotome Denkfiguren auf den Prüfstand stellt. Vertraute binäre Oppositionen wie Form und Stoff, Subjekt und Objekt oder Kunst und Natur werden beispielsweise im Zuge der Akteur-Netzwerk-Theorie, der Praxistheorie, der Kulturtechnikforschung oder der Affordanztheorie in Frage gestellt. An die Stelle derartiger Grenzziehungen tritt hingegen eine neue Aufmerksamkeit für Interaktionen, Vernetzungen und Verkettungen, die u. a. zwischen menschlichen Akteuren und Artefakten gestiftet werden und es erforderlich machen, Formen verteilter Handlungsmacht zu denken.[65] Bei allen, teils erheblichen Unterschieden teilen diese Ansätze die Intuition, dass ‹Macht›, anders als es traditionelle Handlungstheorien nahelegen, nicht schlichtweg einer Instanz, dem sog. Akteur, zugewiesen werden kann, sondern situativ entsteht und von der Vernetzung oder Verkettung mehrerer Faktoren abhängt.

Das theoretische Konzept einer rezeptionsästhetischen Temporalität des Bildes nimmt *eine* dieser Situationen, die Interaktion zwischen Bild und Betrachter, in den Blick. Es erfasst Spezifika von Bildern, die einen wesentlichen Anteil daran haben, dass wir dazu neigen, ihnen ‹Macht› zuzuerkennen. Der Eindruck, dass Bilder nicht bloß passive Anschauungsobjekte sind, kann sich uns nämlich tatsächlich mit guten Gründen aufdrängen, wenn uns das ‹ästhetische Objekt›, das sich in der Bildbetrachtung konstituiert, in einen zeitlichen Prozess ästhetischer Erfahrung verstrickt, der sich unserem souveränen Zugriff entzieht.

VII. Bilder in Kontexten und Situationen: Zur Bedeutung von Verkettungen und Zurichtungen

Von einer ‹Macht› des Bildes – so wurde im vorangehenden Kapitel argumentiert – kann nur in Situationen gesprochen werden, in denen Bild und Rezipient durch einen zeitlichen Prozess der Betrachtung miteinander verknüpft sind. Damit sind zugleich die Beschränkungen in Erinnerung gerufen, denen eine allein vom Bild ausgehende Untersuchung unterliegt. Bildtheorie und Rezeptionsästhetik stoßen dort an ihre Grenzen, wo es um die Realisierung oder ‹Konkretisation› der den Bildern inhärenten Potenziale geht. Welche der Eigenschaften eines Bildes tatsächlich wahrgenommen werden, wie viel Zeit ein Betrachter de facto investiert und ob seine Aufmerksamkeit dabei auch zwischen dem Dargestellten und den Darstellungsmitteln oder dem Bildträger wechselt, entscheidet sich nicht zuletzt an den Absichten und am praktischen Tun des Betrachters sowie an den äußeren Umständen, in denen sich die Begegnung mit dem Bild vollzieht.

Bilder treten in diese Situationen allerdings nicht als passive Verfügungsmasse ein, die gleichsam wie Werkzeuge rein instrumentell nach einem zuvor festgelegten Programm gebraucht werden könnten. So wie das, was sich in einer gegebenen Situation in ihnen zeigen kann, durch das betrachtende Subjekt und kontextuelle Bedingungen mitentschieden wird, haben Bilder wiederum Anteil an der konkreten Ausgestaltung des Rahmens, in dem sich die Betrachtung vollzieht. Es würde zu kurz greifen, Bild, Betrachter und Kontext als drei unabhängig voneinander feststehende Größen zu begreifen, die nur zu einem gegebenen Zeitpunkt in einen Zusammenhang gebracht werden. Vielmehr handelt es sich um ein relationales Gefüge von Instanzen, deren Zusammentreten auf alle Beteiligten zurückwirkt.

Was auf diese Weise allzu abstrakt umschrieben ist, soll im Folgenden näher beleuchtet werden: Wie lässt sich das Zusammenwirken von Bild, Betrachter und weiteren situativen Rahmenbedingungen konzeptualisieren, ohne dass ein Rückfall in eine dichotome Gegenüberstellung von Subjekt und Objekt oder ein unproduktiver Prioritätenstreit zwischen Bild, Betrachter und Kontext droht? Eine Annäherung an diese Frage kann bei einer Polarisierung ansetzen, die einen wichtigen Teil der jüngeren bildtheoretischen Diskussionen beherrscht hat.

Pictorial oder Iconic Turn?

Vor gut einem Vierteljahrhundert wurden mit dem *Pictorial Turn* (1992) und dem *Iconic Turn* (1994) einflussreiche Schlagwörter geprägt, die den Anspruch markierten, über Bilder und unseren Umgang mit ihnen auf grundlegend neue Weise nachzudenken.[1] In bewusster Wendung gegen den *Linguistic Turn*, aber mit unterschiedlichen Motivationen und Begründungen plädierten W. J. T. Mitchell und Gottfried Boehm dafür, in einem neuerlichen *Turn* der unhintergehbaren und nicht aus der Sprache ableitbaren Rolle von Bildern durch verstärkte theoretische Bemühungen gerecht zu werden. Der historische Zufall, dass – vermutlich unabhängig voneinander – beinahe zeitgleich in Amerika und in Europa ein *Turn* ausgerufen wurde, in dessen Zentrum Bilder stehen sollten, wirft ein Licht darauf, wie unterschiedlich diese Neuausrichtung des Denkens ausgelegt und umgesetzt werden konnte. Denn mit den beiden scheinbar so verwandten *Turns* verbinden sich bekanntlich zwei deutlich voneinander abweichende Optionen, im Nachdenken über Bilder die traditionellen Wege der Kunstgeschichte zu verlassen. Während das Leitwort des *Iconic Turn* frankophone und deutschsprachige Diskussionen bündelt, die versuchsweise als «Bildkritik» oder «Bildwissenschaft» gekennzeichnet wurden, steht Mitchells Vorschlag eines *Pictorial Turn* in der Tradition der anglo-amerikanischen *Visual Culture Studies*.

Wenngleich Boehm und Mitchell – vergleichsweise spät – darüber nachgedacht haben, wo sich ihre Denkwege und Anliegen berühren,[2] sind die *Visual Culture Studies* und die Diskurse, die sich mit dem schwierigen Begriff der Bildwissenschaft verbinden, in der Regel eher als divergierende, teilweise gar als gegenläufige Projekte beschrieben worden.[3] Die Bildkritik, so wie Boehm sie auffasst, zielt darauf, das Bild als eigenständige Instanz mit einer eigenen, deiktisch fundierten Logik zu verstehen und nicht nach dem Muster der Sprache oder anderer Zeichensysteme zu konzeptualisieren. Ein solcher Ansatz schärft die Aufmerksamkeit für Spezifika, die möglicherweise ausschließlich Bildern eigen sind; er versucht die Möglichkeitsbedingungen, Potenziale und Grenzen von Bildern freizulegen und fragt erst in einem zweiten Schritt nach Nutzungen, Kontexten und Situationen, auf die Bilder bezogen werden können. Im Fokus steht das Bild mit seinen materiellen, formalen, sinnlich erfahrbaren Eigenschaften, die es erlauben, auf eine Art und Weise Sinn zu erzeugen, die sich grundlegend von der Sprache unterscheidet.[4]

Als ein Vertreter der *Visual Culture Studies* (die freilich sehr verschiedenartige Varianten ausgebildet haben) zielt Mitchell hingegen auf eine «postlinguistische, postsemiotische Wiederentdeckung des Bildes als komplexes Wechselspiel von Visualität, Apparat, Institutionen, Diskurs, Körpern und Figurativität».[5] So sehr er also Boehms Abgrenzung gegenüber einem universalen Sprach- oder Zeichenparadigma teilt, versteht Mitchell das Bild nicht allein als einen materiellen Gegenstand mit spezifischen Eigenschaften, sondern als Kreuzungspunkt von Strukturen, Praktiken und Diskursen. Dieser Ansatz beschreibt die Spezifik von Bildern nicht durch eine systematische Unterscheidung von anderen Ausdrucksformen, sondern versteht sie immer schon als Teil von Medienverbünden und sieht sie unausweichlich in soziale, kulturelle, technische und mediale Kontexte eingebettet. Ganz in diesem Sinne greifen die *Visual Culture Studies* deutlich weiter aus und nehmen auch visuelle Phänomene sowie Praktiken des Sehens und der Sichtbarkeit jenseits des Bildes in den Blick.

In der Diskussion um diese Überlegungen haben einige Kritiker deren jeweilige Anliegen und Akzentsetzungen so stark zugespitzt, dass der Eindruck entstehen konnte, die Wahl zwischen bildwissenschaftlichen Ansätzen und den *Visual Culture Studies* sei als eine fundamentale Entscheidung zwischen einander ausschließenden Alternativen zu verstehen. Die deutschsprachige Bildkritik oder Bildwissenschaft[6] wurde dabei als fragwürdige Fokussierung auf eine Ontologie des Bildes kritisiert, die beinahe zwangsläufig Essentialisierungen nach sich ziehe.[7] Ihr philosophisch und anthropologisch verallgemeinernder Anspruch gehe mit einer Enthistorisierung und Entpolitisierung einher; sie drohe daher hinter Einsichten einer kritischen Kunstgeschichte zurückzufallen.[8] Die *Visual Culture Studies* haben ihrerseits die Kritik auf sich gezogen, durch die Konzentration auf Kontexte, Strukturen, Institutionen, Habitus, skopische Regime etc. die visuellen Objekte selbst zu vernachlässigen. Besonders scharf artikulierte sich dieser Vorwurf als Anklage, dass die *Visual Culture Studies* die traditionelle Kunstgeschichte verdrängen würden und auf diese Weise zu einem Verlust an Kompetenz für die genaue Betrachtung und Analyse von Bildern und Artefakten beitrügen.[9] Wer an einer theoretisch reflektierten und zugleich methodisch soliden Untersuchung von Bildern interessiert war, konnte angesichts dieser Diskussionslage den Eindruck gewinnen, gleichsam vor der Wahl zwischen Scylla und Charybdis zu stehen.

Mit den skizzierten Konflikten verbinden sich wissenschaftsstrategische und politische Fragen; sie machen aber zugleich auf ein Problem in der Sache aufmerksam: Wo ist anzusetzen, wenn wir die spezifische Rolle von Bildern und visuellen Praktiken besser verstehen wollen? Verstellt die Konzentration auf Bilder und ihre Eigenlogik den Blick für die vielfältigen Kontexte, die unseren Umgang mit ihnen unausweichlich prägen? Oder droht mit der Lenkung der Aufmerksamkeit auf Diskurse, Institutionen, Apparate und andere Kontexte das Spezifikum des Bildes verfehlt zu werden? Bildwissenschaftliche Ansätze – zu denken ist etwa an Horst Bredekamps Bildakt[10] – provozieren die Sorge, dass die ‹Macht› des Bildes überschätzt werde und die Fokussierung auf allein diese Instanz einem Animismus zuarbeiten könne.[11] Den *Visual Culture Studies* indes wird teilweise mit dem Vorbehalt begegnet, dass angesichts der Konzentration auf Praktiken, Diskurse und Politiken das Bild selbst zur passiven Verfügungsmasse werde. Die zugespitzte, bisweilen polemische Gegenüberstellung beider Ansätze suggeriert, dass jede der beiden Perspektiven Einsichten verspricht, die der anderen Sichtweise fehlen. Unweigerlich drängt sich der Eindruck auf, dass eine verbindliche Entscheidung für eine der beiden vermeintlichen Alternativen wenig zielführend wäre. Die unterschiedlichen Aspekte, die beide Vorstöße jeweils akzentuieren, sind vielmehr gleichermaßen relevant. Sie lassen sich jedoch auch nicht problemlos priorisieren, indem ein Ansatz aus dem anderen abgeleitet wird. Wenn man das beiden Ansätzen gemeinsame Anliegen, die Bilder und die visuelle Kultur auf neue Weise in ihrer Spezifität zu verstehen, ernst nehmen möchte, gilt es daher eine Verknüpfung beider Perspektiven zu entwickeln. Doch wie lässt sich das leisten?

Verkettungen

Die knapp skizzierten kritischen Stimmen gegen die Bildwissenschaften oder die *Visual Culture Studies* deuten darauf hin, dass eine schlichte Kombination beider Perspektiven – im Sinne eines in den Geisteswissenschaften bequem gewordenen Methodenpluralismus – nicht ohne weiteres möglich ist. Es bedürfte einer umfassenden Sondierung der verschiedenen Varianten beider Ansätze, um mögliche Berührungspunkte präziser freizulegen, Inkompatibilitäten zu erfassen und Formen der Kooperation zu erproben. Ein solches Projekt kann an dieser Stelle nicht versucht werden. Stattdessen soll ein kurzer Seitenblick auf neuere theoretische Angebote gerichtet werden, die in anderen disziplinären Kontexten auf verwandte Problemstellungen antworten. Denn im Feld der Sozial- und Kulturtheorien wurden zuletzt Vorschläge erarbeitet, die für das Zusammenwirken von menschlichen Akteuren, Objekten sowie kontextuellen Bedingungen die Priorisierung einer dieser Instanzen ablehnen.

Vor allem Bruno Latours Ausformulierung der Akteur-Netzwerk-Theorie ist in den Kultur- und Geisteswissenschaften breit rezipiert worden, hat dabei aber auch kritische Debatten hervorgerufen. Eine Voraussetzung der eingangs skizzierten Gegenüberstellung von Bildwissenschaften und *Visual Culture Studies* wird in gewisser Weise bereits durch Latours Entscheidung unterlaufen, das Soziale nicht auf gegebene Strukturen oder eine als stabile Entität gedachte ‹Gesellschaft› zurückzuführen, sondern als multiple Netzwerke oder ‹Versammlungen› zu denken, die ohne Handlungszusammenhänge keinen dauerhaften Bestand haben.[12] Folgerichtig vertritt Latour den Grundsatz, keine Instanz in Handlungszusammenhängen einfach unhinterfragt für gegeben zu halten. Da seine ‹symmetrische Anthropologie› neben den menschlichen Akteuren auch dingliche Aktanten umfasst,[13] zielt sein Ansatz auf Mensch-Objekt-Verschränkungen, die es erforderlich machen, die Spezifika und Eigenlogiken der Dinge ernst zu nehmen. Im Lichte seines Ansatzes wäre es daher fragwürdig, grundsätzlich entscheiden zu wollen, ob entweder Strukturen, Institutionen, Diskurse etc. der visuellen Kultur oder aber konkrete Bilder und Artefakte zu priorisieren sind.

«Geflechte von Praktiken und Materialitäten»,[14] zu deren vorübergehender Stabilität Dinge in erheblichem Maße beitragen,[15] stehen auch im Zentrum der sog. «sozialen Ontologie» Theodore Schatzkis. Soziales Leben versteht Schatzki als Gewebe von Praktiken und materiellen Arrangements, in die «Menschen, Artefakte, Organismen und natürliche Dinge»[16] involviert sein können. Er betont mithin ebenfalls die grundlegende Relevanz der Verflechtungen, die keiner Instanz einen Vorrang zukommen lassen. Zugleich hebt er die «konstitutive Bedeutung»[17] des Materiellen hervor, das nicht als gleichsam externer Gegenstand nachrangig in ein schon bestehendes soziales Leben eingebunden wird, sondern als ein Grundelement des Sozialen zu gelten hat.[18] Schatzki hat selbst verschiedentlich die Verwandtschaft seiner ‹sozialen Ontologie› mit der Akteur-Netzwerk-Theorie angesprochen. Als eine Position im größeren Feld der neueren Praxistheorien wirbt sein Ansatz aber für eine differenziertere Analyse verschiedener Praktiken, um eine Auflösung des Sozialen in eine beliebig und konturlos erscheinende Vielzahl von Ereignissen und Handlungen zu vermeiden. Schatzkis Ansatz lässt sich daher als Plädoyer dafür verstehen, trotz der Ablehnung einer Priorisierung einzelner Instanzen deren jeweilige Potenziale und Grenzen dennoch möglichst präzise zu beschreiben. Auch sein Programm erfordert mithin sowohl ein Denken in Vernetzungen und Arrangements als auch einen genauen Blick auf die involvierten Objekte.

Praxistheorien verstehen sich im Kern als ein dritter Weg zwischen Strukturtheorien und subjektzentrierten Handlungstheorien.[19] Sie können daher wichtige Anregungen geben, um eine irreführende Scheinalternative zwischen der Objektzentrierung der Bildwissenschaften und den *Visual Culture Studies* mit ihrer Fokussierung von übergreifenden

Strukturen, Diskursen, technischen und medialen Dispositiven, Institutionen und Organisationen zu überwinden. Vor diesem Hintergrund ist es weder zielführend, Gegenständen wie Bildern die Rolle autonom handelnder Subjekte zuzuschreiben, noch überzeugend, den Umgang mit ihnen ausschließlich durch präexistente Strukturen und Kontexte determiniert zu sehen. Der Leitgedanke, Praktiken als basales Grundelement des Sozialen zu begreifen, eröffnet vielmehr die Möglichkeit, sowohl vorgängige Prägungen und Regelhaftigkeiten individueller Handlungen (zum Beispiel einer Bildrezeption) aufzudecken als auch Verschiebungen und Abweichungen zu beschreiben, die mit der Aktualisierung von Praktiken häufig einhergehen. Indem Praxistheorien die materielle, räumliche, körperlich-leibliche und raum-zeitliche Situiertheit von Praktiken hervorheben, bieten sie gleichsam eine Schnittstelle, an die Untersuchungen von dinglichen Objekten anknüpfen können. Die konkrete Beschaffenheit der involvierten Objekte macht einen erheblichen Unterschied für den Vollzug von Praktiken und kann zu deren Transformation beitragen. Es liegt nahe, dass hier eine präzise Bestimmung der Spezifik von Bildern (durchaus auch ihrer Ontologie) einen wichtigen Beitrag leisten kann, um Praktiken des (Bilder-)Sehens besser zu verstehen.

Für die Frage, wie sich die Perspektiven der Bildwissenschaften und der *Visual Culture Studies* sinnvoll in ein Verhältnis setzen lassen, können ähnliche Schlussfolgerungen gezogen werden, wenn man das Theorieangebot der Kulturtechnikforschung aufgreift. Sie schlägt für das Feld der Kultur (im weitesten Sinne) eine vergleichbare Verschiebung vor, wie wir sie bei den gerade skizzierten Sozialtheorien beobachtet haben: Kultur wird nicht von vorgängig gegebenen Entitäten her gedacht und ebenso wenig auf anthropologische oder (medien-)technische Gegebenheiten zurückgeführt. Vielmehr werden «zyklische[...] Übersetzungsketten zwischen Zeichen, Personen und Dingen»[20] ins Zentrum gestellt. Die aus den deutschsprachigen Medienwissenschaften heraus entwickelte Theorie der Kulturtechnik, die an Arbeiten etwa von André Leroi-Gourhan anknüpft und Vorschläge von Latour kritisch weiterdenkt, scheint besonders vielversprechend, wenn es darum geht, die Rolle von Artefakten, Apparaten und Dispositiven präziser zu beschreiben. Medien und mediale Artefakte werden im Rahmen dieses Konzepts nicht mehr substanzialistisch aufgefasst und als Gegebenheiten von auf sie aufbauenden Handlungen verstanden, sondern auf die Operationsketten hin befragt, die sie und die mit ihnen stabilisierten ontologischen Grundunterscheidungen (etwa zwischen Form und Stoff, Subjekt und Objekt etc.) allererst hervorbringen. Die Kulturtechnikforschung könnte sich als der Entwurf erweisen, der am konsequentesten auf eine theoretische Weiterentwicklung jener Ansätze drängt, die das Soziale und die Kultur in Praktiken und Operationsketten verankert sehen. Zuletzt hat Bernhard Siegert darauf aufmerksam gemacht, dass sich das Aufkommen einer «Romantik» beobachten lasse, die Handeln als ein «Geschehen» begreife, «in dem Subjekt und Objekt, Form und Materie, passiv und aktiv ununterscheidbar eins werden».[21] Eine solche Haltung würde sich vielleicht allzu früh damit begnügen, grundlegende soziale und kulturelle Phänomene auf Praktiken zurückzuführen. Das Interesse für Operationsketten, das der Kulturtechnikforschung eigen ist, setzt demgegenüber präziser bei Artefakten an und lässt daher differenziertere Erkenntnisse erwarten.

Für unsere Zwecke mag es aber vorerst genügen, einige Einsichten anzuführen, die sich aus den hier kurz vorgestellten theoretischen Ansätzen gewinnen lassen: Gemeinsam ist den genannten Theorien, dass sie das Ansinnen zurückweisen, eine Instanz – sei es das menschliche Subjekt, das Ding, Technik, Wissen, Diskurse oder gesellschaftliche Strukturen – zu priorisieren. Ein zentrales Anliegen ist es vielmehr, die Relationalität und Interdependenz all jener Instanzen genauer zu beschreiben, die an Praktiken und damit an der Konstitution des Sozialen beteiligt sind, das seinerseits nicht als stabile Gegebenheit vorausgesetzt werden kann. Erst in den Vernetzungen und Verkettungen finden die beteiligten Instanzen ihre jeweilige Rolle; und erst im Vollzug dieser Verkettungen kann sich entscheiden, welche der involvierten Instanzen einen wichtigen Unterschied machen. Konstitution und Stabilisierung von sozialem Leben werden im Vollzug von Praktiken geleistet; den skizzierten Theorieentwürfen ist daher der Grundzug eigen, die Performativität des Sozialen zu betonen. Mit unterschiedlichen Akzentsetzungen weisen die genannten Ansätze dabei dinglichen Objekten und Artefakten eine wichtige Rolle zu. Deren Bedeutung beschränkt sich nicht auf eine instrumentelle Funktion, vielmehr erweisen sie sich nicht selten als Instanzen der Kristallisation und Stabilisierung von Relationen und Praktiken, so dass sie erheblichen Anteil an deren Verstetigung haben können.

Über alle Unterschiede hinweg teilen die genannten theoretischen Positionen die Vorliebe für den Leitbegriff der Verkettung: Latour löst die geläufige Ordnung von Subjekten, Objekten und gesellschaftlichen Strukturen auf, indem er stattdessen das Soziale in «lange[n] Ketten von Vermittlungen durch Objekte jeglicher Natur»[22] verankert sieht. Schatzki spricht von «Handlungsketten»,[23] an denen sich die Verflechtung von Praktiken und materiellen Arrangements zeige. Soziologische Praxistheorien konzeptualisieren den Schritt von der einzelnen Handlung zur Praxis mittels einer «Logik der Verkettung von materiellen Praktiken» bzw. «von ereignishaften Einzelpraktiken».[24] Und die Kulturtechnikforschung plädiert programmatisch für «eine heuristische, historische und praktische Priorität der Operationsketten vor den durch sie gestalteten Größen».[25]

Die Aufmerksamkeit für Verkettungen scheint dafür zu sprechen, dass die *Visual Culture Studies*, die Mitchell als Analyse des «komplexe[n] Wechselspiels von Visualität, Apparat, Institutionen, Diskurs, Körpern und Figurativität»[26] definiert hatte, eine besondere Affinität zu den skizzierten Ansätzen aufweisen. Doch hängt die Antwort auf die Frage, ob diese Nähe trügerisch sein könnte, ganz davon ab, wie innerhalb der *Visual Culture Studies* Konstituierungsverhältnisse und Prioritäten gedacht werden. Mit guten Gründen ließe sich ebenso der Bildwissenschaft, also dem primär deutschsprachigen Diskurs, eine produktive Vereinbarkeit mit neueren Sozial- und Kulturtheorien attestieren. Denn auch sie billigt Dingen, in diesem Fall Bildern, eine neue, nicht mehr nur passiv-instrumentelle Rolle in Praktiken zu. Ohnehin kann die Priorität der Verkettungen vor ihren einzelnen Gliedern, die von den gerade herangezogenen theoretischen Ansätzen betont wird, gleichermaßen als Hürde wie als Lizenz verstanden werden: Sie macht eine wohlgeordnete Kartierung all jener Instanzen und ihrer Rollen, die in Praktiken involviert sind, außerordentlich schwierig. Zugleich aber legt sie es umso mehr nahe, ein exploratives Vorgehen zu wählen, das im Wissen darum, eine kontingente Wahl zu treffen, an einem beliebigen Glied der Kette ansetzt, um dann umso gezielter die Verkettungen nachzuvollziehen. Ein solches Vorgehen müsste sich das Bewusstsein dafür wachhalten, dass man auf diese Weise nicht Anfang oder Ende eines roten Fadens in der Hand hält, sondern dass der gewählte Ausgangspunkt in vielfältige Relationen eingebettet ist, die ihm selbst erst seine Rolle zuweisen. Völlig beliebig muss deswegen die Wahl eines derartigen Ausgangspunktes nicht zwangsläufig erfolgen. In heuristischer Hinsicht lassen sich durchaus Herangehensweisen denken, die besonders geeignet sind, zu einem Verständnis der Verkettung beizutragen, indem sie genau jene Stellen anvisieren, an denen die Glieder der Kette ineinandergreifen.

Zurichtungen

Eine Strategie, solche aufschlussreichen Momente zu identifizieren, kann darin liegen, das Augenmerk auf Zurichtungen zu lenken. Gemeint sind Eingriffe, die etwa Akteure, Dinge, Rahmenbedingungen oder Praktiken anpassen, um spezifische Formen der Verkettung zu ermöglichen, zu privilegieren oder zu verhindern. Da derartige Setzungen und Vorentscheidungen sowohl bestimmte Möglichkeiten der Verkettung eröffnen als auch andere ausschließen oder zumindest in den Hintergrund drängen, scheint der etwas sperrige Begriff der Zurichtung erwägenswert: Zurichtungen bereiten etwas für den eigentlich anvisierten Einsatz vor, zugleich aber können sie auch verändernd darin eingreifen. Insofern bietet der Begriff mehr als eine bloße Variation von Wörtern wie ‹Kontext› oder ‹Situation›. Die Setzungen und Eingriffe, auf die der Begriff der Zurichtung zielt, beeinflussen die beteiligten Akteure, Objekte und Praktiken nicht nur in einem vagen Sinne. Vielmehr macht der Begriff darauf aufmerksam, dass es dieselben Eingriffe und Setzungen sein können, die etwas überhaupt erst ermöglichen und zugleich anderes ausschließen.

Für den Fall des Umgangs mit Bildern lassen sich diese Zurichtungen ein wenig konkretisieren: Zu denken ist zum Beispiel an Veränderungen, die in Bildern vorgenommen werden, und an Rahmungen oder

Einbettungen, ferner an Reproduktionen oder andere Formen der Vermittlung, aber auch an institutionelle Strukturen und diskursive Perspektivierungen, mit denen die Bildrezeption beeinflusst wird, sowie an Routinen, Konventionen oder Regeln der Bildbetrachtung und des Umgangs mit Bildern. Derartige Zurichtungen bestimmen mit darüber, wie bei der konkreten Verkettung von Bildern, Rezipienten, Praktiken und vielfältigen Kontexten gleichsam ein Glied ins andere greift. Sie lassen sich keineswegs immer auf bewusste Setzungen von Subjekten zurückführen, sondern ergeben sich unter anderem daraus, wie verbreitete Praktiken für eine konkrete Situation aufgegriffen und angepasst werden. Oftmals kommen dabei situative Kontingenzen und pragmatische Entscheidungsnotwendigkeiten zum Tragen.

Dass diese vorläufig sehr weit und eher vage gefassten Zurichtungen von erheblicher Bedeutung für Praktiken im Umgang mit Bildern sind, ist keineswegs neu, sondern mutet trivial an. Die gerade skizzierten neueren sozial- und kulturtheoretischen Ansätze können jedoch dazu anregen, auf eine etwas andere Weise auf sie zu blicken: Zurichtungen sind nicht lediglich als Gegebenheit und Voraussetzung für bestimmte individuelle Handlungen (z. B. von Bildproduzenten oder Rezipienten) zu verstehen, sondern ihrerseits relational und als Effekt von Verkettungen zu begreifen. Denn es sind wiederum Praktiken sowie ‹Netzwerke› von Menschen, Dingen, Strukturen, Diskursen und Dispositiven, die die Herausbildung solcher Eingriffe, Vorkehrungen und Rahmensetzungen bedingen und ihre Ausgestaltung prägen. Den Zurichtungen des Bildersehens, die uns interessieren, kommt eine Scharnierstellung zwischen Effekten und Vorgaben zu; und es liegt auf der Hand, dass sie durch Anschlusspraktiken weitere Modifikationen erfahren können.

Der genauere Blick auf Zurichtungen kann nicht zuletzt einen Beitrag dazu leisten, jene relative Offenheit und Veränderbarkeit von Praktiken besser zu verstehen, die unter anderem von Praxistheorien angeführt wird, um Wandel zu erklären.[27] Dass Praktiken, in die natürliche Dinge oder Artefakte involviert sind, Verschiebungen und Transformationen unterliegen können, dürfte sich in nicht wenigen Fällen unter anderem auf parergonale Effekte zurückführen lassen: Scheinbar marginale Parerga, d. h. Rahmen, Einfassungen und andere materielle Formen der

Kontextualisierung, können die Aufmerksamkeit verschieben und eine Eigendynamik gewinnen, die Praktiken und Sinnzuschreibungen verändert.[28] Sie machen für die an sie anknüpfenden Praktiken einen Unterschied, ohne dass dieser Effekt gänzlich von den Akteuren kontrolliert werden könnte, die die jeweilige Zurichtung vorgenommen haben. Das Beispiel der Parerga, die im Sinne Jacques Derridas die eigentliche Hauptsache, das Ergon, ebenso stabilisieren wie destabilisieren können,[29] macht daher nochmals darauf aufmerksam, dass wenig gewonnen wäre, wenn man Zurichtungen essentialisieren und zu heimlichen Strippenziehern im Geflecht unserer Praktiken erklären wollte. Auch das, was hier versuchsweise mit dem Begriff der Zurichtungen erfasst wird, lässt sich nur als Teil einer Verkettung von Praktiken angemessen verstehen.

Für Bilder dürfte in besonderem Maße gelten, dass Zurichtungen ihrerseits gut stabilisiert und verstetigt werden können, indem sie materiell im Bild und dessen direktem Umfeld verankert werden. So lassen sich Konditionierungen der Rezeption in der Regel verlässlicher implementieren, wenn sie in die physische Erscheinung des Bildes, seines Rahmens und seiner konkreten Lokalisierung eingehen, als wenn sie mittels Anweisungen diskursiv vermittelt werden. Zur Erschließung und Analyse derartiger Formen der Zurichtung liegen bereits vielversprechende theoretische und methodische Angebote vor: die Affordanztheorie und die Rezeptionsästhetik.

Mit dem Neologismus Affordanzen bezeichnete James J. Gibson Handlungsoptionen, die durch die Umgebung eröffnet werden, ohne notwendigerweise einer zuvor festgelegten Funktion und Zweckbestimmung zu entsprechen. Ein größerer Gesteinsbrocken in der Landschaft mit geeigneter Höhe und hinreichend ebener oberer Fläche kann zum Beispiel die Affordanz aufweisen, als Sitzgelegenheit genutzt zu werden, ohne dass der Stein dafür herbeigeschafft oder bearbeitet worden wäre.[30] Affordanzen sind daher nicht auf Intentionen von Subjekten zurückführbar – weder auf eine absichtsvolle Herstellung noch auf das Ansinnen eines Menschen in der Landschaft, eine Sitzgelegenheit auszumachen. Sie erschließen sich auch auf einer präreflexiven Ebene und sind nicht darauf angewiesen, dass eine bestimmte Bedeutung dechiffriert wird. Zugleich ist die Affordanz aber auch nicht auf eine bloße objektive Eigenschaft eines Gegenstands reduzierbar. Zur Affordanz wird die Möglichkeit, sich auf den Stein zu setzen, erst in der Relation zum Menschen; als Sitzgelegenheit bietet sich der Stein an, wenn er kniehoch aufragt; in der Kniehöhe jedoch zeigt sich die Abhängigkeit der Affordanz von einer Relation zum Lebewesen: «Unter den Angeboten (*affordances*) der Umwelt soll das verstanden werden, was sie den Lebewesen anbietet (*offers*), was sie zur Verfügung stellt (*provides*) oder gewährt (*furnishes*), sei es zum Guten oder zum Bösen [...] Ich meine damit etwas, das sich auf die Umwelt und das Lebewesen gleichermaßen bezieht und zwar auf eine Art, die kein gebräuchliches englisches Wort auszudrücken vermag. Zum Ausdruck bringen soll es die Komplementarität von Lebewesen und Umwelt.»[31] Diese Komplementarität ist es, die nicht zuletzt die Differenz zwischen Subjekt und Objekt fraglich erscheinen lässt: «In Wirklichkeit [...] ist ein Angebot [*affordance*] weder etwas Objektives noch etwas Subjektives; man könnte auch sagen, daß es beides zugleich ist. Es überwindet die Dichotomie zwischen dem Subjektiven und dem Objektiven und hilft uns, die Unangemessenheit dieser Zweiteilung zu begreifen. Ein Angebot ist zugleich ein Faktum der Umwelt als auch eines des Verhaltens.»[32]

Gibsons Affordanztheorie ist kaum zufällig im Kontext der oben skizzierten sozial- und kulturtheoretischen Ansätze auf Interesse gestoßen.[33] Sie kann auch helfen, Zurichtungen ernst zu nehmen, ohne sie auf Intentionen oder vorgängig festgelegte Funktionen zu reduzieren. Streng genommen, setzen Affordanzen mit der ‹Komplementarität› von Lebewesen und Umgebung schon eine Verkettung voraus. Versteht man materielle Zurichtungen an Bildern als Einrichtungen von Affordanzen, so ist einer fragwürdigen Essentialisierung bereits der Riegel vorgeschoben.

Eine Verwandtschaft zur Affordanztheorie lässt sich der Rezeptionsästhetik attestieren, wenn man sie weder als Mutmaßung über eine vom Künstler intendierte Wirkungsästhetik (miss-)versteht noch allein auf Rezeptionsvorgaben reduziert. Indem die Rezeptionsästhetik danach fragt, welche Möglichkeiten dem Betrachter durch die Gestaltung des Bildes eröffnet werden und wie äußere Rahmenbedingungen auf die Rezeption einwirken, kann sie dabei helfen, einige jener Verkettungen besser zu begreifen, die im Zentrum neuerer Theorieansätze stehen. Die Weiterentwicklung der Rezeptionsästhetik, die in den vorangegangenen Kapiteln vorgeschlagen wurde, soll dazu einen ersten Beitrag leisten. Indem sie zum einen stärker bildtheoretisch fundiert wird und zum anderen der Prozessualität und Performativität der Rezeption Rechnung trägt, eröffnet sie die Möglichkeit, gezielt danach zu fragen, wie der zeitliche Vollzug der Betrachtung durch Zurichtungen im und am Bild mitbeeinflusst wird. Auf dieser Grundlage lassen sich die Phänomene, denen das Interesse der Rezeptionsästhetik gilt, sowohl als Sedimentationen als auch als Vorprägungen von Praktiken verstehen: Sie weisen zurück auf Praktiken des Sehens, die mit ihrer Hilfe Stabilität, vielleicht gar Verbindlichkeit erlangen sollen, und tragen zugleich zur Einrichtung späterer Rezeptionsvollzüge bei, ohne diese freilich vollauf zu determinieren. Denn gerade mit der Wiederholung, Verstetigung und Routinisierung von Praktiken geht – wie die Praxistheorie lehrt – auch das Potenzial für Verschiebungen einher, die neue Möglichkeiten eröffnen.[34]

Umrisse einer Theorie der Bilder und der Bildpraktiken

Methodische Zugriffe, die eine Untersuchung zumindest einiger Zurichtungen des Bildersehens erlauben, stehen mit der Affordanztheorie und der Rezeptionsästhetik bereits zur Verfügung. Sie sollten jene Einsichten entschiedener aufgreifen, die sich jüngeren Sozialtheorien und der Kulturtechnikforschung entlehnen lassen; zugleich können sie die ihnen eigene Perspektive offensiver in die neue Theorieentwicklung einbringen. Denn eine systematische Analyse von Zurichtungen des Bildersehens verspricht neue Einsichten in jene Verkettungen von Akteuren, Artefakten, Praktiken und Kontexten, die unseren Blick auf Bilder maßgeblich bestimmen.

Wenn man den Blick auf Verkettungen und Zurichtungen lenkt, stellt sich die eingangs diskutierte Entgegensetzung von *Iconic Turn* und *Pictorial Turn* deutlich weniger scharf dar. In den Fokus rückt dann die Einbindung von Bildern in Operationen und in ‹Netzwerke› von menschlichen Akteuren, Dingen, Strukturen, Diskursen und Dispositiven. Zugleich tritt auch hervor, wie bereits mit der Gestaltung des Bildes und seines Rahmens Vorgaben für die Betrachtung eingerichtet werden. An dem, was hier versuchsweise als Verkettungen und Zurichtungen bezeichnet wurde, zeigt sich, wie stark Bilder und Bildpraktiken aufeinander verwiesen sind, ohne auf allein eine Instanz zurückgeführt werden zu können. Eine Theorie, die Bilder und Bildpraktiken im Zusammenhang denkt, kann daher Ansprüchen und Denkanstößen sowohl des *Iconic Turn* als auch des *Pictorial Turn* Gerechtigkeit widerfahren lassen.

Wenngleich sich bisher nur erste Umrisse einer solchen Theorie der Bilder und Bildpraktiken abzeichnen, deutet sich mit ihr ein umfassender Rahmen an, in dem auch Untersuchungen zur rezeptionsästhetischen Temporalität des Bildes ihren Platz finden. Sie können plausibilisieren und veranschaulichen, wie das Bild selbst an der Ausgestaltung der mit ihm vollzogenen Praktiken Anteil hat.

PERSPEKTIVEN

VIII. Können Bilder Rhythmen aufweisen? Rechtfertigungen einer problematischen Redeweise

Auftakt: Die problematische Rede von Bildrhythmen

Beschreibungen von rhythmischen Bildkompositionen rufen in der heutigen Kunstgeschichte und verwandten Disziplinen kaum Verwunderung hervor. Wir haben uns daran gewöhnt, dass ein Grundbegriff der Musik- und Literaturtheorie auch für Bilder herangezogen wird, und in der Regel steht uns relativ klar vor Augen, welchen Phänomenen dabei eine rhythmische Qualität zugesprochen werden soll. Dass der Gedanke, Bilder könnten Rhythmen aufweisen, derart vertraut geworden ist, verdankt sich unter anderem seiner bemerkenswerten Konjunktur seit dem ausgehenden 19. Jahrhundert.[1] Um 1900 begegnet er in zahlreichen Künstlerschriften,[2] ästhetischen Theorien[3] und psychologischen Untersuchungen.[4] Vor allem aber erfreute er sich in dezidiert kunsthistorischen Studien, etwa in Alois Riegls *Spätrömischer Kunst-Industrie*,[5] großer Beliebtheit, so dass bereits 1910 ein historiographischer Überblick über den kunsthistorischen Rhythmusbegriff vorgelegt wurde.[6] Damit war die Konjunktur keineswegs abgeebbt; Erwin Panofskys prägender Aufsatz über «Albrecht Dürers rhythmische Kunst», der oben bereits kurz herangezogen wurde, erschien erst 1926.[7] Was mit der engen Verknüpfung von Bild und Rhythmus erfasst werden sollte, waren in der Regel Kompositionen formaler Elemente in begrenzten Bildern oder in Ornamenten. Mit der Rede von Bildrhythmen verband sich daher nicht nur die Beobachtung, dass rhythmische Abfolgen auch visuell – etwa als

Wechsel von Lichtreizen, Farbimpulsen oder verschiedenen bildlichen Eindrücken im zeitlichen Verlauf – erfahren werden können. Vielmehr ging mit ihr die These einher, dass Rhythmen sogar am statischen Einzelbild erfahren werden können, obwohl das Bild selbst – abgesehen von der Alterung – keiner Veränderung in der Zeit unterliegt.

Dass ein solcher Begriffstransfer alles andere als selbstverständlich ist, artikuliert sich in einer Bemerkung von Ernst Meumann, der sich bereits 1894 in seinen *Untersuchungen zur Psychologie und Ästhetik des Rhythmus* gegen eine Redeweise wandte, die ihm offenbar als rein metaphorische Analogie erschien. Seines Erachtens «huldigen die meisten modernen Aesthetiker noch der unheilvollen Manier, die ästhetischen Kategorien der verschiedensten Gebiete des ‹Schönen› in der wildesten Weise zu vermengen: Man spricht von dem Rhythmus in der Baukunst, von dem Complementarismus der Töne, von der Tonharmonie der Farben, von der Symmetrie des Rhythmus u. s. w. […] Die verhängnissvolle Folge dieses sinnlosen Wortmissbrauchs ist dann der Schluss: Weil diese Worte gebildet werden konnten, so müssen doch auch entsprechende sachliche Beziehungen zwischen den verschiedenen Kunstgebieten vorhanden sein, und diesem Irrthum verdanken wir dann neuerdings ein beständiges Suchen nach Analogien, mit denen das Verständniss der Eigenthümlichkeit der einzelnen Kunstgebiete systematisch verschlossen wird.»[8] Rhythmus, so legt Meumanns Kritik nahe, wurde ab dem späteren 19. Jahrhundert nur deswegen in Bildern gesucht, weil man sich an eine nicht eigens reflektierte Analogie gewöhnt hatte. Ganz in diesem Sinne riet gut fünfzig Jahre später Friedrich Kainz von «übertragene[n] Verwendungen des Begriffs Rhythmus»[9] auf räumliche Relationen in den bildenden Künsten ausdrücklich ab. Und auch für Heinrich Theissing blieb noch 1987 die Rede von Rhythmen in Bildern «im Bereich des uneigentlichen Sprechens».[10] Die Kritik, die sich bei Meumann, Kainz und Theissing andeutet, ist bis heute keineswegs befriedigend widerlegt, ja sie wird, wie wir sehen werden, auch in der jüngsten Forschung erneut, wenngleich mit anderen Argumenten, geäußert.

Dieser Befund überrascht angesichts der Selbstverständlichkeit, mit der Bildern inzwischen Rhythmizität attestiert wird. Zwar scheint das

Interesse an Bildrhythmen nach den 1920er Jahren abgenommen zu haben,[11] doch lassen sich auch in der zweiten Hälfte des 20. Jahrhunderts verschiedene Vorschläge ausmachen, die darauf zielen, den Begriff des Rhythmus zur Beschreibung von Kunstwerken, insbesondere von Gemälden, zu verwenden. Solche Ansätze finden sich bei Philosophen wie John Dewey, Mikel Dufrenne, Henri Maldiney und Gilles Deleuze ebenso wie bei Kunsthistorikern wie Rudolf Kuhn, Lorenz Dittmann und Gottfried Boehm.[12] Zuletzt sind allgemeinere Überlegungen zur Bildrhythmik von Christian Grüny und Claudia Blümle skizziert worden.[13] Zudem lässt sich in der jüngsten Forschung erneut ein deutlich gestiegenes Interesse an einer gattungsübergreifenden Untersuchung von Rhythmen ausmachen.[14] Und dennoch ist der Bildrhythmus nicht zu einem verbindlichen Grundbegriff der kunsthistorischen Beschreibungssprache geworden. Er verharrt gleichsam in einem Stadium der Latenz.

Die durchaus wechselvollen Konjunkturen des Rhythmusbegriffs im Diskurs über die bildenden Künste lassen darauf schließen, dass dem Begriff immer wieder ein hohes explanatorisches oder analytisches Potenzial zuerkannt wurde, er sich aber dennoch nicht problemlos als ein Grundbegriff für die Kunstgeschichte oder Bildtheorie hat durchsetzen können. Diese unbefriedigende Situation dürfte vor allem auf zwei Probleme zurückzuführen sein: Zum einen stehen Schwierigkeiten bei der angemessenen und trennscharfen Definition des Rhythmusbegriffs seiner Anwendung in den bildenden Künsten im Weg. Zum anderen erklären sich die Reserven gegenüber dem Begriff aus der noch immer wirkmächtigen Tradition, die bildenden Künste als Raumkünste zu verstehen und deren eigene rezeptionsästhetische Temporalität zu unterschätzen. Im Folgenden sollen daher Bausteine einer Definition des Rhythmus sowie die ihnen inhärenten Probleme skizziert werden. Auf dieser Grundlage ist danach zu fragen, wie im statischen Einzelbild die Zeitlichkeit des Rhythmus zur Geltung kommen kann. Nach einem Blick auf verbreitete Überlegungen, diese Zeitlichkeit des Bildrhythmus in einer Blickführung verankert zu sehen, gilt es gewichtige Argumente aufzugreifen, die gegen eine solche Annahme sprechen. Im Rückgriff auf phänomenologische Konzeptionen des Rhythmus soll schließlich die

Möglichkeit erwogen werden, die Rede von Bildrhythmen zu rechtfertigen, ohne bei naiven und fragwürdigen Vorurteilen über die Augenbewegung zu verbleiben.

Bestimmungsversuche: Bewegung, Ordnung, Antizipation

Es ist inzwischen ein Gemeinplatz der Rhythmusforschung, dass sich ihr Grundbegriff beharrlich einer konsensualen verbindlichen Definition entzieht. Ungeachtet der unzähligen Bestimmungsversuche musste Alf Gabrielsson 1986 feststellen: «In der Tat gibt es bis heute keine allgemein akzeptierte Definition des Rhythmus […].»[15] Dieser Befund, den Albert Spitznagel im Jahr 2000 nochmals bestätigt hat,[16] ist zwar unbefriedigend, kann aber nicht überraschen, wenn man sich vor Augen hält, dass der Anwendungsbereich des Rhythmusbegriffs über bestimmte akustische Reize und körperliche Bewegungen hinaus noch immer in hohem Maße umstritten ist. So wie das Fehlen einer verlässlichen Definition eine Antwort auf die Frage erschwert, welche Phänomene unter den Begriff fallen können, so steht beispielsweise die offene Frage, ob sinnvoll von Bildrhythmen gesprochen werden kann, einer umfassenden und zugleich treffenden Begriffsbestimmung im Wege. Zudem liegt der Begriff quer zu den Grenzen von Disziplinen, deren Spektrum von der Ästhetik zur Chronobiologie reicht und die ihrerseits oftmals einen spezifischen Begriffsgebrauch und eigene terminologische Abgrenzungen ausgebildet haben. In den Musik- und Literaturwissenschaften wird insbesondere das Verhältnis des Rhythmus zu Metrum und Takt diskutiert und die Aufmerksamkeit auf spezifische Eigenschaften von Werken gerichtet, während die Psychologie und die Neurowissenschaften Rhythmus konsequent von Akten der Rezeption oder Produktion und damit vom Subjekt her verstehen. Es erstaunt daher nicht, dass die Definitionen des Rhythmus disziplinspezifische Unterschiede aufweisen. Selbst die Etymologie verspricht hier keine Hilfe, da auch sie, wie Émile Benveniste aufgezeigt hat, Optionen für divergierende Bestimmungen eröffnen kann.[17]

Sichtet man einen großen Teil der bisherigen Rhythmus-Definitionen, so drängen sich drei Leitbegriffe auf: Bewegung, Ordnung und Antizipation. Die beiden erstgenannten finden sich der Sache nach, wenngleich in verschiedenen Formulierungen, in beinahe allen Definitionsversuchen.[18] Dass Rhythmus sowohl zeitlich-dynamische Veränderungen als auch Regelmäßigkeiten erfordert, wurde früh von Platon vorgeschlagen, der in seinen Ausführungen über den Chorgesang «die Ordnung in den körperlichen Bewegungen»[19] als Rhythmus auffasste. Rhythmus ist demnach ein genuin zeitliches Phänomen.[20] Er setzt voraus, dass sich mehrfache Wechsel oder Veränderungen vollziehen und dennoch ein Zusammenhang des Sich-Wandelnden gewahrt bleibt, der als Ordnung erfahren werden kann. Umstritten ist allerdings, wie stark diese Regelmäßigkeit oder Ordnung ausgeprägt sein muss – mit anderen Worten: in welchem Maße es zu Abweichungen in der Wiederholung kommen kann, ohne dass der Rhythmus zerfällt. Während zum Beispiel Friedrich Kainz den Rhythmus sehr eng eingrenzte als «Ordnungs- und Vereinheitlichungsform zeitlicher Verläufe durch regelmäßige Wiederkehr gleicher (oder maximal ähnlicher) einander entsprechender Elemente innerhalb gleicher Fristen»,[21] begriff John Dewey ihn als «geordnete Variation des Wandels», um ihn nachdrücklich von der «Stagnation der gleichförmigen Bewegung»,[22] aber auch vom Takt und vom Metrum zu unterscheiden. Eine genaue Bestimmung der Relation von Gesetzmäßigkeit und Abweichung scheint kaum möglich. Zwar versteht sich, dass eine Bindung des Rhythmus an ein starres Gleichmaß von Wiederholungen identischer Elemente zu kurz greifen würde. Es bleibt aber zu fragen, wie stark Modifikationen ausfallen dürfen, um dennoch als Abweichungen innerhalb einer Gesetzmäßigkeit erfahren werden zu können.[23] Die anhaltenden Diskussionen um das Verhältnis von Rhythmus, Metrum und Takt lassen darauf schließen, dass dieses Problem keineswegs gelöst ist.[24]

Die Schlüsselwörter Bewegung und Ordnung begegnen auch in der Bestimmung von Rhythmus, die Wilhelm Seidel – der bereits das einschlägige Lemma in der Enzyklopädie *Musik in Geschichte und Gegenwart* verfasst hatte – in den *Ästhetischen Grundbegriffen* vorgeschlagen hat: «Rhythmus nennt man die Ordnung einer Bewegung aus Zeiten oder Schlägen, Tönen, Silben und Schritten (auch Gesten), deren Dimension dem Sinn der Menschen unmittelbar und deutlich faßbar ist und deren Proportion dem Sinn, den sie ansprechen, angenehm ist.»[25] Seidels Definition bezieht Ordnung und Bewegung des Rhythmus explizit auf das wahrnehmende Subjekt. Die Dimensionen, Relationen und Proportionen, die sich durch Bewegung und Ordnung herausbilden, müssen seines Erachtens dem Subjekt fasslich, ja sogar angenehm sein. Wenngleich es weder zwingend noch sinnvoll erscheint, dass mit Rhythmen stets positiv konnotierte Empfindungen einhergehen sollen, ist Seidels Hinweis auf den Anteil des Subjekts von erheblicher Bedeutung. Rhythmen müssen für das Subjekt erfahrbar sein, sie müssen sich verarbeiten lassen und dürfen dessen Wahrnehmungskapazitäten nicht gänzlich überfordern. Vielmehr kann von Rhythmus eigentlich nur dann die Rede sein, wenn ein wahrnehmendes Subjekt Reize so auffasst, dass es sie als etwas rhythmisch Gegliedertes empfindet. Denn insbesondere das Phänomen der subjektiven Rhythmisierung, auf das noch zurückzukommen sein wird, lässt vermuten, dass dem Subjekt ein konstitutiver Anteil am Rhythmus zukommt. Alf Gabrielsson hat Rhythmus in der Musik daher als «Resonanz» bezeichnet, «die beim Hören bestimmter Arten von Klangsequenzen auftreten kann».[26] Diese Bestimmung von Rhythmus trägt dem Umstand Rechnung, dass Rhythmen Bewegungsempfindungen auslösen und Bewegungsimpulse geben können; sie regen das wahrnehmende Subjekt zum Beispiel dazu an, eigene körperliche Bewegungen mit dem rhythmischen Impuls zu synchronisieren. Eine solche Synchronisierung setzt wiederum voraus, dass das Subjekt die Impulse antizipieren kann. Die wahrgenommenen Reize müssen mithin Regelmäßigkeiten aufweisen, die das Subjekt dazu anregen, eine Projektion des weiteren Verlaufs vorzunehmen.[27] Susanne Langer hat daher bereits 1953 die Schlussfolgerung gezogen, dass erst die Antizipation seitens des Subjekts den Rhythmus von anderen regelmäßig wiederholten Impulsen unterscheidet: «Das Wesen des Rhythmus ist die Vorbereitung eines neuen Ereignisses durch das Beenden eines vorangegangenen. […] Rhythmus ist das Erzeugen neuer Spannungen durch die Auflösung früherer. Diese müssen in keiner Weise von gleicher Dauer sein, doch die Situation, die eine neue Krise heraustreibt, muss in der Auflösung ihrer Vorgängerin enthalten sein.»[28] Haili You hat Langers

Gedanken aufgegriffen und entfaltet: «Das Wesen des Rhythmus ist nicht nur die wahrgenommene Ordnung (oder das Muster) der Wiederholung (Wiederkehr) von etwas; es ist die Forderung, Vorbereitung und Antizipation von etwas Kommendem. [...] Rhythmus ist eine zukunftsorientierte zeitliche Ordnung.»[29]

Die Tendenz, dem Subjekt eine entscheidende Rolle bei der Konstitution von Rhythmus zuzuweisen, äußert sich auch in Definitionsversuchen, die das Moment der Antizipation weniger stark betonen. So versteht Herbert Bruhn den Rhythmus als «strukturierte kognitive Repräsentation einer Folge von auditiven Objekten innerhalb definierter Zeiträume».[30] Bruhn betont mit der «kognitiven Repräsentation» ebenfalls die Eigenaktivität des wahrnehmenden Subjekts und stellt heraus, dass die Rhythmusempfindung signifikant von den ihr zugrundeliegenden tatsächlichen Reizen abweichen kann.

Aus den skizzierten Überlegungen, die sich an den Leitbegriffen Bewegung, Ordnung und Antizipation kristallisieren, ergibt sich, dass das Verhältnis des Rhythmus zur Zeit komplexer Natur ist. Die Wahrnehmung von Rhythmus setzt nicht nur insofern Zeit voraus, als die gegebenen Reize oder Impulse zeitlich aufeinanderfolgen oder in temporaler Abfolge perzipiert werden. Vielmehr betrifft der Rhythmus, sofern seine Konstitution auch Antizipation erfordert, auch das subjektive Zeitbewusstsein. Angesichts des konstitutiven Anteils, der dem Subjekt zukommt, wäre die Zeitlichkeit des Rhythmus unterschätzt, wenn man davon ausginge, dass der zeitliche Verlauf der akustischen, motorischen oder visuellen Rhythmen lediglich im wahrnehmenden Subjekt gleichsam mental ab- oder nachgebildet würde. Gerade das Moment der Antizipation deutet indes darauf hin, dass sich der zeitliche Verlauf des rhythmischen Geschehens mit dem inneren Zeitbewusstsein des Subjekts verschalten muss. Am Rhythmus wird daher besonders auffällig, «daß die Wahrnehmung eines zeitlichen Objektes selbst Zeitlichkeit hat, daß Wahrnehmung der Dauer selbst Dauer der Wahrnehmung voraussetzt.»[31] Das Nachdenken über Rhythmus führt mithin zu Kernfragen einer Phänomenologie des Zeitbewusstseins.

Rezeptionsästhetischer Erklärungsversuch: Bildrhythmen und die Zeit der Betrachtung

Wenn Überlegungen zu Rhythmen in Bildern diesem Reflexionsstand gerecht werden sollen, ist darzulegen, auf welche Weise dem statischen Einzelbild temporale Qualitäten eigen sein können oder wie es eine strukturierte Temporalität zu indizieren vermag. Denn dass sich Zeitlichkeit im Bild oder in der Bildbetrachtung geltend machen kann, ist eine notwendige Voraussetzung dafür, dass es Bildern überhaupt möglich ist, Rhythmus aufzuweisen. Rhythmisch gegliederte Handlungen während der Bildproduktion können diese Möglichkeit nicht verbürgen, gibt es doch viele Vollzüge, die in sich rhythmisch gegliedert sein können, ohne dass dem aus ihnen hervorgehenden Resultat Rhythmizität eigen ist. Einem mit rhythmischen Hammerschlägen in die Wand geschlagenen Nagel wird man nicht ohne weiteres attestieren wollen, dass er sich selbst durch Rhythmus auszeichne. Nichts an diesem Nagel veranlasst ein wahrnehmendes Subjekt, Ordnung in der Bewegung zu erfahren und sich zu Antizipationen angeregt zu sehen. Bei Gemälden oder Zeichnungen mag das in einzelnen Fällen – sofern das Strichbild der Feder oder die Faktur des Pinsels offen dem Blick dargeboten wird – anders sein;[32] rhythmische Erfahrungen bei der Betrachtung von Spuren, die ihrerseits rhythmisch entstanden sind, werden sich allerdings kaum verallgemeinern lassen.

Da das unbewegte Einzelbild selbst in seiner physisch-materiellen Gegebenheit keine dynamisch-temporalen Veränderungen aufweist, liegt es nahe, die für Rhythmen unverzichtbare Temporalität im Rezeptionsprozess zu vermuten. Ganz in diesem Sinne setzen beinahe alle Ansätze zur Beschreibung und Analyse von Bildrhythmen implizit oder explizit voraus, dass sich die dem Rhythmus eigene Zeitlichkeit im Akt der Wahrnehmung realisiert. Die wechselvolle Geschichte des Nachdenkens über Bildrhythmen kann daher als eines von vergleichsweise wenigen Diskursfeldern verstanden werden, in denen sich Ansätze für eine Theorie der rezeptionsästhetischen Temporalität des Bildes abgezeichnet haben. Dass Bilder aufgrund der ihnen eigenen rezeptionsästhetischen Qualitäten die zeitliche Erstreckung und den Verlauf des Wahrnehmungsprozesses zu beeinflussen vermögen, ist lange Zeit vor allem am Phänomen des Linienzuges und an der Bildrhythmik beobachtet worden.

Dabei wurde und wird noch immer in der Regel davon ausgegangen, dass die formale, farbliche oder figurative Gestaltung des Bildes Einfluss auf die Blickbewegungen des Betrachters nimmt. So rekurriert Anja Pawel in einem jüngst erschienenen Beitrag auf ein «Abtasten der Linien»[33] durch das Auge, das durch Binnenereignisse im Bild abgelenkt und in neue Richtungen geführt werden könne. In den zahlreichen Beiträgen, die Lorenz Dittmann der Bildzeit und dem Bildrhythmus gewidmet hat, scheinen zunächst zwar bildinterne Ordnungen und Strukturierungen im Zentrum zu stehen. Allerdings liegt seinen an Kurt Badt anknüpfenden Überlegungen zu einem «folgerichtigen Bildaufbau» und einer «Folgeordnung»[34] mit Anfang und Schluss die Hypothese zugrunde, dass diese Strukturierungen in einer «Blickführung»[35] zum Ausdruck kommen. Auch Dittmann scheint daher auf die Bewegung des Auges zu setzen, durch die zumindest einige der im Bild dargebotenen, latenten temporalen Potenziale entfaltet werden. Was in kunsthistorischen Beiträgen zur Frage der Bildrhythmik oftmals eher implizit bleibt, wurde u. a. von Kurt Koffka schon früh ausdrücklich formuliert. Er verstand den Rhythmus als eine «innere[...] Tätigkeit», die durch «sensorische Unterlagen», darunter auch «rein optische Eindrücke», angestoßen werde: «In den Raumkünsten finden wir dies z. B. verwirklicht bei der Wiederholung eines Ornaments in großer Ausdehnung. Das Auge schweift daran entlang und trifft immer von neuem dieselben Formen, dadurch wird dann der Rhythmus ausgelöst. Oder aber die Ornamente können selbst etwas Bewegliches an sich haben und dadurch noch direkter das Mitmachen veranlassen, wie Wellenzüge.»[36] Paul Klee könnte diese oder vergleichbare Überlegungen der Gestaltpsychologie im Sinn gehabt haben, als er in einer vielzitierten Metapher die Vorstellung vom abtastenden Blick variierte: «Dem gleich einem weidenden Tier abtastenden Auge des Beschauers sind im Kunstwerk Wege eingerichtet [...]. Das bildnerische Werk entstand aus der Bewegung, ist selber festgelegte Bewegung und wird aufgenommen in der Bewegung (Augenmuskeln).»[37]

Ganz in diesem Sinne hat Klee durch die Wahl seiner Bildtitel immer

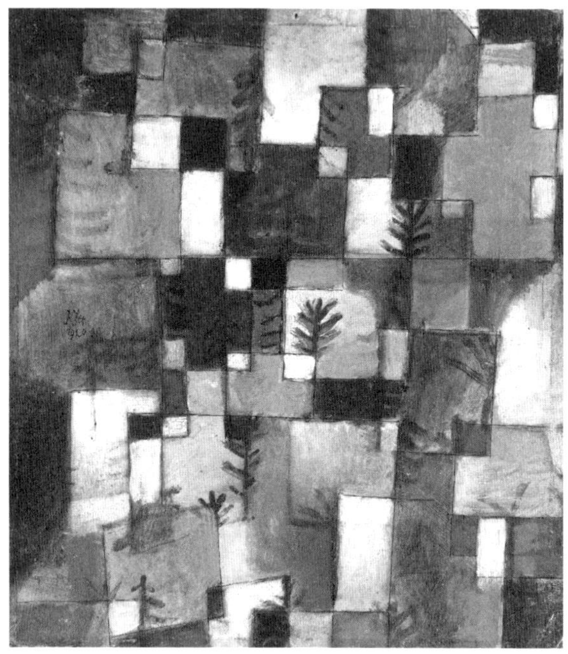

23. Paul Klee, Rotgrüne und violettgelbe Rhythmen, 1920, Öl auf Pappe, 37,5 × 33,7 cm, New York, Metropolitan Museum (The Berggruen Klee Collection)

wieder Formkonstellationen in seinen Werken mit Rhythmen in Verbindung gebracht.[38] Ein frühes, 1920 entstandenes Ölgemälde wurde im selben Jahr unter dem Titel *Rotgrüne und violettgelbe Rhythmen* in München ausgestellt (Abb. 23).[39] Die unregelmäßig gerasterte Bildfläche eröffnet schon mit ihrer ständigen Variation von überwiegend rechteckigen Formen vielfältige Gelegenheiten, um auf miteinander verwandte Bildelemente zu stoßen, die ihrerseits möglicherweise eine rhythmische Augenbewegung veranlassen. Die harmonische, aber nicht monotone Verteilung der Farben könnte einen solchen rhythmisierenden Effekt zusätzlich unterstützen. Zudem begegnen – ebenfalls in annähernd gleichmäßiger Verteilung – schematisch vereinfachte Kürzel, die an Nadelbäume denken lassen. Auf gleich drei Ebenen scheint Klees Bild daher Anlass zu einem rhythmisierten Sehen zu geben: mit seinen Formen, den Farbrelationen und dem wiederkehrenden Motiv des Baumes. Ohne die zeitliche Erstreckung eines bewegten Sehens kann aus diesen Angeboten allerdings kein Rhythmus hervorgehen.

Nur auf den ersten, flüchtigen Blick drängt sich der Eindruck auf, dass auch Erwin Panofsky die Bewegung des Auges als entscheidende Instanz für die Temporalisierung des Bildrhythmus verstanden hat. Bereits in den einleitenden Sätzen seines Aufsatzes über Dürers «rhythmische Kunst» skizziert Panofsky, wie die temporale Verfasstheit des Rhythmus in Bildern zu denken ist: «Insofern der Rhythmus eine Ordnung in der Zeit ist, setzt das Zustandekommen des rhythmischen Erlebnisses eine Sukzession dieser Elemente voraus – sei es nun, daß diese Sukzession, wie stets bei akustischen Eindrücken, objektiv stattfindet, sei es, daß sie, wie in der Regel bei optischen, durch ‹sukzessive Apperzeption› vom aufnehmenden Subjekt erzeugt wird.»[40] Entscheidend ist der Verweis auf die «sukzessive Apperzeption», die Panofsky explizit als Begriff von Theodor Lipps kennzeichnet. Eigens weist er in einer Anmerkung auf die einschlägige Passage in der *Ästhetik* von Lipps hin, in der die sukzessive Auffassung «räumlicher Formen» erläutert wird. Lipps hatte sich zu diesem Zweck an dem Beispiel der Wahrnehmung einer Linie orientiert und in seinen knappen Ausführungen betont, dass die Linie im eigentlichen Sinne erst im Prozess der Apperzeption entstehe. «Dies Entstehen nun ist, als Entstehen eines Räumlichen, ohne weiteres Bewegung. Und diese Bewegung ist nicht vorgestellte, sondern unmittelbar erlebte Bewegung.»[41] Die Linie ist mithin nicht ein bloßer Wegweiser, der dem Auge seine Bewegungsrichtung vorgibt, sondern ist selbst die Instanz, an der sich Bewegung vollziehen soll. Wie der Schluss des kurzen Abschnittes bei Lipps deutlich macht, wird diese Konzeptualisierung der Temporalität der Linie nur im Rahmen einer Einfühlungsästhetik verständlich: «[...] ich fühle mich fortstrebend und tätig in der Linie. Dies aber ist, wie wir wissen, der Sinn der Einfühlung. Dieselbe bezeichnet diese Objektivierung meines Selbstgefühls, dies ‹mich Fühlen in einem Andern›. Die apperzeptive Bewegung, wodurch die Linie ‹entsteht›, wird also in die Linie ‹eingefühlt›.»[42]

Panofsky müssen diese voraussetzungsreichen Überlegungen plausibel erschienen sein. Mit dem Konzept der «sukzessiven Apperzeption» griff er von Lipps einen Vorschlag auf, die Temporalisierung «räumlicher Formen» im Akt der Wahrnehmung durch das Subjekt zu konzeptualisieren, ohne sie auf Augenbewegungen zu reduzieren. Die Prämissen der Einfühlungsästhetik wird man heute nicht ohne weiteres teilen wollen. Und dennoch deutet sich mit Panofskys knappem Rekurs auf Lipps eine Alternative zu mechanistischen Modellen an, die sich allein auf die Bewegung des Blicks konzentrieren.

Einspruch: Die Sprunghaftigkeit des Auges

Kürzlich hat Jason Gaiger die These, dass Bilder ihre Betrachter zu zeitlich gegliederten oder gar rhythmisch strukturierten Prozessen der Betrachtung anregen können, einer grundsätzlichen Kritik unterzogen. Dass Bilder eine eigene rezeptionsästhetische Temporalität aufweisen, stellt Gaiger nicht in Abrede; allerdings bezweifelt er, dass es bei ihrer Betrachtung zu einem rhythmischen Erleben kommt: «Ich vertrete die Ansicht, dass die Erfahrung des Betrachtens eines Bildes zwar in der Zeit stattfindet und somit sukzessiv ist, aber zeitlich nicht hinreichend determiniert strukturiert werden kann, um die Art von Aufmerksamkeitsfokus zu tragen, die für die Vermittlung selbst einfacher rhythmischer Muster erforderlich ist.»[43]

Es sind im Wesentlichen zwei Argumente, die Gaiger gegen die These ins Feld führt, dass Bilder aus sich heraus und ohne bildexterne Vorgaben eine rhythmisch gegliederte Wahrnehmung anzuregen vermögen. Mit seinem ersten Einwand weist er darauf hin, dass es bildlichen Strukturen in der Regel an Gerichtetheit fehlt, die dem sequenziellen Nachvollzug von Formwiederholungen oder -variationen eine klare Abfolge und Ordnung vorgeben würde. Bildliche Formen können indes freier, in verschiedenen, vom Betrachter spontan zu bestimmenden Reihenfolgen erfasst werden.[44] Selbst in der gegenständlichen, figurativen Kunst, die Anordnungen von Bildelementen bisweilen mit narrativen Verläufen zu synchronisieren versucht, lassen sich keine verbindlichen Ordnungen der Betrachtung implementieren.[45] Bezieht man Gaigers Einwand auf das vorhin herangezogene Beispiel, Paul Klees Gemälde *Rotgrüne und violettgelbe Rhythmen* (Abb. 23), so macht er darauf aufmerksam, dass das Bild weder einen Ausgangspunkt noch einen klaren Verlauf der Betrachtung vorzugeben vermag.

Mit diesen meines Erachtens plausiblen Überlegungen ist freilich die Möglichkeit von Bildrhythmen nicht grundlegend in Frage gestellt. Gaiger bezweifelt mit guten Gründen, dass die Möglichkeiten und formalen Mittel des Bildes dazu ausreichen, den Verlauf des Wahrnehmungsprozesses so zu beeinflussen, dass die Abfolge der einzelnen Bildelemente festgelegt ist. Tatsächlich spricht nichts dafür, dass Bilder ihren Betrachtern verlässlich vorgeben, wo der Blick einsetzen soll, wie er durch das Bild gleitet und wann er sich vom Bild abwendet. Lorenz Dittmanns Studien zur Zeitlichkeit des Bildes können gerade aus diesem Grunde kaum überzeugen.[46] Im Anschluss an Kurt Badt meinte Dittmann in Bildern solche Blickverläufe in einer «folgerichtigen Ordnung» fixiert zu finden. Eine solche Konzeption der Temporalität des Bildes blendet wichtige Prozesse aus, indem sie bereits klar konturierte Gestalten und deren Strukturen voraussetzt, wo sich der Blick vielleicht zunächst in Unbestimmtheit und informellen Spuren zu orientieren hat.[47] Zudem sprechen empirische Forschungen zu Blickbewegungen, auf die noch zurückzukommen sein wird, gegen die These, dass Verläufe der Bildwahrnehmung so weitgehend ‹programmiert› werden können. Damit ist allerdings nicht sogleich in Abrede gestellt, dass es überhaupt zu rhythmischen Erlebnissen bei der Bildbetrachtung kommen kann. So sehr der genaue Verlauf der Rezeption offen für subjektive Entscheidungen und situative Kontingenzen bleibt, ist es durchaus denkbar, dass Wiederholungen oder gezielte Variationen von Elementen im Bild Rhythmisierungen des Blicks anstoßen, ohne dass deren Anfang, Richtung und Ende exakt festgelegt sein müssten.

Der zweite Einwand von Jason Gaiger scheint demgegenüber schwerer zu wiegen. Seines Erachtens lässt sich die Hypothese, Bilder könnten rhythmische Qualitäten aufweisen, nicht mit den Grundlagen der menschlichen visuellen Wahrnehmung vereinbaren. Der rasche Wechsel von Sakkaden und Fixationen (denen ihrerseits wiederum ‹Mikrosakkaden› oder ‹Drifts› eigen sind) widerspricht der noch immer gängigen Vorstellung von einer Blickbewegung, die über ein Bild gleiten oder es abtasten kann. Untersuchungen mittels Eye-Tracking haben inzwischen auch für die Bildwahrnehmung aufgezeigt, wie sprunghaft und – vor allem zu Beginn der Bildbetrachtung – ungeordnet sich die Augen über die Bildfläche bewegen.[48] Ein linearer Blickverlauf, der ein geordnetes Nebeneinander von Elementen in eine gegliederte Sukzession übersetzen könnte, scheint so kaum möglich: «[…] wir können sagen, dass die zeitliche Abfolge der Sakkaden und Fixationen nicht mit der räumlichen Abfolge der Teile des Bildes übereinstimmt. Zumindest was die Blickbewegungen betrifft, scheint es keine Belege für die Behauptung zu geben, räumliche Muster ließen sich so gestalten, dass sie vom Betrachter in einer zeitlich geordneten Reihenfolge wahrgenommen werden.»[49] Für das Beispiel von Klees *Rotgrünen und violettgelben Rhythmen* (Abb. 23) folgt daraus, dass die Rede von einem schweifenden Sehen trügerisch ist. Wir können nicht davon ausgehen, dass das Auge gleichmäßig von Baumkürzel zu Baumkürzel oder von Farbfeld zu Farbfeld voranschreitet.

Der Blickbewegung des Auges fehlt es mithin an kontinuierlicher, ununterbrochener Linearität; sie ist schlichtweg zu sprunghaft, um Strukturen im Bild geduldig abzutasten. Zwar bilden sich in den graphischen Repräsentationen von Eye-Tracking-Studien klarere Muster heraus, wenn man die Sakkaden und Fixationen für einen etwas längeren Zeitraum (z. B. von drei Minuten) zusammenfasst und gleichsam akkumuliert. Dann zeigt sich, dass die Aufmerksamkeit durchaus durch das im Bild Dargestellte und durch dessen Komposition beeinflusst wird. Doch entsprechen diese Muster nicht einer unmittelbaren sequentiellen Abfolge von Augenbewegungen. Dass – wie etwa Kurt Koffka vermutet hatte – das Auge an regelmäßig sich wiederholenden Formen ‹entlangschweift› und auf diese Weise zu einem rhythmischen Erlebnis gelangt, ist daher im Lichte der skizzierten empirischen Untersuchungen sehr unplausibel.

Phänomenologische Erwiderung: Rhythmische Formentstehung

Mit Gaigers zweitem Einwand scheint die Idee der Bildrhythmen als Chimäre entlarvt zu sein. Wenn statische Einzelbilder auf das Auge des Betrachters angewiesen sind, um latente Bewegungsimpulse und Temporalitäten zu realisieren, und wenn zugleich der Blickverlauf mit seinen Sakkaden unvermeidlich sprunghaft ist, dann scheinen die mutmaßlichen Rhythmen weder im Bild noch in der Bildrezeption ihren Ort zu finden. Streng genommen ist mit diesem Einwand allerdings nur eine bestimmte – wenngleich verbreitete – Auffassung von Bildrhythmen in Frage gestellt. Denn Gaiger konzentriert sich wie Koffka, Klee, Pawel und viele andere auf die Augenbewegung. Diese Fokussierung ist jedoch keineswegs alternativlos, wie bereits Panofskys Rekurs auf Theodor Lipps andeuten kann. Es bleibt daher zu diskutieren, ob sich nicht andere, plausible und aussichtsreiche Konzeptualisierungen von Temporalität in der Bildwahrnehmung denken lassen, so dass die Frage der Bildrhythmen nochmals neu zu stellen wäre.

Ein Seitenblick auf die Forschung zur akustischen Wahrnehmung kann daran erinnern, dass sich die Erfahrung von Rhythmen nicht allein auf externe Reize und deren sensorische Perzeption reduzieren lässt. Bereits seit dem späten 19. Jahrhundert ist der Psychologie das Phänomen der sogenannten subjektiven Rhythmisierung vertraut: Eine vollkommen gleichmäßige Folge von identischen Impulsen, so hatte sich in experimentellen Untersuchungen gezeigt, wird von den Wahrnehmenden unwillkürlich in rhythmische Gruppen gegliedert.[50] Bei regelmäßigen Klopfgeräuschen in einem bestimmten Tempo war zum Beispiel beobachtet worden, dass Probanden unabhängig voneinander Zweier- oder Vierergruppen der Schläge wahrzunehmen meinten. Die Erscheinungsform der subjektiven Rhythmisierung kann je nach Art der Reize sowie in Abhängigkeit von deren Tempo und Abständen variieren. In jedem Fall aber macht sie darauf aufmerksam, in welch hohem Maße die kognitive Eigenaktivität des wahrnehmenden Subjekts an der Konstitution von Rhythmus teilhat. Manfred Spitzer hat diesen Befund besonders pointiert formuliert: «Der Rhythmus stammt also von uns, vom Wahrnehmenden, er wird den wahrgenommenen Ereignissen gleichsam übergestülpt.»[51]

Schon der akustische Rhythmus lässt sich mithin nicht ausschließlich darüber bestimmen, welche Schallwellen am Ohr ankommen und das Trommelfell zum Schwingen bringen. Vielmehr kommen hier offenkundig auch Prozesse der neuronalen und kognitiven Verarbeitung zum Tragen. Das menschliche Auge als ein Organ mit eigener Muskulatur und steuerbarer Bewegungsfähigkeit lässt sich in seiner Funktionsweise zwar nicht ohne weiteres mit dem Ohr vergleichen. Dennoch stellt sich angesichts der subjektiven Rhythmisierung die Frage, ob bei Überlegungen zur Bildrezeption eine Fokussierung allein auf Augenbewegungen nicht zu kurz greift. Denn es ist keineswegs ausgeschlossen, dass wir bei der Betrachtung von Bildern eine zeitliche Rhythmisierung wahrnehmen, obwohl unsere Augen keine rhythmisch geordneten Bewegungsmuster nachvollziehen.

In diese Richtung weisen auch Kerngedanken der Phänomenologie. Es sind nicht zuletzt Anregungen der psychologischen Forschung und der empirischen Ästhetik, die im frühen 20. Jahrhundert im Umkreis von Edmund Husserl, namentlich bei Moritz Geiger, zur langsamen Herausbildung einer phänomenologischen Ästhetik beigetragen haben. Von Geiger über Roman Ingarden und Jean-Paul Sartre bis zu Mikel Dufrenne lässt sich, wie Georg Bensch gezeigt hat, die Traditionslinie eines ästhetischen Denkens unter den Prämissen der Phänomenologie nachzeichnen, die zum Teil von der Rezeptionsästhetik aufgegriffen und weitergeführt wurde.[52] Im Lichte dieser phänomenologischen Ästhetik kann ein grundlegender Einwand gegen Jason Gaigers Argumentation formuliert werden: Gaiger sucht gleichsam an der falschen Stelle nach Bildrhythmen. Statt das Bild (als materielles Ding) und die Augenbewegungen des Betrachters ins Zentrum zu rücken, müssten Bildrhythmen im ‹ästhetischen Objekt› und in der ästhetischen Erfahrung des Subjekts aufgesucht werden. Denn zu den zentralen Einsichten der phänomenologischen Ästhetik zählt, wie wir bereits gesehen haben,[53] die Differenzierung zwischen dem Kunstwerk in seiner dinghaften, vom individuellen Betrachter unabhängigen Wirklichkeit und dem ‹ästhetischen Objekt›, das erst im produktiven Akt der Rezeption unter Beteiligung des wahrnehmenden Subjekts konstituiert wird. Während das Kunstwerk der Rezeption vorgängig ist, kennzeichnet das ‹ästhetische Objekt› und das ästhetische Bewusstsein des Wahrnehmenden eine «denkbar engste Korrelativität [...], derzufolge beides nur gemeinsam entstehen kann».[54] Das Kunstwerk ist auch einer alltäglichen Wahrnehmung zugänglich, die zum Beispiel eine Skulptur als störendes Ding erfährt, das im Weg steht. Das ‹ästhetische Objekt› kann hingegen nur Gegenstand einer ästhetischen Erfahrung sein, ja bildet sich erst in ihr heraus.[55]

Es ist dieses in der Erfahrung erscheinende ‹ästhetische Objekt›, dem jene Qualitäten zukommen, die oftmals vorschnell auf Kunstwerke bezogen werden: Lebendigkeit, gedankliche Unausschöpfbarkeit und eine besondere Wirkmacht. So sehr Mikel Dufrenne den unhintergehbaren Rezipienten als «spectateur engagé»[56] denkt, redet er dennoch nicht einem bloßen Subjektivismus, Psychologismus oder Konstruktivismus das Wort.[57] Vielmehr bleibt das ‹ästhetische Objekt› durch die sinnlich erfahrbaren Eigenschaften des Kunstwerks charakterisiert, die sich dem wahrnehmenden Subjekt gleichsam als Aufgabe darbieten. Das ‹ästhetische Objekt› konfrontiert dabei mit Potenzialitäten, die im Akt der ästhetischen Erfahrung vom Subjekt realisiert werden müssen, aber nie ausgeschöpft werden können.

Die skizzierten Überlegungen zur phänomenologischen Ästhetik lassen auch die Frage nach Rhythmen in Bildern in einem anderen Licht erscheinen. Da sich das Erleben von Rhythmus – wie das Phänomen der subjektiven Rhythmisierung beim Hören zeigt – nicht ausschließlich aus den objektiven Eigenschaften des jeweiligen Musikstücks, Gegenstands oder Kunstwerks erklärt, liegt es nahe, das ‹ästhetische Objekt› als die Instanz zu begreifen, der rhythmische Qualitäten zukommen können. Für den Transfer auf Bilder folgt daraus, dass nicht die sensorische Perzeption des Bildes, sondern der Akt der Konstitution und Erfahrung des ‹ästhetischen Objekts› daraufhin zu befragen ist, ob er sich durch rhythmische Strukturierung auszeichnen könnte.

Diese Verschiebung der Fragestellung deutet sich am nachdrücklichsten bei Dufrenne an, der dem Rhythmus im Bild einen eigenen Abschnitt in seiner umfassenden *Phénoménologie de l'expérience esthétique* widmet.[58] Dufrenne geht es dabei nicht vorrangig um das Darstellen von

Bewegung, sondern um ein ‹Sein›, ein Erscheinen von Bewegung im Bild.[59] Er macht dazu rhythmische Schemata in Bildern aus, die er in formale und typische Schemata unterscheidet («schèmes formels» und «schèmes typiques»). Während formale Schemata der Zeichnung oder der Konstruktion angehören, beziehen sich die typischen Schemata auf genuin Malerisches.[60] Wenn Dufrenne im Folgenden darüber nachdenkt, wie verschiedene Linien das Auge anregen, und wenn er Ordnungen oder Proportionen von Spuren anspricht, die teilweise sogar mathematischen Prinzipien folgen können,[61] so scheint auch er darauf zu setzen, dass eine rhythmische Konstellation von sich wiederholenden Bildelementen durch das Auge abgetastet und verzeitlicht wird. Allerdings zeigt sich im weiteren Verlauf der Argumentation, dass es Dufrenne nicht um die schlichte Repetition von Formen, sondern um generative Gesetzmäßigkeiten geht. Im Anschluss an Proportionsstudien zur griechischen Vasenmalerei, mit denen Jay Hambidge das Prinzip einer «dynamic symmetry» aufzuzeigen versuchte, folgert Dufrenne: «Der Rhythmus ist hier die Beständigkeit des Gesetzes, das den Raum organisiert. Dieses Gesetz liefert das Element der Wiederholung, das für den Rhythmus unabdingbar ist, um die Bewegung zu verkörpern: Das, was wiederholt wird, ist die Grundform des Werkes in seinen Unterteilungen; das Werk entfaltet sich, indem es seine eigene Formel explizit macht, nicht mittels endloser Wiederholung desselben Musters als Effekt mechanischer Addition, wie im Dekorativen, sondern indem es Vielfalt in der Einheit seines Seins hervorbringt. Und die Bewegung ist nichts anderes als diese Entwicklung eines Wesens, das Abenteuer eines sich selbst gleichen Seins durch seine Metamorphosen […].»[62] Die rhythmische Bewegung erweist sich damit als Entfaltung eines formgenerierenden Prinzips in allen seinen Teilen. Dufrenne charakterisiert diese Ordnung auch als logischen Rhythmus und betont nochmals, dass die Bewegung in der Genese des ‹ästhetischen Objekts› zu suchen ist: «[…] der logische Rhythmus, der das Wachstum des ästhetischen Objekts skandiert, manifestiert die Art und Weise seiner Zusammensetzung und nicht seine Gesamtwirkung.»[63] Damit betrifft der Rhythmus nicht allein oder auch nur vorrangig die formale Strukturierung des Bildes,[64] sondern vor allem den Effekt, den sie auf den Akt der Konstitution des ‹ästhetischen Objekts›, mithin auf den Prozess der ästhetischen Erfahrung hat.

Dass Dufrenne bei seinen Überlegungen zum Rhythmus in Bildern dem Kerngedanken der phänomenologischen Ästhetik, der Unterscheidung von Kunstwerk und ‹ästhetischem Objekt›, treu bleibt, bestätigt sich in seinen Überlegungen zu den typischen Schemata («schèmes typiques»), mit denen er malerische Wirkungen des Gestaltungsmittels Farbe in den Blick nimmt. Die Art und Weise, wie Dufrenne – trotz aller Kürze seiner Ausführungen – kalte und warme Farben, Helldunkel, Töne, Farbsättigung, Nuancen und Übergänge einbezieht, lässt keinen Zweifel daran, dass es ihm nicht um ein bloßes Nebeneinander von Farbreizen geht, die von einem vermeintlich schweifenden Auge nach und nach abgetastet würden. Im Zentrum seines Interesses steht vielmehr eine Bewegung der Farbe selbst, die sich aus ihren vielfältigen Wirkpotenzialen und nicht bloß aus der Lenkung einer Blickbewegung ergibt.[65] Realisiert wird dieses Potenzial aber allein in der Begegnung von Bild und Betrachter. Ohne Betrachter bleibt das Bild passiv und leblos; der Rezipient wiederum wird in seinem Tun vom Bild beeinflusst. Dufrenne beschreibt diese Interaktion von Bild und Betrachter, in der das ‹ästhetische Objekt› überhaupt erst emergiert, als ein Zusammenschwingen oder eine Resonanz, die auch die körperliche Erfahrung des aktiv tätigen Rezipienten einbegreift.[66]

Erneut gilt es sich bewusst zu machen, dass Dufrennes Überlegungen unter Prämissen stehen, die man keineswegs ohne weiteres teilen muss. Vor allem lassen sie sich kaum unter Rückgriff auf empirische Untersuchungen verifizieren oder falsifizieren. Aus mindestens zwei Gründen verbietet es sich im Rahmen von Dufrennes Ansatz, die zeitliche Realisierung von Bildrhythmen mit dem Verfahren des Eye-Tracking nachvollziehen zu wollen: Zum einen legen seine Überlegungen es nahe, den Rhythmus im ‹ästhetischen Objekt› und nicht im materiellen Bild auszumachen. Zum anderen versteht er nicht die sukzessive Perzeption räumlich benachbarter Formelemente, sondern die Entfaltung generativer Prinzipien in der Konstitution des ‹ästhetischen Objekts› als den Prozess, in dem der Rhythmus zur Geltung kommt. Man kann Dufrenne entgegnen, dass die Temporalität dieses Prozesses nicht zwingend eine rhythmische Ordnung aufweisen muss. Dass beim Blick auf Bilder – oder wenigstens bei der Betrachtung bestimmter Bilder – rhythmische Erfahrungen angestoßen werden, ist daher keineswegs definitiv ausgemacht. Dufrennes Gedankengang bietet aber gute Argumente dafür, dass die Möglichkeit, in Bildern Rhythmen zu erfahren, zumindest nicht ausgeschlossen werden kann. Nur weil sich die Bewegung der menschlichen Augen nicht als ein kontinuierliches, ununterbrochenes Abtasten von Formen vollzieht, kann die Erfahrung genuin bildlich verfasster Rhythmen nicht sogleich grundsätzlich als unmöglich gelten.[67] Mikel Dufrenne eröffnet indes eine erwägenswerte Alternative. Denkt man seinen Ansatz konsequent weiter, so entsprechen Bildrhythmen nicht der Verzeitlichung geordnet nebeneinanderliegender Formen im Zuge der sensorischen Perzeption, sondern einer spezifischen zeitlichen Ordnung der Formentstehung in der ästhetischen Erfahrung.

Nicht allein Dufrenne liefert gute Gründe, um in eine solche Richtung zu denken. Von ganz anderen Voraussetzungen ausgehend, hat auch John Dewey – wiederum mit einem besonderen Interesse für Bilder – Rhythmus nicht lediglich als Ordnung oder Repetition von Reizen oder Formen verstehen wollen. Dewey grenzte seinen Rhythmusbegriff von einer «Wiederkehr als wörtliche Wiederholung des Materials oder eines exakten Intervalls» ab, um stattdessen festzuhalten: «Ästhetische Wiederkehr [...] ist eine Frage von Beziehungen, die resümieren und weitertragen.»[68] Nicht «wiederkehrende Einheiten», sondern «wiederkehrende Beziehungen»[69] stehen im Zentrum von Deweys Rhythmus-Verständnis, das ganz folgerichtig für formgenerierende Prinzipien offen ist: «[...] die gegenseitige Erhellung von Teilen und einem Ganzen, die [...] ein Objekt zu einem Kunstwerk macht, wird erreicht, wenn alle Konstituentien eines Werks [...] in rhythmischer Verbindung stehen mit allen anderen Teilen derselben Art – Linie mit Linie, Farbe mit Farbe, Raum mit Raum, die Beleuchtung mit Licht und Schatten auf einem Gemälde – und wenn alle diese besonderen Faktoren ihrerseits einander wechselseitig verstärkt als Variationen zur Geltung bringen, die eine integrierte und komplexe Erfahrung aufbauen.»[70] Dass auch Dewey den Rezeptionsprozess, in dem Bildrhythmen ihre Temporalität entfalten, nicht auf bloße Augenbewegungen reduzieren will, zeigt sich, wenn er die ästhetische Erfahrung von einer «momentane[n] Identifikation» des Bildes abgrenzt. Mit der Identifikation verbinde sich noch keinerlei «ästhetischer Wert»; sie könne aber «Aufmerksamkeit wecken und dazu führen, daß man bei einem Gemälde verweilt, derart, daß einzelne Teile und Beziehungen hervorgerufen werden, die ein Ganzes bilden.»[71]

Während bei Dewey, ähnlich wie bei Dufrenne, noch ein starkes Interesse an der Ganzheitlichkeit und Einheit des Kunstwerks durchklingt, setzen Henri Maldiney und Gilles Deleuze andere Akzente. Nachdrücklicher noch als Dufrenne und Dewey verstehen sie Rhythmus in Bildern als Ereignis der Formgenerierung und des Erscheinens.[72] Wie zuletzt Claudia Blümle nachgezeichnet hat, ergänzen sie diese Prozesse der Herausbildung von Formen um gegenläufige Dynamiken.[73] Maldiney und Deleuze greifen zwar auf unterschiedliche Begründungen zurück, stimmen aber weitgehend darin überein, dass die ästhetische Erfahrung von Bildern neben den Momenten des Erscheinens und der Kristallisation von Gestalt auch Prozesse des Zurücktretens, der Auflösung und des Entzugs von Formen aufweist. So wie sich in der Betrachtung aus dem informellen Chaos der graphischen und malerischen Spuren im Bild zuallererst Elemente und Formen herausbilden müssen, können die so gewonnenen Phänomene und Differenzen stets auch in das Kontinuum des Bildes zurückweichen. An gegenständlichen Bildern ist dieses Wechselspiel immer wieder beobachtet und als Spannung von Transparenz und Opazität, von Zeigen und Sich-Zeigen beschrieben worden. Tatsächlich ist diese dialektische Erfahrung in einem grundlegenden Spezifikum des Bildes, in seiner Dualität oder Zwiespältigkeit verankert,[74] so dass sich die Prozesse der Formgenese und -auflösung nicht nur auf identifizierbare Motive im Bild beschränken.[75]

Für die Frage nach Bildrhythmen eröffnet sich damit eine weitere Denkmöglichkeit: Es könnte gerade der vielfache Wechsel zwischen Erscheinen und Entzug sein, der in besonderem Maße als Rhythmus erfahren wird. Diese recht abstrakte Hypothese lässt sich versuchsweise an Klees *Rotgrünen und violettgelben Rhythmen* (Abb. 23) veranschaulichen. Zu den Qualitäten des Gemäldes gehört es, dass die mehrfach variierten Rechteckformen und Baumkürzel nicht isoliert und streng voneinander abgegrenzt aufgereiht sind. Vielmehr treten innerhalb der Rechtecke wechselnde Farbverläufe auf, und an ihren Rändern lassen sich mitunter Übergangszonen ausmachen. Zudem liegen die Stämme der Bäume in den meisten Fällen genau auf den Grenzen zwischen den einzelnen rechteckigen Feldern. All diese Phänomene gehen damit einher, dass sich das Auge nicht auf die Wahrnehmung eines Nebeneinanders klar abgegrenzter einzelner Elemente beschränkt. Stattdessen kommen Prozesse der Formgenese zum Tragen, wie sie im vierten Kapitel zu «Form, Struktur und Zeit» beschrieben wurden.

Vor allem aber hat die auffällige Engführung von rechteckigen Feldern und Baumkürzeln zur Folge, dass gleich zwei miteinander widerstreitende Sichtweisen begünstigt werden: Einerseits wird dem Betrachter suggeriert, dass er im Bild Gegenständliches sehen kann. Ausgehend von den schematischen Nadelbäumen könnte er zum Beispiel eine parzellierte Landschaft mit einem lichten Hain erblicken. Andererseits unterbreitet das Bild zugleich das Angebot, sich auf die Gestaltung der Bildfläche zu konzentrieren und etwa auf die harmonische und ornamentale Gliederung des Gemäldes achtzugeben, das auf diese Weise als ein dingliches, flächiges Artefakt in den Blick kommt. Diese Optionen stehen unvermeidlich in einer Spannung zueinander, die im Verlauf der Betrachtung am ehesten durch einen stetigen Wechsel zwischen beiden Aspekten zur Geltung gebracht werden kann. Die enge Verfugung der Baummotive mit den Grenzen der rechteckigen Felder könnte dabei zur Folge haben, dass sich die Betrachter immer wieder zu einem Aspektwechsel veranlasst sehen. Und es ist keineswegs ausgeschlossen, dass sich diese Aspektwechsel in einer Abfolge vollziehen, die als rhythmisch erfahren wird.

Versteht man Bildrhythmen auf diese Weise, so sind sie gerade nicht mit einer geordneten Wiederholung von Elementen im Bild gleichzusetzen, sondern auf einer gänzlich anderen Ebene verankert: im dialektischen Zusammenspiel von Bildobjekt und Bildträger. Die Repetition gleichartiger Bildelemente mag bisweilen dazu Anlass geben, die Aufmerksamkeit auf rhythmische Weise zwischen einer Fokussierung auf das im Bild Erscheinende und einer Konzentration auf das Bild in seiner eigenen Dinglichkeit wechseln zu lassen. Doch ist der Rhythmus im eigentlichen Sinne in einem solchen Geschehen, d. h. in einer spezifischen Ausformung der ästhetischen Erfahrung, und nicht in der Anordnung bildlicher Formen zu suchen. Wie für die Überlegungen Dufrennes gilt auch in diesem Fall, dass es kaum möglich sein dürfte, diese Hypothese mit den Mitteln empirischer Untersuchungen zu prüfen.[76] Obgleich dieser bequeme Weg der Verifizierung oder Falsifizierung (noch?) nicht offensteht, lässt sich aber im Lichte der skizzierten Überlegungen in jedem Fall nicht ausschließen, dass wir beim Betrachten von Bildern durchaus Rhythmus erleben.

IX. Bild, Zeit und Geschichte. Eine Skizze

Auf den ersten Blick scheinen Bilder für eine Reflexion über das Wesen von Geschichte und historischer Zeit nicht von besonderer Bedeutung zu sein. Die Vergangenheit mag zugänglicher oder greifbarer erscheinen, wenn sie in einem Bild dargestellt ist. Aber im Allgemeinen teilen Bilder mit schriftlichen Quellen und anderen Dokumenten aus der Sicht der Historiker das zentrale Problem, dass sie lediglich vermittelte Darstellungen von Ereignissen, Persönlichkeiten oder Gegenständen bieten, die selbst nicht mehr gegenwärtig sind. Jedes Bild, auch die Fotografie, unterliegt einschränkenden Setzungen, die von seinem Urheber vorgenommen werden, sich der Bildtechnik verdanken oder auf Zufälle zurückgehen: Das Bild macht nur einen Ausschnitt sichtbar, nimmt eine bestimmte Anordnung des Gezeigten vor und kann durch formale oder ästhetische Vorentscheidungen geprägt sein. Es gibt daher die vergangene Gegenwart nicht direkt wieder, sondern repräsentiert sie in einer begrenzten und gefilterten Weise.[1] Auch wenn Bilder als Quellen dienen und zur Analyse persönlicher oder kollektiver Vorstellungen herangezogen werden können, bilden sie doch nur eine von vielen Gruppen von Objekten, denen wir uns zuwenden, um Zugang zur Vergangenheit zu bekommen.

Gegen diese verbreitete theoretische Indifferenz gegenüber Bildern sollen die folgenden Überlegungen die Hypothese erproben, dass Reflexionen über Bilder einerseits und Theorien der Geschichte andererseits einige grundlegende Probleme und Paradoxien teilen. Diese Intuition mag im Lichte einer überraschenden empirischen Beobachtung ein wenig plausibler erscheinen. Denn nicht wenige einflussreiche Konzepte oder Theorien von Geschichte beziehen sich explizit auf Bilder oder auf den Begriff des Bildes. Wenn Philosophinnen oder Historiker über Geschichte, Zeit, Zeitlichkeit und Erfahrung nachdenken, wählen sie auch

Bilder, um ihre Sichtweise zu veranschaulichen. In manchen Fällen gehen die Bezüge auf Bilder sogar noch weiter und dienen dazu, Antworten auf zentrale Fragen der Geschichtstheorie zu finden. Im Rückgriff auf Frank Ankersmit, Walter Benjamin und Georges Didi-Huberman werde ich versuchen, der Frage nachzugehen, ob es eine engere Beziehung zwischen der Theorie der Geschichte und Vorverständnissen des Bildes gibt. Nachdem zunächst einige Grundgedanken dieser Theoretiker sehr knapp umrissen werden, sollen die Umrisse einer Bildtheorie skizziert werden, die zum Verständnis von Geschichte und historischer Zeit beitragen könnte. Dabei werden freilich unterschiedliche Formen von Bildern eine Rolle spielen: Neben den materiell gebundenen Bildern in Form von Fotografien, Gemälden, Zeichnungen, Druckgraphiken etc., denen am ehesten der lateinische Begriff *pictura* oder das englische *picture* entspricht, kommt im Folgenden ein weiterer Bildbegriff zum Tragen, der auch geistige, imaginative oder mentale Bilder umfasst und versuchsweise mit den Fremdwörtern *imago* bzw. *image* assoziiert werden kann. Es wird sich zeigen, dass die Theorie der Geschichte ihren Blick für beide Begriffe des Bildes offenhalten sollte, um von Bildtheorien profitieren zu können.

Die Fragen, die auf diese Weise vorläufig beantwortet werden können, betreffen vor allem unsere Vorstellungen von Zeit und Zeitlichkeit. Im Folgenden versuche ich dafür zu argumentieren, dass Bilder und Darstellungen uns dazu einladen können, unser Verständnis von historischen Zeiten zu überdenken. Sie lenken unsere Aufmerksamkeit auf ein komplexes Zusammenspiel mehrerer Zeiten und helfen die Vergangenheit als etwas zu verstehen, das gleichzeitig abwesend und präsent sein kann.

Verflechtungen zwischen Geschichtstheorien und Bildkonzepten

Wer sich vorrangig für Kunstgeschichte oder Bildtheorien interessiert, mag überrascht sein, wie viele Geschichtstheoretiker sich explizit oder implizit auf Bilder beziehen, wenn sie ihre Geschichtskonzepte entwickeln oder erläutern, wie sie die Zeitlichkeit von Geschichte verstehen. Während einige dieser Verweise rein anekdotischer Natur zu sein scheinen, sind andere eng mit zentralen Argumenten des jeweiligen theoretischen Ansatzes verknüpft. Dies gilt bereits für frühe Theoretiker der Geschichte wie Johann Martin Chladenius. Denn sein Begriff des «Sehepunktes», der dazu dient, die Perspektivität verschiedener Augenzeugen und Interpreten historischer Ereignisse zu berücksichtigen, ist ohne einen Begriff von mentalen Bildern nicht denkbar.[2] Vielleicht steigt die Attraktivität von Bezugnahmen auf Bilder nochmals in der Gegenwart, in der die Geschichtstheorie versucht, die Grenzen narrativistischer Ansätze zu überwinden.[3] Aus der großen und diffusen Zahl sehr unterschiedlicher Theorien, die sich in der einen oder anderen Weise auf den Begriff des Bildes berufen, greife ich nur drei exemplarische Ansätze heraus.[4]

1. Frank Ankersmit

Mit Blick auf mein erstes Beispiel, Frank Ankersmit, fällt es schwer, die Bedeutung und Relevanz seines Bildbeispiels zu ermessen. Bereits in seine Antrittsvorlesung über die historische Erfahrung, die er an der Universität Groningen gehalten hat,[5] fügte Ankersmit einige Anmerkungen zu einem Gemälde des venezianischen Künstlers Francesco Guardi ein. In seiner umfassenden Untersuchung *Sublime Historical Experience* griff er dieses Beispiel nochmals auf.[6] Dabei hat Ankersmit nicht nur eine Interpretation des Bildes in seinen theoretischen Gedankengang integriert, sondern auch eine Reproduktion des Gemäldes auf dem Cover seines Buches abgebildet. Aus kunsthistorischer Sicht ist diese Entscheidung eher überraschend und verblüffend. Das *Capriccio con sottoportico e maschere di Pulcinella* (Abb. 24) veranschaulicht exemplarisch Guardis Qualitäten als Maler von Capricci, also von phantastischen Kompositionen imaginärer und realer Gebäude.[7] Doch diese Capricci illustrieren weder historische Fakten noch sollten sie erhabene Empfindungen wecken. In der Tat betont Ankersmit selbst, dass Guardis Malerei vor allem die Erfahrung von Langeweile und tiefem Ennui evoziere. Genau damit aber fügt sich das Gemälde bestens in Ankersmits umfassenderes Konzept der historischen Erfahrung ein, die seines Erachtens auf einem fundamentalen Bruch zwischen Vergangenheit und Gegenwart beruht.

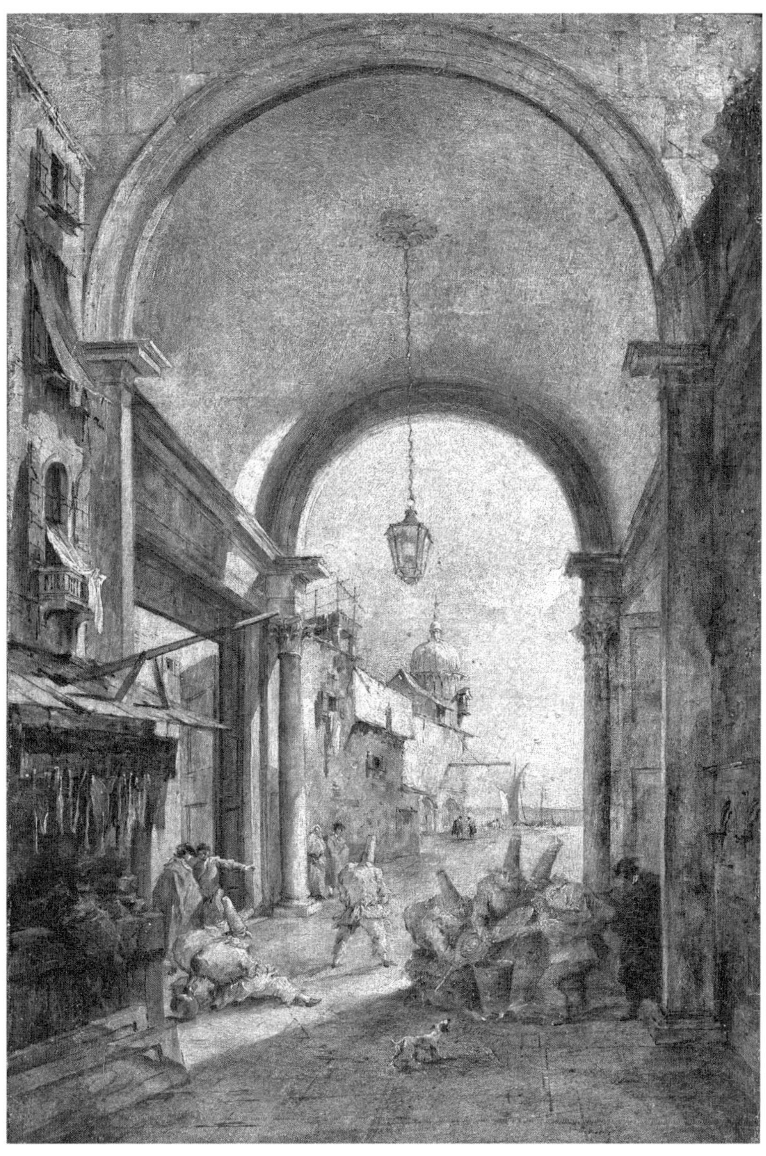

24. Francesco Guardi, Capriccio con sottoportico e maschere di Pulcinella, um 1780–1785, Öl auf Leinwand, 42 × 29 cm, Bergamo, Accademia Carrara

Durch die Betrachtung von Guardis Gemälde stellt sich für Ankersmit ein Gefühl ein, das dem modernen oder postmodernen Subjekt gänzlich fremd sei. Diese Erfahrung von Fremdheit sei selbst gegenwärtig und lasse gleichzeitig unsere Distanz zur Epoche des Ancien Régime spüren.

Mit seinem umstrittenen Konzept der historischen Erfahrung sucht Ankersmit nach einem Weg, um «in eine reale, authentische und ‹erfahrungsmäßige› Beziehung zur Vergangenheit einzutreten [...], die nicht durch historiographische Tradition, disziplinäre Vorannahmen und sprachliche Strukturen kontaminiert ist»[8]. Damit versucht er eine Antwort auf die Frage zu geben, warum wir uns von der Vergangenheit affizieren lassen und auf welchen Grundlagen historisches Bewusstsein entstehen kann. Ankersmit definiert historische Erfahrung als etwas, das sowohl flüchtig als auch unauffällig ist. Sie wurzelt in einzelnen Phänomenen, die ihres Kontextes beraubt sind, isoliert erscheinen und gewohnte Sinnzusammenhänge verwirren. Historische Erfahrung ereilt uns seiner Ansicht nach unwillkürlich wie ein plötzliches Ereignis. Sie beruht also nicht auf genialer Intuition oder Inspiration, vielmehr bleibt das Subjekt passiv und wird überwältigt. Solche Momente historischer Erfahrung werden oft durch unbewusste Inkohärenzen oder durch etwas Fremdartiges innerhalb eines vertrauten Kontextes angestoßen. Sie bieten, so Ankersmit, die seltene Chance, eine direkte und unvermittelte Erfahrung der Vergangenheit zu machen oder, um es differenzierter zu formulieren, eine ‹Kontiguität› zwischen Subjekt und Objekt zu erleben. Deshalb verbindet Ankersmit die historische Erfahrung eng mit einem Anspruch auf Authentizität. Möglicherweise ist es kein Zufall, dass dieses Konzept auffällige Ähnlichkeiten zum Begriff des *punctum* aufweist, mit dem Roland Barthes unbeabsichtigte Details in Fotografien benannte, die den Blick auf sich ziehen: «das, was mich betrifft», was «plötzlich meine ganze Lektüre bestimmt» und «eine kleine Erschütterung in mir auslöst».[9] Auch bei Barthes kann sich mit dem *punctum* eine ‹Kontiguität›, eine besondere Berührung des Vergangenen mit dem Betrachter, ergeben, wenn er von der «erschütternden Emphase» des «Es-ist-so-gewesen» und von einer «Emanation des vergangenen Wirklichen» spricht.[10]

Es ist an dieser Stelle von untergeordnetem Interesse, über die Plausibilität und Überzeugungskraft von Ankersmits Begriff der historischen Erfahrung zu urteilen oder auf offene Fragen und mögliche Unzulänglichkeiten dieses Konzepts hinzuweisen.[11] Stattdessen soll der Blick auf sein besonderes Verhältnis zu Bildern gerichtet werden. Denn Ankersmit verdeutlicht diese Erfahrung vor allem am Beispiel von Guardis Gemälde. In seiner Beschreibung und Interpretation des Bildes konzentriert er sich nicht nur auf dessen Ikonographie und die dargestellte Szene, sondern richtet sein Augenmerk auch auf die Komposition und die Anwendung der Perspektive. Dass Ankersmits Analyse des Gemäldes meiner Meinung nach nicht völlig überzeugend ist, kann in diesem Zusammenhang vernachlässigt werden. Wichtiger ist die Tatsache, dass er sich einer unvermittelten historischen Erfahrung zu stellen beginnt, als er über Inkonsistenzen zwischen dem Dargestellten und der Darstellungsform stolpert. Es ist die spezifische formale und figürliche Gestaltung des Gemäldes, die es ihm ermöglicht, Inkohärenzen und Spannungen wahrzunehmen, die wiederum einen zeitlichen Prozess der Betrachtung anregen. Wie wir sehen werden, sind solche Inkohärenzen typisch für Bilder und in ihren grundlegenden Eigenschaften verankert. Zwar hat Ankersmit keineswegs die Idee in Erwägung gezogen, dass Bilder innerhalb seines Konzepts der historischen Erfahrung einen Sonderstatus einnehmen könnten. Was er an Guardis Capriccio beobachtet, beschränkt sich aber nicht allein auf dieses Beispiel, sondern ist tief in Besonderheiten verwurzelt, die Bilder allgemein auszeichnen.

2. Walter Benjamin

Das zweite Beispiel, das kurz vorgestellt sei, liegt auf den ersten Blick ganz anders. Walter Benjamin bezieht sich in seinem Passagen-Werk nicht nur gelegentlich auf Bilder, sondern er stellt den Begriff des Bildes in den Mittelpunkt seiner fragmentarischen Theorie. Im Rahmen seines Verständnisses von Geschichte ist Benjamins Begriff des «dialektischen Bildes» von wesentlicher Bedeutung, um seinen historischen Materialismus zu verstehen. Benjamin formuliert mehrfach auf dichte und schwer zu durchdringende Weise, was er unter dem dialektischen Bild versteht und warum dieser Begriff für unseren Zugang zur Vergangenheit entscheidend sei: «Nicht so ist es, daß das Vergangene sein Licht auf das Gegenwärtige oder das Gegenwärtige sein Licht auf das Vergangne wirft, sondern Bild ist dasjenige, worin das Gewesene mit dem Jetzt blitzhaft zu einer Konstellation zusammentritt. Mit andern Worten: Bild ist die Dialektik im Stillstand. Denn während die Beziehung der Gegenwart zur Vergangenheit eine rein zeitliche ist, ist die des Gewesnen zum Jetzt eine dialektische: nicht zeitlicher sondern bildlicher Natur. Nur dialektische Bilder sind echt geschichtliche, d. h. nicht archaische Bilder. Das gelesene Bild, will sagen das Bild im Jetzt der Erkennbarkeit trägt im höchsten Grade den Stempel des kritischen, gefährlichen Moments, welcher allem Lesen zugrunde liegt.»[12]

Der Begriff des Bildes dient hier dazu, konventionelle Formen der Bedeutungsproduktion zu überwinden und lineare oder unidirektionale Beziehungen zwischen Vergangenheit und Gegenwart zu umgehen, ohne dabei eine Vermischung zu riskieren, die zu einer Blindheit für deren Unterschiede führen würde. Die konventionelle Narration scheint der unausgesprochene Gegner zu sein, den es zu vermeiden gilt. Das Bild hingegen erlaubt es, dass das Gewesene und das Jetzt im selben Moment kopräsent sind und greifbar werden. Sie bilden eine Konstellation, die das eine nicht darauf reduziert, die Ursache oder das Ergebnis des anderen zu sein. In einem anderen Fragment erklärt Benjamin etwas genauer, wie solche Bilder entstehen: «Zum Denken gehört ebenso die Bewegung wie das Stillstellen der Gedanken. Wo das Denken in einer von Spannungen gesättigten Konstellation zum Stillstand kommt, da erscheint das dialektische Bild. Es ist die Zäsur der Denkbewegung. Ihre Stelle ist natürlich keine beliebige. Sie ist, mit einem Wort, da zu suchen, wo die Spannung zwischen den dialektischen Gegensätzen am größten ist. De[m]nach ist der in der materialistischen Geschichtsdarstellung konstruierte Gegenstand selber das dialektische Bild. Es ist identisch mit dem historischen Gegenstand; es rechtfertigt seine Absprengung aus dem Kontinuum des Geschichtsverlaufs.»[13]

Dialektische Bilder sind nicht einfach gegeben (etwa durch die Tradition); sie sind nicht auffindbar in der Masse der bisher überlieferten Bilder der Vergangenheit. Vielmehr ist es der Prozess des historischen Denkens, der die Entstehung dialektischer Bilder provozieren kann, sofern er nicht auf rein chronologische und kausale Zusammenhänge reduziert wird. Ganz in diesem Sinne unterscheidet Benjamin zwischen Bildern im weiteren Sinne und materiellen Bildern. Ausdrücklich stellt er klar, dass er nicht primär Gemälde, Zeichnungen, Drucke, Skulpturen oder Fotografien meint, wenn er über dialektische Bilder schreibt: «[...] der Ort, an dem man sie antrifft, ist die Sprache».[14] Diese Bilder schützen sich vor jeder Verdinglichung und dauerhaften Verfestigung.[15] Auf diese Weise verhindern sie eine Externalisierung der Vergangenheit, die typisch für jeden Versuch ist, die Geschichte rational zu beherrschen und zu kontrollieren.

Nichtsdestotrotz sind Benjamins Reflexion über Bilder und sein Denken in Bildern tief geprägt von seinen Erfahrungen mit Fotografien, Druckgraphiken und Gemälden. Wie u.a. Sigrid Weigel und Steffen Haug gezeigt haben, hat Benjamin über lange Zeit hinweg mit verschiedenen Arten von Bildern gearbeitet und aus dieser Praxis großen Nutzen gezogen.[16] Benjamin verwendet den Begriff des Bildes, um eine Erfahrung zu konzeptualisieren, die die Zeitlichkeit eines plötzlichen Blitzes mit der Spannung gleichzeitig gegebener dialektischer Gegensätze verbindet. Sein Bildbegriff ist dabei nicht von konkreten Bildern abhängig. Dennoch dürften die an materiellen Bildern gemachten Erfahrungen erheblich dazu beigetragen haben, das anspruchsvolle Konzept der dialektischen Bilder zu erarbeiten. Intuitiv scheint es zwar schwierig, Bilder als Instanzen der Dialektik und als zeitliche, flüchtige Phänomene zu verstehen. Aber wie schon Ankersmits Blick auf Guardis Gemälde angedeutet hat, gibt es in der Tat gute Gründe, Bilder als Schauplätze von Spannungen und Inkohärenzen zu begreifen, die nur durch eine dezidiert prozessuale und dialektische Form des Betrachtens und Denkens erfahren werden können.

3. Georges Didi-Huberman

Ähnliche Argumente finden sich in den Arbeiten von Georges Didi-Huberman, der sich teilweise auf Benjamins Überlegungen beruft. Indem Didi-Huberman die Perspektiven von Philosophie und Kunstgeschichte verbindet, gilt sein Augenmerk den materiellen Bildern; implizit entwickelt er aber auch eine Theorie der Geschichte.[17] Dabei argumentiert er gegen traditionelle Formen, Kunstgeschichte zu praktizieren und die Geschichte der Kunst zu konzeptualisieren. Seiner Ansicht nach ist es unzureichend und irreführend, Bilder als bloße visuelle Quellen zu betrachten, um gesicherte Erkenntnisse über die Vergangenheit zu gewinnen. Anstatt Bilder zu ‹zähmen›, indem man sie in eine chronologisch geordnete und teleologisch gerichtete Geschichte einsortiert, schlägt er vor, sie als Objekte zu betrachten, die mit dem vermeintlichen Kontinuum der geschichtlichen Zeit brechen und Zeit auf neue Weise hervortreten lassen. Der Anachronismus ist seines Erachtens kein Kardinalfehler, den es zu vermeiden gilt, sondern ein Hauptmerkmal von Bildern als historischen Phänomenen. Darstellungen verweisen zwar nicht selten auf bestimmte Ereignisse, Vorgänge oder Situationen, zugleich ist aber der Moment und Prozess der Herstellung ein integraler Bestandteil des Bildes, der auch in der Rezeption mitschwingen und Relevanz gewinnen kann. Dieses Palimpsest verschiedener Zeitschichten wird noch komplexer, wenn man den Umstand berücksichtigt, dass der Betrachter das Bild in der Gegenwart – und oft gleichsam zum ersten Mal – erlebt: «Vor einem Bild, wie alt es auch sein mag, hört die Gegenwart nie auf, sich neu zu formen, vorausgesetzt, die Enteignung des Blicks ist nicht völlig der eitlen Selbstgefälligkeit des ‹Spezialisten› gewichen. Vor einem Bild, wie jung es auch sein mag, hört die Vergangenheit nie auf, sich neu zu formen, da dieses Bild nur in einer Konstruktion des Gedächtnisses, wenn nicht gar der Obsession denkbar wird. Vor einem Bild müssen wir schließlich demütig diese Tatsache anerkennen: dass es uns wahrscheinlich überleben wird, dass wir vor ihm das zerbrechliche Element sind, das vergängliche Element, und dass es vor uns das Element der Zukunft ist, das Element der Dauerhaftigkeit. Das Bild hat oft mehr Erinnerung und mehr Zukunft als der Mensch, der es betrachtet.»[18]

Da der Akt des Betrachtens eines Bildes sehr unterschiedliche Zeitlichkeiten berührt, ist jede Begegnung mit einem Bild notwendigerweise ein anachronistisches Unterfangen.[19] Didi-Huberman folgert daraus: «Es ist besser, die Notwendigkeit des Anachronismus als etwas Positives anzuerkennen: Sie scheint den Objekten selbst, den Bildern, deren Geschichte wir zu rekonstruieren versuchen, inhärent zu sein. In einer ersten Annäherung wäre der Anachronismus also die zeitliche Art und Weise, den Überschuss, die Komplexität und Überdeterminiertheit von Bildern auszudrücken.»[20]

Indem Didi-Huberman das Palimpsest des Bildes nach und nach zumindest zu Teilen freilegt, entfaltet er die in sich komplexe und überdeterminierte Natur, die der historischen Zeit selbst eignet. Bilder bieten besonders augenfällige Beispiele für die Komplexität der Zeitlichkeiten von Geschichte, weil sie das wirkmächtige «Nachleben» von Formen und Figurationen exemplarisch vor Augen führen.[21] Indem Didi-Huberman diesen ursprünglich von Aby Warburg geprägten Begriff aufgreift, lenkt er die Aufmerksamkeit auf Phänomene, die die Grenzen zwischen verschiedenen historischen Zeiten untergraben und durchkreuzen, um wider Erwarten in bestimmten Momenten wieder aufzutauchen.

Bis zu einem gewissen Grad können die Ansätze von Benjamin und Didi-Huberman als komplementär betrachtet werden. Während Benjamin auf den Begriff des Bildes zurückgreift, um grundsätzliche Fragen der Geschichtstheorie zu beantworten, geht es Didi-Huberman vor allem um die spezifische visuelle Erfahrung der Begegnung mit einem Bild. Im Kontext unseres Gedankengangs ist Didi-Hubermans Ansatz insofern von besonderem Interesse, als er darauf hinweist, dass die Verschränkung und Schichtung verschiedener Zeitlichkeiten in und vor Bildern selbst eine grundlegende zeitliche Struktur hat. Wir erleben den konstitutiven Anachronismus von Bildern nur, wenn wir bei der Betrachtung eines Bildes Zeit investieren. Dabei stoßen wir auf Inkohärenzen und Spannungen innerhalb der Zeit und der Geschichte.

Vorläufige Schlussfolgerungen

Was lässt sich aus diesen drei Arten des historischen Denkens schließen, die – trotz vieler grundlegender Unterschiede – in einem gemeinsamen Interesse an der Geschichte und am Bild zu konvergieren scheinen? Sind die Konvergenzen, die sich zwischen ihnen abzeichnen, rein zufällig, willkürlich und idiosynkratisch? Oder lassen sich spezifische Eigenschaften und Qualitäten von Bildern identifizieren, die sie für eine Reflexion über Geschichte und deren Zeitlichkeiten besonders aufschlussreich machen?

Zunächst seien einige Berührungspunkte der genannten theoretischen Positionen kurz resümiert. Abgesehen von ihrem Interesse an Bildern, teilen Ankersmit, Benjamin und Didi-Huberman vor allem ein gemeinsames Argument: Anspruchsvolle oder herausfordernde Erfahrungen der Vergangenheit sind in sich widersprüchlicher und konflikthafter Natur. Sie implizieren notwendigerweise Spannungen oder sogar Gegensätze zwischen verschiedenen Ebenen der Erfahrung und des Wissens. Während in Ankersmits Begriff der historischen Erfahrung der unvermittelte Zugang zur Vergangenheit (oder die ‹Kontiguität›) von unserem Wissen darum begleitet ist, dass ein historisches Phänomen zeitlich entfernt ist, verweist Benjamins Konzept des dialektischen Bildes auf Momente, in denen Bewegung und Stillstand zusammenfallen und das Gewesene mit dem Jetzt in eine Konstellation tritt. Mit seinen Leitbegriffen des Anachronismus und des Nachlebens versteht auch Didi-Huberman Geschichte als Verschränkung vielfältiger widersprüchlicher Phänomene. Nicht umsonst spricht er von dialektischen Spannungen. Tatsächlich versucht er sogar, den Begriff der Dialektik zu verzeitlichen, um zu vermeiden, dass er durch ein finales Resultat zu einem Ende gebracht werden könnte. Es ist offensichtlich, dass die drei Ansätze in vielerlei Hinsicht kaum vergleichbar sind. Aber auf ihre je eigene Weise kreisen Ankersmit, Benjamin und Didi-Huberman um die Intuition, dass Geschichte nicht gegeben, manifest oder zugänglich ist und dass sie nicht einfach Gegenstand einer Vergegenwärtigung sein kann. Stattdessen impliziert historische Erfahrung eine Verschränkung des Gewesenen mit dem Jetzt, eine Verflechtung von Vergangenheit und Gegenwart, ist also zutiefst von Spannungen und Widersprüchen durchzogen.

Es ist diese Spezifik der historischen Erfahrung, die ihre besondere Zeitlichkeit mit sich bringt: Um Spannungen oder Widersprüche angemessen nachzuvollziehen, brauchen wir Zeit. Das Zusammentreffen von Gegensätzen lässt sich vielleicht auf Anhieb begrifflich erfassen, aber erst durch zeitliche Prozesse werden sie im eigentlichen Sinne erfahrbar. Zu diesem Zweck müssen wir uns in einem Moment auf eine Position dieser unabschließbaren Dialektik und im nächsten Moment auf ihr Gegenteil konzentrieren, um deren Widerspruch realisieren zu können. Daher zeichnet sich die historische Erfahrung sowohl durch eine ihr inhärente Widersprüchlichkeit als auch durch eine spezifische Zeitlichkeit aus, die dazu beiträgt, diese grundlegende Spannung zu entfalten.

Wenn wir historische Erfahrung auf diese Weise verstehen, wird plausibler, warum der Bezug auf Bilder im Rahmen eines Nachdenkens über Geschichte von Interesse sein kann. Da sich Bilder durch eine ähnliche interne Spannung und eine vergleichbare Temporalität auszeichnen, sind sie besonders hilfreiche Paradigmen, um über die spezifische Zeitlichkeit von Geschichte zu reflektieren. Es ist also gerade nicht ein häufig überschätztes, vermeintliches Vermögen der Bilder, Vergangenes oder Entferntes zu vergegenwärtigen, das sie für eine Reflexion über historische Erfahrung produktiv macht. Ich bezweifle, dass es Bilder gibt, die uns den Eindruck vermitteln, in die Vergangenheit zurückzukehren, und uns dabei die Distanz zwischen unserer Gegenwart und der Vergangenheit ignorieren lassen. Bilder dienen mithin nicht dazu, die Eigenheiten und die Komplexität der Zeitlichkeit von Geschichte zu überwinden. Vielmehr eröffnen sie neue Wege, um diese Komplexität dem theoretischen Denken zugänglich zu machen.

Die Zeitlichkeit von Bildern und ihre Implikationen für die historische Erfahrung

Wenn sich Historikerinnen und Historiker auf Bilder beziehen, konzentrieren sie sich in der Regel auf zwei Aspekte von deren historischer Zeitlichkeit. Zum einen werden Bilder als historische Quellen aufgefasst, die – nach kritischer Prüfung – Aufschluss über Vergangenes geben können, indem sie zum Beispiel Gegenstände des Alltagslebens oder bestimmte Ereignisse darstellen. Zum anderen werden Bilder als Ausdruck eines kollektiven Gedächtnisses und weit verbreiteter Vorstellungen von Geschichte verstanden; sie bezeugen dann nicht mehr ein Geschehen, sondern dessen Deutung. Doch bevor Bilder für diese eher spezifischen Fragen herangezogen werden können, sind sie bereits in verschiedene Zeitschichten eingebunden: Neben den im Bild dargestellten Ereignissen oder Situationen weisen sie Spuren des Produktionsprozesses oder der Alterung auf; sie werden zum Gegenstand von Wahrnehmungsprozessen und verschränken sich mit Erinnerungen und Erwartungen des Betrachters.

Der Prozess der Bildbetrachtung, in dem diese verschiedenen Zeitbezüge und Zeitschichten zur Geltung kommen, ist seinerseits von einer eigenen Zeitlichkeit gekennzeichnet. Die vorangegangenen Kapitel haben mit dem Konzept der rezeptionsästhetischen Temporalität des Bildes einen Vorschlag erarbeitet, wie sich zumindest der Anteil des Bildes an diesem zeitlichen Vorgang verstehen lässt. Dabei zeigte sich, dass die Zeit des Bildbetrachtens nicht selten dazu beitragen kann, Widerstreite auszutragen und erfahrbar zu machen, die im jeweiligen Bild selbst angelegt sind. Die Prozesse der Wahrnehmung und Interpretation, durch die verschiedene Elemente und Aspekte des Bildes zueinander in Relation gesetzt werden, gleichen keineswegs einem Puzzle, dessen Teile sich nach und nach zu einem finalen, in sich geschlossenen, kohärenten Resultat fügen. Vielmehr verdient die rezeptionsästhetische Temporalität des Bildes gerade deswegen besonderes Interesse, weil sie einen konzeptionellen Rahmen bietet, um zu beschreiben, wie Spannungen und Widersprüche in Bildern zur Geltung kommen können, ohne zur bloßen Erfahrung von Inkohärenz oder Unverständlichkeit zu führen. Indem die bildinternen Widerstreite – darunter auch das anachronistische Aufeinandertreffen inkompatibler Zeitbezüge – in der Zeit der Betrachtung nach und nach entfaltet werden, können sie zum Gegenstand einer Rezeption werden, die keineswegs als ungereimt oder sinnlos erfahren werden muss.

Der vermutlich fundamentalste Widerstreit, der Bildern eigen ist, liegt in ihrer Dualität begründet.[22] Bildliche Darstellungen führen etwas Abwesendes vor Augen, diese Vergegenwärtigungsleistung beruht jedoch auf ihrer eigenen visuellen Präsenz. Diese Eigenart wird bereits deutlich, wenn wir uns auf eine grundlegende Bestimmung von Bildern beziehen, die sich aus dem semantischen Grundmuster ‹Bild von ×› ableitet: Im Umgang mit Bildern setzen wir intuitiv ein Objekt × voraus, auf das sich das Bild bezieht (was freilich keineswegs eine reale Existenz dieses Objekts in der Außenwelt erfordert). Damit aber das Bild etwas anderes anschaulich werden lässt, muss es sich notwendigerweise auch selbst dem Blick darbieten, so dass der Betrachter mit zwei Objekten konfrontiert ist: dem im Bild erscheinenden Gegenstand und dem Bild als Ding mit eigener Materialität. Die Zweiheit von Bildträger und Bildobjekt unterscheidet Bilder nicht nur von anderen Gegenständen der Wahrnehmung, sondern kann – wie wir gesehen haben – auch auf den zeitlichen Prozess der Bildbetrachtung Einfluss nehmen.

Sie hat zudem zur Folge, dass Bilder stets ein spannungsreiches Zusammentreten von Präsenz und Absenz implizieren. Allerdings stehen das dargestellte Objekt und das Bild als eigenes Ding nicht unvermittelt im Widerspruch zueinander. Als vermittelnde Instanz fungiert indes, was Edmund Husserl als «Bildobjekt» bezeichnet hat. Während das «Bildding» den Bildträger mit seiner Materialität bezeichnet und das «Bildsujet» einen außerhalb des Bildes (zum Beispiel in der Realwelt oder in der Imagination) situierten Gegenstand meint, auf den sich die bildliche Darstellung bezieht, handelt es sich beim «Bildobjekt» um das «repräsentierende oder abbildende Objekt».[23] Dieses Bildobjekt erscheint auf dem physisch präsenten Bildding, um auf das abwesende Bildsujet zu verweisen. Es unterscheidet sich jedoch nicht zuletzt darin vom Bildsujet, dass es selbst gegenwärtig ist. Denn Bilder weisen nicht wie andere Zeichen von sich weg auf etwas anderes, sondern lassen das, was sie darstellen sollen, im Bildobjekt erscheinen, und damit in einem Gegenstand, der ausschließlich sichtbar ist. Lambert Wiesing hat die Gegenwart des Bildobjekts treffend als eine «artifizielle Präsenz» bezeichnet. Diese «Präsenz ohne substantielle Anwesenheit»[24] impliziert, dass die Wahrnehmung des Bildobjekts von einem «sinnlichen Gegenwartsbewusstsein»[25] begleitet ist. Denn es ist wohl nicht allein einer bequemen sprachlichen Abkürzung geschuldet, wenn wir beim Blick auf eine Fotografie sagen, dass wir Winston Churchill sehen, anstatt davon zu sprechen, dass wir auf eine Verteilung von Hell- und Dunkelwerten blicken, die auf Churchill verweist oder deren Erscheinung dem Aussehen des früheren britischen Premierministers ähnelt. Das Bild verweist nicht bloß zeichenhaft auf Abwesendes, zugleich aber gaukelt es auch nicht die physische Gegenwart des Gegenstands vor, auf den sich die bildliche Darstellung bezieht. Das Bildobjekt wird indes als rein visuell gegenwärtig erlebt. Mit seiner Sichtbarkeit vollzieht sich in der Gegenwart des Betrachters das Erscheinen eines Abwesenden.

Husserl selbst hat bereits dargelegt, dass sich aus dieser Konstellation unvermeidlich Antagonismen ergeben. Am Beispiel einer Reproduktionsgraphik nach einer Zeichnung diskutiert er die Spannung zwischen der «Bildauffassung», also einem Blick, der dem Dargestellten gilt, und der «Papierauffassung», d. h. einer Wahrnehmung, die sich u. a. auf die Materialität des Bildträgers richtet. Schon weil Bildfeld und Blickfeld nicht restlos zur Deckung kommen, können beide Auffassungen einander nicht vollständig verdrängen. Spätestens am Rahmen treten die rein artifiziell präsenten Bildobjekte und die physisch gegenwärtigen Gegenstände in eine unvermeidlich spannungsvolle Beziehung: «So haben wir hier Erscheinung, sinnliche Anschauung und Vergegenständlichung, aber in Widerstreit mit einer erlebten Gegenwart; wir haben Erscheinung eines Nicht-Jetzt im Jetzt. Im Jetzt, sofern das Bildobjekt inmitten der Wahrnehmungswirklichkeit erscheint und den Anspruch gleichsam erhebt, mitten dazwischen objektive Wirklichkeit zu haben. Im Jetzt auch insofern, als das Bildauffassen ein Zeitlich-Jetzt ist. Andererseits aber ein ‹Nicht-Jetzt›, sofern der Widerstreit das Bildobjekt zu einem Nichtigen macht, das zwar erscheint, aber nichts ist […].»[26]

Kurzzeitig und vorübergehend mag der Antagonismus zugunsten eines Pols im Widerstreit entschieden scheinen, wenn sich der Blick zum Beispiel ganz in die Szenerie versenkt, die in der bildlichen Darstellung erscheint, oder wenn das Bild nur als materieller, vielleicht gar störend sperriger Gegenstand wahrgenommen wird. Eine Bildbetrachtung im eigentlichen Sinne, also eine Betrachtung, die dem im Bild Erscheinenden gilt, sich dabei aber auch der bildlichen Vermittlung bewusst ist, wird jedoch den von Husserl beschriebenen Widerstreit in der Zeit des Wahrnehmungsprozesses austragen müssen.[27] Gerade Kunstwerke wie z. B. das Gemälde von Guardi (Abb. 24) stoßen oftmals derartige komplexe Prozesse der Betrachtung an. Während wir uns zunächst vielleicht auf die Architektur und die dargestellte Szene konzentrieren, können später formale oder materielle Qualitäten des Bildes wie die offene und skizzenhafte Pinselführung die Aufmerksamkeit auf sich ziehen.

Der fundamentale Antagonismus zwischen dem dargestellten Objekt und dem Bild als Objekt *sui generis* lässt sich nur in zeitlich ausgedehnten Prozessen der Betrachtung realisieren und erfahren, in denen die widerstreitenden Elemente der Doppelnatur des Bildes entfaltet werden.

In gewissem Sinne lassen sich Bilder daher als besonders prominente Beispiele einer *coincidentia oppositorum* auffassen – einer Koinzidenz widersprüchlicher und gegensätzlicher Wahrnehmungspotenziale, die gleichzeitig gegeben sind, aber in der Zeit zur Geltung gebracht werden müssen. Sofern unser Blick auf Bilder nicht durch äußerliche Konventionen oder durch eine Funktionalisierung des Sehens diszipliniert und domestiziert wird, kann das Bild zum Gegenstand einer zeitlichen Erfahrung werden, die ihrerseits die Grundlage für eine Erfahrung von Geschichte liefern mag.

Präsenz in Abwesenheit

In dem skizzenhaften Rekurs auf Ankersmit, Benjamin und Didi-Huberman ist deutlich geworden, dass anspruchsvolle Erfahrungen von Geschichte in sich widersprüchlicher Natur sind. Die Zeitlichkeit der Geschichte ist von Spannungen durchzogen. Statt linearer und homogener Zeitvorstellungen verlangt sie nach neuen Modellen polychroner Temporalitäten, um der Komplexität von Vergangenheit und ihrer vielschichtigen Formen von Gegenwärtigkeit gerecht zu werden. Jüngste Versuche, die Grenzen von narrativen und repräsentationalen Konzeptionen von Geschichte zu überschreiten, haben ein neues Interesse am Begriff der Präsenz geweckt. Zweifelsohne kann die Vergangenheit nicht in einem unproblematischen, evidenten Sinne vollständig präsent sein. Aber gleichzeitig können Dinge und Orte, die uns noch zugänglich sind, mit der Vergangenheit in Verbindung stehen oder als Ersatz für das dienen, was vergangen ist.[28] Eelco Runia hat den Begriff einer «Präsenz in Abwesenheit»[29] geprägt, um diesen besonderen Modus von Gegenwärtigkeit zu erfassen – der übrigens keineswegs mit dem viel weiter gefassten und vagen Wunsch nach Präsenz verwechselt werden sollte, der zum Beispiel von Hans Ulrich Gumbrecht geäußert wurde.[30] Runias Begriff von Präsenz zielt indes auf Objekte, die metonymisch als Ersatz für die abwesende Vergangenheit dienen können. Er umfasst zudem «die Abwesenheit (oder zumindest die radikale Unauffälligkeit), die gegenwärtig ist», in der «das Ding, das nicht da ist, dennoch präsent ist.»[31]

Genau dieselbe, scheinbar paradoxe Formulierung «Präsenz in Abwesenheit» wurde kürzlich von Alva Noë verwendet, um den spezifischen Modus der Gegenwärtigkeit zu erfassen, der durch Bilder hervorgebracht wird.[32] Für ihn verfügen Bilder über «eine ausgeprägte Präsenz-in-Absenz-Struktur; sie ermöglichen uns die Begegnung mit der Präsenz dessen, was eigentlich abwesend ist; sie geben uns Zugang zu einer Welt, die sich unserer Reichweite entzieht. Und darüber hinaus verschaffen sie uns eine Art sinnlichen oder wahrnehmungsbezogenen Zugang.»[33] Auch in diesem Fall ist es zweifellos nicht das physische Bild selbst, das einen vollen Zugang zum abgebildeten Objekt ermöglicht. Wie bei der «Präsenz in Abwesenheit», die für Erfahrungen des Vergangenen kennzeichnend ist, erlangt das Bildobjekt erst im Laufe der Auseinandersetzung des Betrachters mit dem Bild Gegenwärtigkeit.

Wir müssen uns daher Zeit nehmen, um «Präsenz in Abwesenheit» erfahren zu können. Sowohl in unserem Verhältnis zur Vergangenheit als auch in unserer Wahrnehmung von Bildern investieren wir Zeit, um die inhärenten Spannungen und Inkohärenzen zu entfalten, die jede «Präsenz in Abwesenheit» charakterisieren. Diese besondere Zeitlichkeit scheint das gemeinsame, eigentümliche Merkmal von Bildern und Geschichte zu sein.[34] Es dürfte daher kein bloßer Zufall sein, dass sich Theorien der Geschichte nicht selten auf Bilder beziehen. Dabei richten Philosophen und Historikerinnen ihre Aufmerksamkeit auf Objekte, die sich durch ihre Dualität oder Zwiespältigkeit bestens in die komplexe Zeitlichkeit der Geschichte einfügen.[35]

X. Bildpolitik. Annäherungen an einen schwierigen Begriff

Im Rückblick auf die bisher dargelegten Überlegungen drängt sich die Frage auf, welche Relevanz der rezeptionsästhetischen Temporalität von Bildern in der Praxis zukommen kann. Handelt es sich um eine Eigenschaft, mit der eine Erhöhung der Komplexität von Bildern einhergeht, die nur in eng umgrenzten Bereichen wie der Kunst oder vielleicht noch der Geschichtstheorie von Interesse ist? Oder sollten wir der Zeitlichkeit der Bildbetrachtung auch jenseits solcher ‹Spielwiesen› des Ästhetischen und der Theorie mehr Aufmerksamkeit schenken? Die Relevanz der rezeptionsästhetischen Temporalität des Bildes könnte sich nicht zuletzt im Feld des Politischen erweisen. Zeichnen sich vor dem Hintergrund der hier erörterten Überlegungen die Konturen zu einem anderen Verständnis des Spannungsfelds zwischen dem Politischen und den Bildern ab? Die folgenden Überlegungen skizzieren eine erste Annäherung an eine Politik der Bilder, die den Überlegungen zur Zeitlichkeit der Bildbetrachtung Rechnung tragen soll.

Wenn ich als Bild- und Kunsthistoriker über die Bedeutung von Bildern für die Politik reflektiere, komme ich nicht umhin, an materiell gebundene, sinnlich erfahrbare Bilder zu denken, wie sie politisches Kommunizieren und Handeln seit jeher begleiten. Es sind oftmals materielle Bilder (im Sinne von *pictures*), in denen sich Vorstellungsbilder (im Sinne von *images*) sedimentieren und durch die wiederum neue Imaginationen angeregt werden. Allerdings würde es zu kurz greifen, das materielle Bild dabei lediglich als Materialisierung von etwas zu verstehen, was zuvor – oder auch danach im Prozess der Rezeption – gleichsam ‹im Geiste› vollständig realisiert wäre. Das materielle Bild bietet nicht allein einen Projektionsschirm, auf dem sich das eigentliche, das geistige Bild abbildet. Vielmehr haben die Materialität und die damit einhergehende Spezifik des Bildes auf irreduzible Weise Anteil an den Prozessen der Bildproduktion, -kommunikation und -rezeption. Und es ist nicht zuletzt diese Spezifik des materiellen Bildes, die es für ein Nachdenken über politische Implikationen wichtig und zugleich attraktiv macht.

Mit dem Schlagwort der Bildpolitik greife ich einen vergleichsweise diffusen Begriff auf, dessen Unschärfe als Symptom dafür verstanden werden kann, dass die aktuelle Forschung von einer merkwürdigen Unentschiedenheit gekennzeichnet ist, wenn es um das Verhältnis von Bildern und dem Politischen geht.[1] Tendenzen einer gezielten und engen Verbindung von Politik und Ästhetik oder visueller Kultur stehen Entwicklungen gegenüber, die eine schleichende Entpolitisierung des Nachdenkens über Bilder zur Folge zu haben scheinen. Während einerseits Teile des ästhetischen Diskurses – zu denken ist etwa an Jacques Rancière – in beinahe schon emphatischer Weise einen politischen Einsatz des Ästhetischen beschreiben und die angloamerikanischen *Visual Culture Studies* die Verflechtung von Bildern und Visualität mit gesellschaftlichen und politischen Fragen betonen, scheint insbesondere die deutschsprachige Kunstgeschichte im Zuge ihrer bildkritischen und bildtheoretischen Orientierung politische Fragen und Implikationen der eigenen Praxis aus dem Blick zu verlieren.[2] Von den engagierten Diskussionen um die gesellschaftliche Stellung des Faches, um sein aufklärerisches Potenzial und seinen Beitrag zu politischen Fragen hat sich ein großer Teil der Kunstgeschichte nach und nach entfernt. Diesem Verdacht sieht sich insbesondere jene bildtheoretische Grundlagenreflexion ausgesetzt, die dem Fach im deutschsprachigen Raum eine neue Basis gegeben und neue Perspektiven eröffnet hat. Da die Überlegungen der vorangegangenen Kapitel dieser jüngeren Entwicklung verpflichtet sind, scheint es, als sei eine bildtheoretisch interessierte Rezeptionsästhetik für ein Nachdenken über den Begriff der Bildpolitik denkbar schlecht gerüstet.

Dennoch soll im Folgenden danach gefragt werden, wie sich Anregungen des jüngeren bildtheoretischen Diskurses für eine Reflexion über die Politik der Bilder nutzen lassen. In drei Schritten möchte ich mich diesem Vorhaben nähern: Zunächst knüpfe ich an die etablierte politische Ikonographie an und resümiere einige ihrer Einsichten. Danach werfe ich einen Blick auf einen prominenten jüngeren Vorschlag, Politik und Ästhetik in einem engen Zusammenhang zu denken. Auf dieser Grundlage soll schließlich über mögliche politische Implikationen und Potenziale bildtheoretischer Überlegungen nachgedacht werden.

Politische Ikonographie: Politisches im Bild

Es steht außer Zweifel, dass Bilder in hohem Maße von den politischen Kontexten geprägt werden, in denen sie entstehen oder betrachtet werden, und dass Bilder ihrerseits erheblich auf politische Diskussionen, Entscheidungen und Entwicklungen Einfluss nehmen können. Unmittelbar evident ist uns dieses enge, wechselseitige Verhältnis beim Blick auf Bilder, in denen Politisches, etwa Streitfragen politischer Kontroversen oder deren Akteure, zum Gegenstand bildlicher Darstellungen werden. Nicht selten haben politische Visionen und Utopien ihren wirksamsten Ausdruck in Bildern gefunden. Wir sind inzwischen aber auch darin geübt, Bilder daraufhin zu befragen, ob sie als Mittel der politischen Propaganda oder Manipulation eingesetzt werden.

All diese Fragen sind zum Gegenstand von eingehenden und vielstimmigen Forschungen geworden, aus denen ich einen Diskussionszusammenhang exemplarisch herausgreifen möchte. Auf breiter Basis und in langjährigen Studien wurde dem Verhältnis von Kunst bzw. Bildern und dem Politischen in Projekten zur politischen Ikonographie Aufmerksamkeit geschenkt. Sie wurden und werden – angeregt durch Martin Warnke – insbesondere am Hamburger Warburg-Haus betrieben;[3] doch ist auch an andere Arbeitskontexte, etwa an Reinhart Kosellecks Studien zur politischen Ikonographie sowie an den ehemaligen Bielefelder Sonderforschungsbereich *Das Politische als Kommunikationsraum* zu denken.[4] Das *Handbuch der politischen Ikonographie*, das 2011 erschien, markiert nicht nur eine wichtige Etappe in der Entwicklung dieser Forschungsrichtung, sondern hat auch nochmals ihr Selbstverständnis zum Ausdruck gebracht. Folgt man den einleitenden Überlegungen der drei Herausgeber, Uwe Fleckner, Martin Warnke und Hendrik Ziegler, so untersucht die politische Ikonographie «Begriffe,

Themen und Motive politischer Visualität» sowie deren «historische[...] Kontinuitäten und Brüche».[5] Indem sie die «Indienstnahme der Bildproduktion im politischen Raum» offenlegt, weckt sie zugleich «eine neue Aufmerksamkeit für das Gemachte und Inszenierte politischer Repräsentation».[6] Zu diesem Zweck fragt sie nach dem «Mechanismus visueller politischer Überzeugungsarbeit» sowie nach «Bildformeln»,[7] die über Epochen-, Kultur- und Systemgrenzen hinweg Wirksamkeit entfalten können. Dieses Vorgehen versteht sich nicht allein als Arbeit an einer bildhistorischen Rekonstruktion, sondern geht mit einer aufklärerischen Absicht einher. Mit guten Gründen legt die politische Ikonographie daher den Akzent vorrangig darauf, die persuasive, teils auch manipulative Instrumentalisierung von Bildern verstehbar und damit kritisierbar werden zu lassen.

Die Forschungen zur politischen Ikonographie haben ein enges, vorrangig auf die methodisch gesicherte Ausdeutung einzelner Bilder konzentriertes Verständnis von Ikonographie längst überschritten. In der praktischen Umsetzung dieses Forschungsansatzes hat sich vielfach gezeigt, dass sich die Analyse politischer Bilder nicht nur darauf beschränken kann, bildliche Motive korrekt zu identifizieren, zu dechiffrieren und auf ihre Indienstnahme für Aussageabsichten hin zu befragen. Selbst wo das Hauptinteresse dem einzelnen Bild gilt, ist es unausweichlich, über das Bild hinaus auch die mit ihm verknüpften Bildpraktiken zu untersuchen und auf diese Weise jenes «komplexe[...] Wechselspiel von Visualität, Apparat, Institutionen, Diskurs, Körpern und Figurativität»[8] in den Blick zu nehmen, dem etwa auch das Interesse der *Visual Culture Studies* gilt.

Jüngere Forschungsberichte – ich denke an einen erhellenden Aufsatz von Christian Joschke aus dem Jahr 2012 – lassen sich daher als implizite Beschreibung eines Entwicklungsprozesses lesen, in dem die politische Ikonographie auf sehr produktive Weise zu ihren eigenen Grenzen vorgestoßen ist, um diese partiell zu überschreiten. Neben den Darstellungen von Politik oder den bildlich artikulierten politischen Aussagen nimmt sie vielfältige politische Einsätze und insbesondere auch soziale Bildpraktiken in den Blick. Dabei wird nicht zuletzt deutlich, dass Bilder nicht nur Darstellungen politischer Probleme, Positionen oder Programme bieten, sondern auch die Wirklichkeit prägen und in die realen Verhältnisse eingreifen können. Auseinandersetzungen, wie sie bei Erscheinen der Mohammed-Karikaturen Kurt Westergaards oder auch um Bilder von Gewaltakten geführt wurden und werden, lassen punktuell hervortreten, wie sehr Bilder gerade auch über die Absichten ihrer Produzenten hinaus Wirkung entfalten können. Ganz in diesem Sinne beschränkt sich die politische Ikonographie keineswegs darauf, ein Vokabular oder eine Grammatik politischer Bildmotive zu erschließen. Neben Fragen der Repräsentation und der Bild-Rhetorik berücksichtigt sie vielmehr auch die affektiven und psychischen Qualitäten sowie die wirklichkeitsverändernden Potenziale von Bildern, die derzeit besondere Aufmerksamkeit finden, wenn nach der ‹Macht› der Bilder, dem Bildakt oder der *agency* gefragt wird. Die politische Ikonographie hat sich dazu unter anderem durch Aby Warburgs Arbeiten anregen lassen, insbesondere durch den Schlüsselbegriff der Pathosformel, der ein Denkmodell bietet, um medien-, epochen- und systemübergreifende Wirkungen von visuellen Phänomenen zu konzeptualisieren.[9]

Diese Anleihen zeigen aber zugleich an, dass sich das Erkenntnisinteresse der politischen Ikonographie nicht allein im Rahmen der ikonographischen Methode zur Geltung bringen lässt. In ihrer konsequenten Arbeit an den verschiedenen Verknüpfungen des Politischen mit Bildern und visuellen Phänomenen hat die politische Ikonographie mehr und mehr darauf aufmerksam gemacht, dass Bilder nicht nur dann politisch sind, wenn sie politische Gehalte aufweisen. Politische Bilder sind mithin mehr und anderes als geschickt eingekleidete politische Aussagen, deren bildliche Darstellungsform vorrangig rhetorischen Charakter hat und persuasiven Zwecken dient. Viele Studien, die von Fragestellungen und Methoden der politischen Ikonographie ausgingen, haben zudem deutlich werden lassen, dass politische Bilder keineswegs durchweg einer souveränen Verfügungsgewalt ihrer Urheber, Auftraggeber, Adressaten oder Rezipienten unterliegen. Damit aber zeichnet sich ab, dass sich das Interesse an politischen Bildern nicht allein auf Gehalte, Botschaften und Programme verengen sollte. Zudem wäre es problematisch, eine Politik der Bilder voreilig auf rein kausale Relationen von Ursachen und Wirkungen zu reduzieren, wie sie bisweilen im Verhältnis zwischen dem Ansinnen des vermeintlich souveränen Bildproduzenten und der ebenso vermeintlich passiven Rezeption durch den Betrachter vermutet werden.[10]

All das ist keinesfalls neu oder eine Einsicht der jüngsten Forschung. Im Rahmen seines sozialgeschichtlichen Ansatzes hat vielmehr bereits T. J. Clark davor gewarnt, Bilder als schlichte Abbildungen «von Ideologien, Sozialbeziehungen oder Geschichte»[11] zu verstehen. Ganz in diesem Sinne wandte sich Clark gegen «intuitive[…] Analogien zwischen Form und ideologischem Gehalt».[12] Bilder lassen sich seines Erachtens nicht auf eine rein instrumentelle Funktion, etwa auf einen propagandistischen Einsatz, reduzieren, so dass es einer Verkürzung gleichkäme, sich allein mit den Bildproduzenten oder Auftraggebern sowie mit deren sozialer Situation oder politischer Agenda zu befassen.

Aus diesem verkürzenden Rückblick auf die politische Ikonographie ergeben sich erste Umrisse für die Fragen und Herausforderungen, denen sich eine Grundlagenreflexion über den Begriff der «Bildpolitik» meines Erachtens stellen sollte: Sie müsste insbesondere bei der Spezifik des Bildes ansetzen und dessen fundamentale Eigenschaften auf mögliche politische Implikationen befragen. Lassen sich genuin bildliche Charakteristika und Qualitäten beschreiben, die für deren politischen Einsatz von besonderer Relevanz sind? Worin liegt der spezifische Anteil, die besondere Wirkung des Bildes, wenn es sich nicht darauf reduzieren lässt, vorgängige Gehalte, Ideen oder Aussagen zu veranschaulichen?

Aufteilung des Sinnlichen und Politik der Bilder

Die spezifische Eignung von Bildern für politische Zwecke wird oftmals darin gesehen, dass sie mittels ihrer sichtbaren und materiellen Präsenz in besonderer Weise Evidenz evozieren können. Bilder gelten dann als ausgesprochen leistungsfähige rhetorische ‹Maschinen›, die zum Beispiel individuelle Ansichten und partikulare Konstruktionen wie naturgegeben und selbstverständlich erscheinen lassen können. Doch bevor Bilder solche Effekte hervorbringen, wirken sie vor allem an Entscheidungen darüber mit, was zur Sichtbarkeit kommen kann oder was verborgen, unsichtbar und damit irrelevant bleibt. Unter Bildpolitik ist daher nicht nur die visuelle Vermittlung von politischen Positionen zu verstehen; vielmehr werden mit ihr die Grenzen des Sichtbaren ausgehandelt und bestimmt: Welche Akteure, Sachverhalte und Fragen treten sichtbar in Erscheinung und können auf diese Weise artikuliert werden oder aber sich selbst artikulieren? Wer oder was wird durch eine bildlich vermittelte Sichtbarkeit ermächtigt oder aber als ein rein passives Objekt verfügbar gemacht?

Derartige Fragen stehen im Zentrum von Jacques Rancières philosophischer Reflexion über das Verhältnis von Kunst und Politik. Ästhetischen Phänomenen hat sich Rancière erst in den 1990er Jahren aus der Perspektive eines politischen Philosophen genähert, der nach einer Phase der engen Zusammenarbeit mit Louis Althusser nicht nur mit seinem ehemaligen Lehrer, sondern auch mit dem Konzept des engagierten, für Unterdrückte sprechenden Intellektuellen gebrochen hatte. In Abgrenzung zu Althusser und in der Beschäftigung mit der Geschichte der Arbeiter im 19. Jahrhundert hatte Rancière ein tiefes Misstrauen gegen das Selbstverständnis intellektueller Eliten entwickelt, die als Avantgarde auf eine Emanzipation jener hinwirken wollen, die selbst keine Stimme zu haben scheinen. Rancières Skepsis gegen ein solches Konzept hallt noch in jenen jüngeren Arbeiten nach, die dem Verhältnis von Kunst und Politik gewidmet sind. So betont er, «dass die Wirksamkeit der Kunst nicht darin besteht, Botschaften zu übermitteln, Modelle oder Gegenmodelle des Verhaltens vorzugeben oder zu lehren, wie man die Repräsentationen entziffern kann. Sie besteht zuerst aus Anordnungen von Körpern, aus Abtrennungen von singulären Räumen und Zeiten, die Weisen des Gemeinsamseins oder des Getrenntseins bestimmen, des Gegenüber- oder Inmittenseins, des Außen- oder Innenseins, des Nah- oder Fernseins.»[13] Bevor sich mithin Fragen von konkreten Aussagen und Botschaften stellen, sind bereits grundlegende, politisch relevante Entscheidungen gefallen, indem – wie Rancière es formuliert – eine «Aufteilung des Sinnlichen»[14] vorgenommen, affirmiert oder revidiert worden ist. Mit diesem Interesse für sehr basale, scheinbar triviale, aber zugleich wirkmächtige Ordnungen, die jede konkrete Äußerung prägen und disponieren, ähnelt Rancières Ansatz der Diskursanalyse Michel Foucaults und ihrer Aufmerksamkeit für die Frage, was in einem gegebenen Kontext sagbar und sichtbar werden kann.[15] Für Rancière ist es vor allem die Aufteilung und Ordnung des sinnlich Erscheinenden, Wahrnehmbaren und Artikulierbaren, die von maßgeblicher Bedeutung dafür ist, welche Überlegungen oder Erwartungen konkret geäußert werden können.

Sofern sich eine solche «Aufteilung des Sinnlichen» stabil eingerichtet hat, so dass außer Frage steht, wer am politischen Diskurs beteiligt ist und welche Fragen oder Meinungen artikuliert werden können, spricht Rancière nicht von Politik im eigentlichen Sinne (*la politique*), sondern von «*la police*», d. h. von einer Polizei im Sinne des Policey-Begriffs der Vormoderne, der ein gut geordnetes Gemeinwesen umschrieb. Anders als die *police* vollziehe sich die *politique* nur, wenn mit der herrschenden Ordnung gebrochen werde, «welche die Machtbeziehungen in der Offensichtlichkeit des sinnlich Gegebenen selbst»[16] vorwegnehme. Erst dann könne Dissens zu Tage treten und ausgetragen werden: «Die Politik ist zuerst die Tätigkeit, die die sinnlichen Rahmenbedingungen neu gestaltet, innerhalb derer die gemeinsamen Gegenstände bestimmt werden. Sie bricht mit der sinnlichen Offensichtlichkeit der ‹natürlichen› Ordnung, die die Individuen und Gruppen jeweils zum Befehlen und zum Gehorchen, zum öffentlichen Leben oder zum privaten Leben bestimmt [...].»[17]

Vor diesem Hintergrund erklärt sich, warum Rancière mit einer bisweilen überraschenden Emphase den besonderen Wert der Kunst für die Politik betont und dabei auch vor einer weitgehend unkritischen Aktualisierung von Friedrich Schillers Idee der ästhetischen Erziehung nicht zurückscheut. Weil es ein Charakteristikum der Künste ist, die gegebene Ordnung des Sinnlichen in Frage zu stellen und bisher Verdecktes auf neue Weise sichtbar oder sagbar zu machen, kommt ihnen eine besondere Bedeutung zu, wenn die etablierte *police* zugunsten des offen ausgetragenen Dissenses der *politique* aufgebrochen werden soll.[18] «Kunst und Politik hängen miteinander als Formen des Dissenses zusammen, als Operationen der Neugestaltung der gemeinsamen Erfahrung des Sinnlichen. [...] Die Wirkung des Museums, des Buches oder des Theaters liegt viel mehr in den Aufteilungen des Raumes und der Zeit und in den Arten der sinnlichen Präsentation, die sie einrichten, als im Inhalt dieses oder jenes Werkes.»[19] Die «neue[n] Gestaltungen des Sichtbaren, des Sagbaren und des Denkbaren», deren Entwurf Rancière u. a. Bildern zutraut, vermögen neue Perspektiven zu eröffnen. «Aber sie können das nur», so argumentiert er gegen jede instrumentelle Nutzung, die aus der Bildpraxis selbst einen Akt geregelter und vorbestimmter Policey macht, «wenn sie weder ihre Bedeutung noch ihre Wirkung vorwegnehmen.»[20]

Rancière verbindet diese Überlegungen zur Kunst als der Instanz, die durch eine Revision der sinnlichen Ordnung Politik ermöglicht, mit einer historischen These. Seines Erachtens ist dieser politische Einsatz von Kunst erst unter den Bedingungen eines genuin ästhetischen Denkens möglich, das den Umgang mit den Künsten seit gut zweihundert Jahren kennzeichnet. Die Antike und die Vormoderne seien durch ein ethisches Regime, das die Künste stark auf eine pädagogische oder therapeutische Funktion festlege, und durch ein repräsentatives Regime, das Kunst als regelgeleitete Praxis mit stabilen internen Hierarchien von Gattungen und Stilen verstehe, geprägt gewesen. Das in Theorie und Praxis im späten 18. Jahrhundert an Bedeutung gewinnende ästhetische Regime indes spitze die Idee der Autonomie der Kunst so weitgehend zu, dass ästhetische Produktion und Rezeption weder durch äußere Vorgaben noch durch interne Regeln daran gehindert würden, verschiedene «Aufteilungen des Sinnlichen» zu verschränken und so als kontingent und verhandelbar auszuweisen. Das ästhetische Regime setze daher gerade nicht darauf, dass Kunstwerke bestimmte vorgängig festgelegte Effekte hervorrufen: «Die ästhetische Wirksamkeit bedeutet eigentlich die Wirksamkeit der Aufhebung jedes direkten Verhältnisses zwischen der Erschaffung von Kunstformen und der Erzeugung einer bestimmten Wirkung auf ein bestimmtes Publikum.»[21] Im Zentrum dieses Verständnisses von Kunst stehe eine «Entkoppelung, ein[…] Bruch[…] des Verhältnisses zwischen den Erzeugnissen des künstlerischen Könnens und den bestimmten gesellschaftlichen Zwecken, zwischen den sinnlichen Formen, den Bedeutungen, die man auf ihnen lesen kann, und den Wirkungen, die sie hervorbringen können […].»[22] Aus der Sicht Rancières vermag Kunst – im Rahmen des ästhetischen Regimes – nicht nur die Aufteilung des Sinnlichen zu ändern, sondern einen Raum zu eröffnen, in dem diese Aufteilung reflektierbar, verhandelbar und zum Gegenstand von Dissens wird.

Die von Rancière entworfene Konzeption des ästhetischen Regimes ist auf starkes Interesse gestoßen, sie ist aber unverkennbar auch mit Problemen behaftet. Rancières eigene, bisweilen sehr zugespitzte Abgrenzung zur Kunstsoziologie Pierre Bourdieus deutet an, welche Einwände sich gegen den Begriff des ästhetischen Regimes formulieren lassen, dessen Verhältnis zur klassischen Autonomieästhetik einer klareren Bestimmung bedürfte. Vor allem aber tendiert Rancières Vorschlag dazu, die politischen Potenziale älterer Kunstwerke zu unterschätzen, weil deren Produktions- und Rezeptionssituationen allzu sehr von den Vorgaben des ethischen oder repräsentativen Regimes festgelegt zu sein scheinen. Im Folgenden möchte ich daher Rancières Vorschlag aufgreifen, den politischen Einsatz von Kunst und von Bildern nicht in Botschaften und intendierten Wirkungen, sondern in einer Arbeit an der «Aufteilung des Sinnlichen» zu suchen. Dabei werde ich diesen Gedanken jedoch mit bildtheoretischen Argumenten zuspitzen, die systematischer und nicht historischer Natur sind.[23]

Bilder als politische Denkräume?

Wenn der Begriff der Bildpolitik nicht allein auf einen instrumentellen Einsatz bildlicher Darstellungsformen für politische Absichten zielt, gilt es jene spezifischen Eigenschaften und Potenziale des Bildes genauer zu beschreiben, die eine Revision geltender «Aufteilungen des Sinnlichen» anstoßen können. Zu diesem Zweck lassen sich drei bildtheoretische Grundannahmen heranziehen, die in den vorangegangenen Kapiteln immer wieder umkreist wurden:

1. Bilder zeichnen sich dadurch aus, dass sie zusammen mit dem in ihnen erscheinenden Dargestellten (Bildobjekt) immer auch sich selbst (als physisches Bildding) zu sehen geben. In der Bildtheorie ist diese fundamentale «Zwiespältigkeit»[24] des Bildes u. a. als Spannungsverhältnis zwischen Transparenz und Opazität oder als Zeigen von etwas und Sich-Zeigen beschrieben worden. Nur auf den ersten Blick scheint das Bild darin anderen Zeichen zu gleichen. Denn

während Zeichen in der Regel von sich weg auf das Gemeinte verweisen, konfrontiert das Bild damit, dass in ihm ein reines «Sichtbarkeitsgebilde»[25] gegenwärtig gegeben zu sein scheint. Die «artifizielle Präsenz» des Bildobjekts hat zur Folge, dass der Blick des Betrachters auf dieses rein sichtbare Objekt mit einem «sinnlichen Gegenwartsbewusstsein» einhergeht.[26] Anders und stärker als andere Zeichen können Bilder daher zu widerstreitenden Wahrnehmungen anregen, wenn sie den Betrachter veranlassen, zwischen der Konzentration auf das Dargestellte und der Wahrnehmung des Bilddings in seiner eigenen physischen und materiellen Beschaffenheit zu wechseln.

2. Bildern ist in besonders hohem Maße und auf spezifische Weise Unbestimmtheit eigen.[27] Da sie sich nicht aus distinkten und disjunkten Zeichen zusammensetzen, sondern auf einem Kontinuum von Markierungen, Spuren, Linienzügen und Farben aufbauen, kann potenziell jeder Quadratmillimeter einer Bildfläche signifikant sein.[28] Zugleich aber müssen wir als Betrachter davon ausgehen, dass es Partien und Phänomene im Bild gibt, die kaum oder gar nicht zur ursprünglich intendierten Bedeutung beitragen. Wann das körnige Ausfransen der Linie in einer Radierung als reines Artefakt des technischen Verfahrens vernachlässigt werden kann oder aber bedeutungskonstituierender Bestandteil des Bildes ist, lässt sich ebenso wenig verbindlich festlegen wie die Frage, wie tief der Blick des Betrachters in Details des Bildes eindringen sollte. Unbestimmt sind Bilder aber auch darin, dass sich ihre Betrachtung grundlegend vom alltäglichen Umgebungssehen unterscheidet.[29] Während wir bei der gewöhnlichen Betrachtung von Objekten durch Bewegung und Veränderung unseres Standorts weitere Informationen gewinnen können, um zu einer eindeutigeren Wahrnehmung zu gelangen, verweigert uns das Bild solche Strategien. Versuchen wir hinter ein im Bild dargestelltes Haus zu blicken, so sehen wir nur die Rückseite der Leinwand. Was sich hinter dem Bildobjekt Haus verbirgt, bleibt somit konstitutiv unbestimmt. Diese Unbestimmtheit des Bildes geht jedoch mit einem hohen Grad an Bestimmbarkeit einher. Bilder fordern gleichsam dazu auf, Bestimmungsversuche an ihnen vorzunehmen. Nicht selten

regen sie ihre Betrachter an, konkurrierende, bisweilen sogar einander widersprechende Wahrnehmungen zu erproben.

3. Aus der Zwiespältigkeit und Unbestimmtheit des Bildes erklärt sich seine spezifische rezeptionsästhetische Temporalität. Jeder vermeintlich singuläre, momenthafte Blick auf das Bild nimmt Zeit in Anspruch. Sofern Bilder ihre Zwiespältigkeit und Unbestimmtheit gezielt ausspielen, können sie ihre Betrachter in anspruchsvolle Wahrnehmungsprozesse verstricken, in denen verschiedene Bestimmungsversuche miteinander konkurrieren oder aber die Konzentration auf das Dargestellte in ein spannungsvolles Verhältnis mit dem bewussten Blick auf den Bildträger und die Darstellungsmittel tritt. Wenn wir Bilder auf eine solche Weise erfahren, gehen sie gerade nicht darin auf, etwas wie gegenwärtig vor Augen zu führen und evident zu machen. Um es zugespitzt zu formulieren: Wenn unser Denken über Bilder noch immer im Bann der Sorge steht, dass sie als Simulakren fungieren und sich vor die Wirklichkeit schieben, so verdankt sich dieser Umstand historisch und kulturell verankerten Konventionen und ist nicht auf grundlegende Eigenschaften des Bildes zurückzuführen. Es mag Bildtypen geben, die ihre Betrachter auf manipulative Weise zur Verkennung ihres Bildcharakters verleiten. Unsere Angst vor Bildern und die Sorge vor einer die Realität verstellenden Bilderflut scheinen mir aber zu einem weit überwiegenden Teil Ausdruck fehlgeleiteter Bildpraktiken zu sein.

Vor dem Hintergrund dieser drei bildtheoretischen Leitideen, d. h. der Dualität, der Unbestimmtheit und der Temporalität, zeichnet sich die Möglichkeit ab, eine andere Politik der Bilder zu denken. Sofern sie nicht durch Bildpraktiken ihrer Betrachter in ihrer Wirkung zugerichtet und eingeschränkt werden, bieten Bilder durchaus die Möglichkeit, Denkräume zu eröffnen und vorschnelle, scheinbar evidente Entscheidungen zu revidieren, um stattdessen mit spezifisch bildlichen Mitteln Alternativen aufscheinen zu lassen. Aus der Dualität von darstellendem Bildobjekt und materiellem Bildding sowie aus der Unbestimmtheit des Bildes und den Differenzen zum Umgebungssehen ergibt sich, dass bei einer Betrachtung von Bildern im Laufe der Zeit eher die Zahl der Fragen als die der Antworten zunimmt. Wenn man lange auf Bilder blickt, kann vieles, was auf den ersten Blick augenfällig und unzweideutig zu sein schien, fraglich werden, weil viele Strategien der vereindeutigenden Klärung von Sachverhalten, die wir in unserer alltäglichen Wahrnehmung anwenden, nicht wie gewohnt greifen. Dabei kommt gerade der dem Bild eigenen rezeptionsästhetischen Temporalität besondere Bedeutung zu. Da sie sich wenig reglementieren und kaum präzise vorherbestimmen lässt, entzieht sich die Zeit des Bildbetrachtens weitgehend einer Instrumentalisierung zur Vermittlung bestimmter Botschaften. Die Gestaltung des Bildes kann jedoch erheblich dazu beitragen, all jene Phänomene hervortreten zu lassen, die zu widerstreitenden Bestimmungsversuchen anregen oder zu einer Verschiebung der Aufmerksamkeit vom Dargestellten auf das Bild in seiner physischen Erscheinung einladen. Solche Phänomene schwächen tendenziell die Vergegenwärtigungsleistung des Bildes. Neben das «sinnliche Gegenwartsbewusstsein», das dem im Bild erscheinenden Objekt gilt, tritt dann die Erfahrung, dass die spezifisch bildliche Gegebenheitsweise dieses Objekts damit einhergeht, dem Betrachter nicht gänzlich verfügbar zu sein. Spätestens dann wird für den Betrachter anschaulich erfahrbar, dass Präsenz im Bild nur um den Preis eines gleichzeitigen Entzugs zu haben ist. Der im Bild erscheinende Baum ist dem Betrachter sinnlich gegenwärtig, aber er zeigt sich nur von einer Seite. Er ist ‹artifiziell› präsent, aber nicht physisch greif- und verfügbar. Zudem ist der transparente Blick durch das Bildding hindurch auf das Bildobjekt nicht ohne die Möglichkeit zu haben, dass das Bildding auffällig und damit opak wird.

Indem sie den Betrachter in zeitlich erstreckte Prozesse des Schauens und Denkens verstricken und ihre Unbestimmtheit produktiv ausspielen, können Bilder nicht zuletzt erfahren lassen, wann und wo die Darstellung unvermeidlich an Grenzen stößt. In der christlichen Malerei lässt sich exemplarisch beobachten, wie dieses Potenzial entfaltet werden kann, um anspruchsvolle Lösungen zu entwickeln, die das Undarstellbare, etwa Gott oder Christus in seiner göttlichen Natur, gerade in seiner Undarstellbarkeit im Bild zur Geltung bringen.[30] Wenn Bilder solche Erfahrungen von Undarstellbarkeit vermitteln, reagieren sie nicht allein auf ihre eigenen Mängel. Vielmehr können sie das Bewusstsein dafür schärfen, dass sich auch die Realität nicht in dem sichtbar und offenkundig Gegebenen erschöpft.

Die praktische Auseinandersetzung mit der Unbestimmtheit des Bildes im Prozess der Betrachtung bietet darüber hinaus die Möglichkeit, ein Denken in multiplen Alternativen einzuüben und die Kontingenz des scheinbar Alternativlosen aufzudecken. So wenig sich der Betrachter des Versuchs enthalten kann, die visuellen Phänomene im Bild zu bestimmen, um einen möglichst kohärenten Sinn zu gewinnen, so nachdrücklich kann er darauf aufmerksam werden, dass jeder Bestimmungsversuch nur eine Variante aus einer unerschöpflichen Potenzialität des Bildes realisiert. Bilder können auf diese Weise die Pfadabhängigkeiten unseres Denkens nachvollziehbar werden lassen und zugleich den Betrachter dazu anregen, die eigenen Bestimmungsversuche zu revidieren, um Alternativen zu erproben.

Besonders wirkungsvoll können diese Potenziale von Bildern in Situationen sozialer Interaktion zur Geltung gebracht werden. Die vielfältige Bestimmbarkeit lässt sich kaum je so nachdrücklich erfahren wie im Gespräch mit anderen Betrachtern vor einem Bild. Sofern dieses Gespräch nicht allzu rasch eingeübten Konventionen, etwa der bildungsbürgerlichen Beflissenheit um verlässliches kunsthistorisches Wissen, folgt, können im Austausch unter mehreren Rezipienten verschiedene, auch einander widerstreitende Wahrnehmungen und Deutungen ausgetragen werden. Ohne dass der Streit um den richtigen Blick einer Beliebigkeit anheimfallen muss, bieten Gespräche über Bilder Anlässe, um sich im Aushalten eines unvermittelbaren Nebeneinanders von berechtigten und begründeten, aber divergierenden Perspektiven zu üben.[31] Gerade weil sich jeder Bestimmungsversuch im Gespräch durch den anschaulichen Verweis auf das Bild selbst bewähren muss, können sich in solchen Situationen scheinbare Evidenzen, die auf den sprichwörtlich ersten Blick keinem Zweifel unterlagen, als fraglich und fragwürdig erweisen.

Indem Bilder derartige Prozesse des Betrachtens, Denkens, Streitens und Aushandelns anstoßen, überschreiten sie die engen Möglichkeiten eines rein instrumentellen Einsatzes für Zwecke der Politik. Ihnen kommt indes das Potenzial zu, die «Aufteilung des Sinnlichen» und die Ordnung des Sichtbaren in ihrer Kontingenz und in ihrer Revidierbarkeit zum Gegenstand der Reflexion zu machen. Die vorangegangenen Überlegungen haben allerdings kaum zufällig in geradezu inflationärer Weise das Verbum «können» verwendet. Mit dem Gesagten soll und kann nur auf Potenziale von Bildern hingewiesen werden, die keineswegs in jedem Fall oder auch nur häufig genutzt werden. Insbesondere im politischen Raum favorisiert die herrschende Bildkultur andere Möglichkeiten und Effekte von Bildern. Denkt man aber das Politische im Sinne Jacques Rancières in einer fundamentalen Verschränkung mit dem Ästhetischen, so treten spezifische Eigenschaften von Bildern hervor, die es erlauben, «Bildpolitik» auf eine grundlegend andere Art zu denken.

Ausblick:
Das gesellschaftliche Imaginäre

Die bisher skizzierten Überlegungen konzentrieren sich auf den Fall eines einzelnen Bildes, das zum Gegenstand einer Betrachtung wird, die sich durch eine eigene – u. a. rezeptionsästhetisch bedingte – Temporalität auszeichnet. Die Potenziale für ein Denken des Politischen, die sich dabei abzeichnen, lassen sich versuchsweise in einen deutlich weiteren Rahmen stellen. Zu diesem Zweck sei abschließend kurz die Aufmerksamkeit auf den Begriff des gesellschaftlichen Imaginären gelenkt, wie er von Cornelius Castoriadis ausgearbeitet worden ist.[32] Castoriadis' Interesse gilt nicht in erster Linie sprachlichen und bildlichen Repräsentationen und Symbolen. Sein Konzept des Imaginären ist weitaus umfassender und soll zu verstehen erlauben, warum Sozialität und Gesellschaft überhaupt möglich sind. Da er dieses Imaginäre als unvermeidliche Voraussetzung der Gesellschaft auffasst und gleichzeitig als radikal historisch und wandelbar begreift, sieht er sich dazu veranlasst, jede Essentialisierung des Imaginären zu vermeiden und es dynamisch zu konzeptualisieren: «Das Imaginäre, von dem ich spreche, ist kein Bild *von*. Es ist unaufhörliche und (gesellschaftlich-geschichtlich und psychisch) wesentlich *indeterminierte* Schöpfung von Gestalten/Formen/Bildern, die jeder Rede *von* ‹etwas› zugrundeliegen.»[33] Modell oder Paradigma des Imaginären sind daher gerade nicht die mehr oder weniger dauerhaften, statischen Repräsentationen der geschriebenen Sprache oder materialisierter Bilder. Um sowohl die temporäre Stabilität der Gesellschaft als auch deren unausgesetzten Wandel nachzuvollziehen, rekurriert Castoriadis nicht auf einzelne Zeichen, Symbole oder individuelle und historisch kontingente Äußerungen, sondern auf unablässige Prozesse und Praktiken der Erzeugung, Transformation, Suspendierung und Auflösung von Vorstellungen, Ideen und Darstellungen. Diese Praktiken und Prozesse basieren nicht auf stabilen Strukturen oder statischen Bezugssystemen; vielmehr emergieren sie aus einer unbestimmten, diffusen, fluiden ‹Masse› potenzieller Sinnbezüge und Bedeutungen, für die Castoriadis den metaphorischen Begriff des «Magmas» geprägt hat.[34] Das «Magma» geht der Repräsentation und dem Diskurs voraus wie ein «unmarkierter Raum».[35] Castoriadis' Begriff des Imaginären beschränkt sich folglich nicht auf das, was er das «aktuale Imaginäre» nennt, also das konkretisierte Imaginierte, das in einer spezifischen Gesellschaft zu einer bestimmten Zeit entstanden ist. Stattdessen schließt sein Begriff auch das vage «radikale Imaginäre» ein, das als «elementare und nicht weiter zurückführbare Fähigkeit, ein Bild hervorzurufen»,[36] verstanden werden kann.

Mit diesen Überlegungen deutet sich an, dass materielle Bilder, obwohl sie keineswegs als Paradigmen des Imaginären fungieren, dennoch eine mehr als marginale Rolle in den Prozessen und Praktiken des Imaginären spielen könnten. Soweit ich sehe, hat Castoriadis selbst nicht systematisch über die Beziehung zwischen dem Imaginären und Bildern im Sinne von materialisierten Artefakten, die den Sehsinn ansprechen, nachgedacht.[37] Angesichts der Bedeutung, die er der Fluidität des stets noch ungeformten «Magmas» beimisst, mögen Bilder zunächst als erstarrte Lava erscheinen, der eben jene Dynamik fehlt, die insbesondere das radikale Imaginäre auszeichnet. Sie wären dann allenfalls als stilles Echo der Kreativität und Produktivität des Imaginären aufschlussreich, das erst im erstarrten Zustand verfügbar und greifbar wird. Doch sind Bilder mindestens als Teil des «aktualen Imaginären» zu betrachten, weil sie wesentlich zu neuen Imaginationen und Symbolen, Ideen und Phantasmen beitragen, die eine Gesellschaft prägen. In materiellen Bildern manifestieren sich Vorstellungen, und diese wiederum regen neue Imaginationen an.

Das von Castoriadis ausgearbeitete Verständnis des gesellschaftlichen Imaginären lässt sich auf mindestens zweifache Weise gewinnbringend mit dem Konzept der rezeptionsästhetischen Temporalität des Bildes verbinden. Zum einen schärft Castoriadis' Theorie den Blick für einen jener zahlreichen kontingenten Faktoren, die jeden Prozess der Bildwahrnehmung begleiten und erheblich beeinflussen, ohne dass sie sich durch Vorgaben im Bild steuern ließen. Das gesellschaftliche Imaginäre gehört zu den vielfältigen sozialen, kulturellen und historischen Bedingtheiten, die eine individuelle Bildrezeption unvermeidlich mitprägen. Zum anderen aber könnte die vertiefte Beschäftigung mit der Zeitlichkeit des Bildbetrachtens und den damit einhergehenden Potenzialen dazu beitragen, die Fluidität dessen, was Castoriadis das Imaginäre genannt hat, besser zu verstehen. Denn dynamisch und veränderlich ist das Imaginäre nicht allein, weil in ihm verschiedenste Vorstellungen, Ideen und Imaginationen ‹zusammenfließen›, die mittels Sprache oder visueller Bilder vorübergehend Stabilität erlangen mögen. Vielmehr eignet selbst materiell gebundenen Bildern eine Dynamik, die sich nicht gänzlich einhegen lässt. Bereits der Akt des Bildbetrachtens vollzieht sich als ein zeitlicher Prozess, dessen Wert nicht vorrangig darin liegt, auf ein bestimmtes Ziel, also etwa einen konkreten Inhalt des «aktualen Imaginierten», hinzuführen. Materielle Bilder sind nicht lediglich erstarrte Zeugnisse vorgängiger Vorstellungen, die allenfalls dadurch verflüssigt werden, dass sie durch äußeren Druck und Hitze wieder in den Strom des «Magmas» eingehen. Vielmehr ermöglichen sie aufgrund ihrer rezeptionsästhetischen Temporalität Prozesse des Schauens und Denkens, die von produktiven Spannungen durchzogen sind und in denen immer auch neue, zuvor nicht wahrgenommene Alternativen aufscheinen können. Es liegt daher nahe, dass auch sie dazu beitragen, das gesellschaftliche Imaginäre fluide zu halten, ja dass sie sogar Wege bahnen können, über die das «radikale Imaginäre» zur Geltung kommt.

XI. Denkräume der Besonnenheit: Geschichte und Politik in einem Werk Caspar David Friedrichs

Die Kunstgeschichte tut sich nicht ohne Grund mit Theorien schwer. Weder lässt sich die Triftigkeit von theoretischen Ansätzen dadurch belegen, dass sie sich in der Anwendung auf konkrete Beispiele als stimmig erweisen; noch ist damit zu rechnen, dass eine dezidiert theoretische Perspektivierung einzelne Kunstwerke oder Bilder mit ihrer Komplexität und Vielschichtigkeit vollauf zur Geltung zu bringen vermag. Die in den letzten beiden Kapiteln skizzierten Überlegungen zum Verhältnis von Bild, Zeit und Geschichte bzw. Politik lassen sich daher nicht ohne weiteres in exemplarischen Bildanalysen entfalten. Zielte man bei der Beschreibung und Interpretation von Bildern auf eine direkte, bruchlose Anwendung von theoretischen Einsichten, so würde man wohl weder den Möglichkeiten der Theorien noch den Potenzialen der Bilder gänzlich gerecht. So liefe zum Beispiel der Versuch, in einer Fotografie akribisch ein *punctum* im Sinne von Roland Barthes festzumachen, unvermeidlich Gefahr, dem Bild Gewalt anzutun und zugleich einen entscheidenden Gedanken von Barthes gründlich zu verfehlen, da für ihn das *punctum* nur unwillkürlich auffällig wird. Wenn sich daher theoretische Reflexionen und konkrete Bildanalysen nicht ohne weiteres ineinander überführen lassen, ist damit jedoch nicht ausgeschlossen, dass theoretische Einsichten den Blick auf konkrete Werke und Bilder produktiv anzuregen vermögen oder dass sich im Lichte solcher Einsichten besser erhellen lässt, was man ohnehin schon vermutete, ohne es begrifflich fassen zu können.

In diesem Sinne sei abschließend der Blick auf ein konkretes Bild gelenkt, ein Gemälde Caspar David Friedrichs (Abb. 25), das sich unverkennbar zur Vergangenheit ins Verhältnis setzt, aber auch an politische Fragen rührt. Damit bietet uns das Bild eine Gelegenheit, die Überlegungen der beiden vorangegangenen Kapitel zu veranschaulichen. Bereits

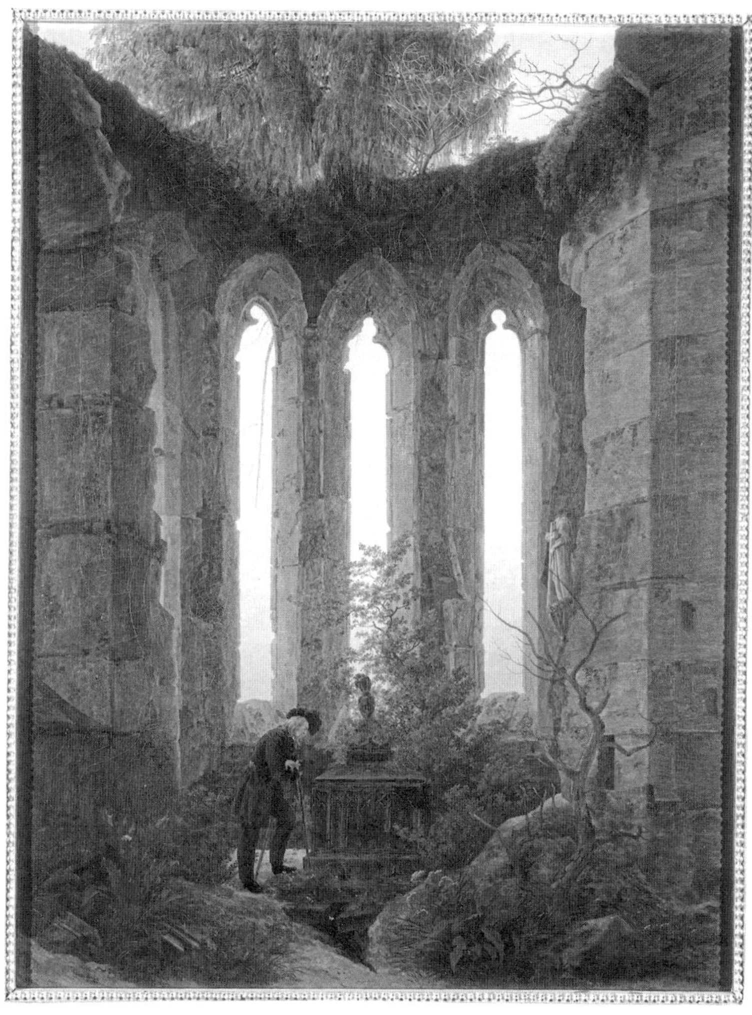

25. Caspar David Friedrich, Huttens Grab, um 1823/24, Öl auf Leinwand, 93,5 × 73,4 cm, Weimar, Klassik Stiftung

mit dem heute geläufigen Titel *Huttens Grab* signalisiert Friedrichs Bild einen Rückbezug auf eine Epoche, die zur Entstehungszeit des Gemäldes dreihundert Jahre zurücklag. Neben dem Grab des 1523 verstorbenen Humanisten, das in Form eines Sarkophags im Bildzentrum erscheint, verweist auch die ruinöse gotische Architektur auf eine ferne Vergangenheit. Ganz offenkundig handelt das um 1823/24 entstandene Bild von Geschichte, also von Vergangenheit, insofern sie von einem bestimmten Standpunkt aus in den Blick genommen und perspektiviert wird. Zugleich gilt Friedrichs Gemälde seit seiner Wiederentdeckung im Jahr 1919 als eminent politisches Kunstwerk. Vor allem einige heute kaum mehr erkennbare inschriftliche Spuren auf dem Sarkophag und die altdeutsche Tracht der Figur vor dem Grab bieten gute Gründe, um das Bild auch als eine Positionierung zu politischen Fragen zu verstehen.

Mit den folgenden Überlegungen wird keine erschöpfende Gesamtdeutung des Gemäldes angestrebt, die jedes Detail, alle Besonderheiten der malerischen Gestaltung und möglichst viele bemerkenswerte Aspekte der Entstehung und weiteren Geschichte des Bildes berücksichtigt. Eine Analyse und Interpretation, die den hier skizzierten Gedanken zugrunde liegt, habe ich andernorts zur Diskussion gestellt.[1] Stattdessen soll im Folgenden erprobt werden, inwiefern die Anregungen zum Nachdenken über Geschichte und Politik, die das Bild vermitteln kann, an Konturen gewinnen, wenn die Zeitlichkeit der Bildbetrachtung in das Kalkül einbezogen wird.

Zum historischen und politischen Hintergrund von Friedrichs Bild

Wie der überwiegende Teil der Figuren in Friedrichs Gemälden wird auch der Mann in altdeutscher Tracht, der vor dem Grab Huttens steht, in einer kontemplativen Haltung gezeigt. Er ist nicht im Begriff, eine praktische Tätigkeit auszuführen, sondern schaut. Anders aber als bei vielen anderen Bildern des Dresdner Malers ist in diesem Fall evident, was Gegenstand der Betrachtung des Mannes ist: der Sarkophag, genauer: der steinerne Deckel, der die Tumba verschließt. Dass die Figur im Bild als ein Betrachter erscheint, ist in zweifacher Hinsicht bemerkenswert. Zum einen tritt damit seine Verwandtschaft mit dem Betrachter vor dem Bild hervor; zum anderen aber überrascht angesichts dieses Umstands die verbreitete Hypothese, mit Friedrichs Bild verbinde sich ein genuin politisches Anliegen. Einen einsamen, stillen und gefassten, konzentrierten Betrachter würde man nicht unbedingt als zentrale Figur in einem politischen Bild erwarten.

Als Friedrich das Gemälde in den Jahren 1824 bis 1826 mehrfach ausstellte, scheint dessen möglicher politischer Gehalt zunächst nicht im Zentrum der Aufmerksamkeit gestanden zu haben. In Dresden wurde es unter dem Titel «Überreste einer alten Kapelle»[2] präsentiert; in Hamburg firmierte es als «Durchblick durch eine Ruine»[3]. Auch in den ersten Äußerungen von Kunstkritikern finden sich keine expliziten Hinweise auf eine politische Deutung. Auf der Berliner Akademieausstellung im Herbst 1826 ließ Friedrich das Gemälde allerdings unter dem Titel «Ulrich von Huttens Denkmal»[4] zeigen, und die Ausstellungsbesucher wurden zudem darauf hingewiesen, dass der Erlös bei einem Verkauf des Bildes für die «Hülfsbedürftigen unter den Griechen»,[5] also für Opfer der griechischen Freiheitskriege, bestimmt sei. Damit waren – wenn auch vage – gleich zwei politische Bezüge angedeutet: zum einen die Referenz auf Ulrich von Hutten, der seit dem späten 18. Jahrhundert zu einer patriotischen Identifikationsfigur aufgestiegen war, zum anderen der Verweis auf die griechische Befreiungsbewegung der 1820er Jahre, deren Auflehnung gegen die osmanische Herrschaft europaweit Sympathien auf sich zog. Mit dieser Konstellation von Bildtitel und Widmung wurde es zumindest möglich, einen Bogen vom Humanisten Hutten zu den aktuellen Kämpfen in Griechenland zu schlagen, in denen einige Zeitgenossen auch einen Impuls zur Überwindung feudaler Herrschaftsstrukturen in Europa sahen.

Während der Bezug zu den griechischen Freiheitskriegen offenbar erst im Zuge der Berliner Ausstellung 1826 hergestellt wurde, ist die Erinnerung an Hutten zentral für das Verständnis des Bildes. Hutten galt zum einen als Vordenker und Vorkämpfer für ein neues Idealbild des deutschen Reiches, das er gemeinsam mit Franz von Sickingen gegen Feudalherren zu erstreiten versuchte. Zum anderen vermutete man in ihm einen Fürsprecher der Reformation. Der Humanist schien daher für ein Zusammengehen national-patriotischer und protestantischer Reformimpulse zu stehen.[6] Wirkung hatte er nicht zuletzt durch seine Schriften entfaltet – u. a. durch den postum erschienenen Dialog *Arminius*, der entscheidend dazu beitrug, den Titelhelden zu einem Vorbild aufzuwerten, das für eine gemeinsame kulturelle Identität der Deutschen zu stehen schien.

Christoph Martin Wieland und Johann Gottfried Herder hatten mit Beiträgen im *Teutschen Merkur* von 1776 den Anstoß dazu gegeben, Hutten als patriotische Identifikationsfigur zu verstehen. Beide mahnten zur Rückbesinnung auf Hutten, um neben regionalen Partikularinteressen, also neben einer märkischen, sächsischen oder bayerischen Identität, einen gemeinsamen deutschen Patriotismus zu begründen, den Herder, anders als Wieland, eng mit Luthers Reformation verknüpfte.[7] Wieland wie Herder beklagten, dass Hutten in Vergessenheit geraten sei, und sahen in der fehlenden Würdigung des Humanisten ein Symptom für den Niedergang Deutschlands. Herder forderte daher eine Ausgabe der Werke Huttens und verstand seinen Aufsatz *Denkmal Ulrichs von Hutten* nicht zuletzt als Ersatz für das fehlende Grabmal, das dem Humanisten bei seinem Begräbnis auf der Insel Ufenau im Zürichsee vorenthalten worden sei.[8] Wielands und Herders Klage über den allzu spärlichen Nachruhm Huttens war auch gut 40 Jahre später noch von ungebrochener Aktualität. Der erste Versuch einer Edition der Schriften Huttens, den Christian Jakob Wagenseil 1783 mit einem Band eröffnete, ließ sich wegen fehlender Mittel nicht fortsetzen. Und die ab 1821 von Ernst Münch besorgte und von Georg Andreas Reimer verlegte Ausgabe stieß auf das Misstrauen der Zensur, die hinter dem Vorhaben eine politische Stoßrichtung auszumachen meinte. Gerade in den Jahren der sogenannten Demagogenverfolgung, mit der nach den Karlsbader Beschlüssen von 1819 in Preußen und anderen Staaten des Deutschen Bundes freiheitlich-demokratische und nationale Kräfte wie die Burschenschaften unterdrückt werden sollten, konnte der Name Huttens als problematisches Signalwort verstanden werden.

Wenngleich Huttens Name erst im Zuge der Berliner Ausstellung von 1826 im Titel des Bildes erscheint, dürfte der Bezug zu ihm bereits vorher erkennbar gewesen sein. Denn die Stirnseite des Postaments, auf

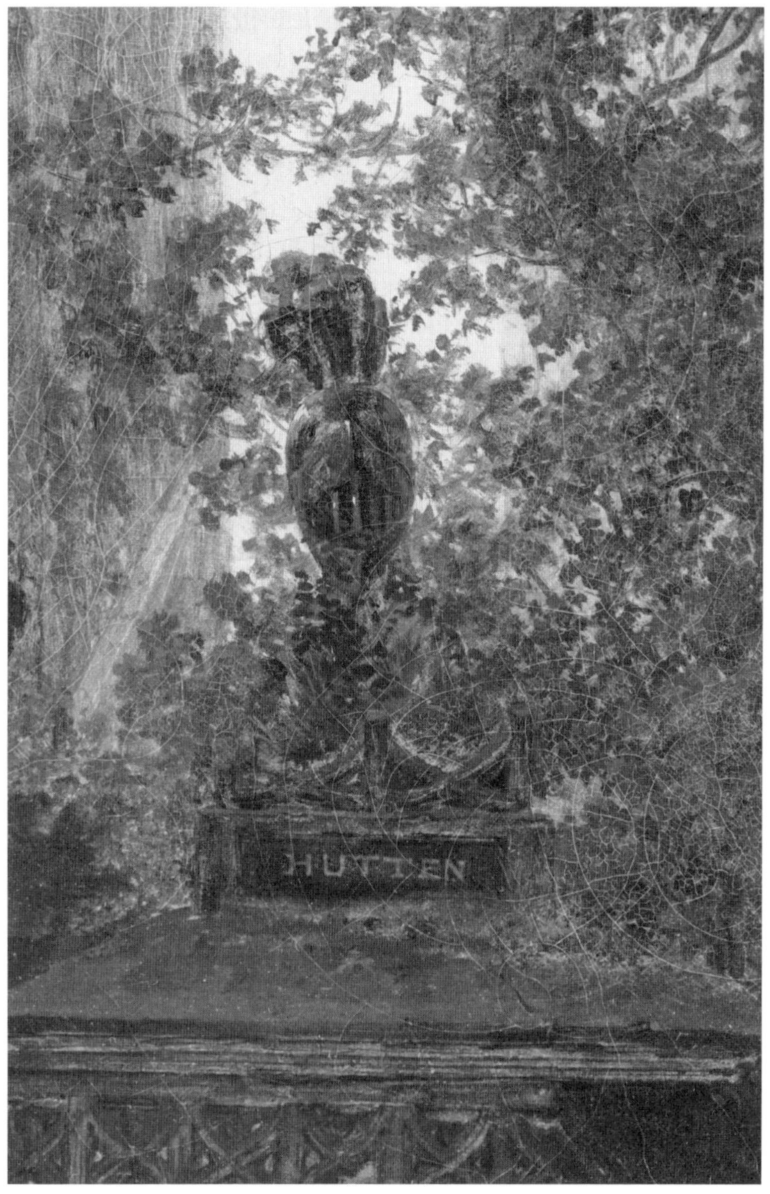

26. Caspar David Friedrich, Huttens Grab (Detail)

dem über dem Deckel des Sarkophags ein halb im Gebüsch verschwindender Harnisch ruht, weist auf dunklem Grund eine schwach erkennbare Inschrift auf: In breiten, hellen Majuskeln steht hier der Name «Hutten» (Abb. 26). Sofern zeitgenössische Betrachter es der Figur im Bild gleichtaten und konzentriert auf den oberen Abschluss des Grabs blickten, konnten sie daher auf den Namen des Humanisten stoßen. Nur ein wenig tiefer, auf der Stirnseite der Tumba, wurde der auf diese Weise angezogene Blick zudem auf weitere Inschriften gelenkt, die heute allerdings selbst unter sehr gutem Licht nicht mehr entzifferbar sind. Hier waren verlässlichen älteren Quellen zufolge weitere Namen und Jahreszahlen lesbar: «Jahn 1813», «Arndt 1813», «Stein 1813», «Görres 1821», «D … 1821» sowie «F. Scharnhorst».[9] Gemeint sind zweifellos Friedrich Ludwig Jahn, Ernst Moritz Arndt, der Freiherr vom Stein, Joseph Görres und Gerhard von Scharnhorst. Auf diese Weise sollte offenbar eine von Hutten ausgehende Traditionslinie entworfen werden, die bis zu zeitgenössischen Protagonisten der Befreiungskriege 1813/14 und Vertretern eines nationalen Patriotismus reichte. Damit war für aufmerksame Betrachter klar, dass sich das Gedenken an Hutten mit politischen Motiven verband.

In dieses subtile Netz an Verweisen fügt sich auch die Bekleidung der Figur im Bild: Der sogenannte altdeutsche Rock und das Barrett weisen den Mann am Grab als Sympathisanten jener liberalen und nationalen Bewegungen aus, die in das Fadenkreuz der Restauration geraten waren. Mancherorts war daher das Tragen der altdeutschen Tracht ausdrücklich verboten worden. Mit der Figur im Bild konnte sich die Hoffnung verbinden, dass die Ideen, für die Hutten und die anderen Namen stehen, auch unter schwierigen Bedingungen weitergetragen würden.

Die Inschriften mit Namen zeitgenössischer Persönlichkeiten und der ruinöse Zustand von Architektur und Grab stützen die Vermutung, dass die Figur im Bild als ein Zeitgenosse Friedrichs und der ersten Betrachter des Gemäldes verstanden werden soll. Bereits im Bild sind daher unterschiedliche Zeitschichten zueinander in Beziehung gesetzt: die Zeit von Huttens Leben und Wirken, also des ausgehenden Mittelalters und der Reformation, ferner der schwer zu bestimmende, imaginäre Zeitpunkt, an dem Hutten ein Grabmal errichtet worden ist, das ihm in Wirklichkeit vorenthalten worden war, sowie die Gegenwart des Malers und seines zeitgenössischen Publikums, die sich mit den weiteren Inschriften verbindet, die an die Befreiungskriege denken lassen. Für die Architektur hatte Friedrich auf eine aquarellierte Studie zurückgegriffen, die er in der Sakristei der Klosterruine auf dem Oybin angefertigt hatte. Der im Ölgemälde deutlich stärker in die Höhe erstreckte gotische Bau lässt an das christliche Mittelalter denken, während die ihres Kopfes beraubte Skulptur der Fides, der Allegorie des Glaubens, die rechts erhöht auf einem Sockel steht, Erinnerungen an reformatorische Bilderstürme wachrufen kann. Da das Grab des Humanisten verwittert erscheint und langsam von Büschen überwachsen zu werden droht, wird auch die Reformation als längst vergangene Epoche ausgewiesen. Das Bild enthält mithin nicht nur subtile Signale, die eine politische Sinngebung vermuten lassen, sondern kombiniert auch Bezüge zu unterschiedlichen Zeiten auf eine Weise, die sich keineswegs sogleich dechiffrieren lässt.

Die hier kurz erwähnten Motive, Referenzen und Konnotationen sind in der Forschung oft benannt und ausgedeutet worden. Dabei überwiegen Interpretationen, die in dem Gemälde ein politisches Bekenntnis vermuten. Während einige Deutungen das Bild als Ausdruck einer resignativen Sicht auf die restaurative Erstarrung und Bekämpfung nationalliberaler Kräfte verstehen,[10] machen andere eher einen anklagenden Charakter aus.[11] Peter Märker sah in der Darstellung des Himmels und der grünenden Natur einen Hinweis auf umfassendere natürliche und kosmische Prozesse,[12] und Helmut Börsch-Supan vermutete in den Blumen, dem frischen Grün und einem Schmetterling Indizien für die «Verheißung der Auferstehung»[13].

Deutungen dieser Art lassen sich keineswegs ausschließen, sie liegen aber mit Blick auf die anschaulichen Gegebenheiten nicht unbedingt nahe. Die Figur im Bild wirkt kontemplativ, in ruhiger Betrachtung versunken, aber nicht resignativ oder anklagend. Zugleich wendet sie ihre Aufmerksamkeit nicht der Natur zu, so dass es sich nicht aufdrängt, im zarten Grün der Blumen und Büsche das heimliche Zentrum des Bildes zu erblicken. Überhaupt wäre es eher überraschend, wenn in einem Kontext, in dem mit Hutten und einigen Helden der Befreiungskriege die Hoffnung auf Neubeginn und Aufbruch in den Blick gerückt wird, auf den ewig gleichen, universalen Kreislauf der Natur verwiesen würde. Und man müsste Caspar David Friedrich schon eine sehr anspruchsvolle und voraussetzungsreiche Geschichtstheorie unterstellen, wenn man das Denken in historischen Brüchen, das sich in der gotischen Ruine und der enthaupteten Fides-Skulptur andeutet, mit dem natürlichen Kreislauf der Tages- und Jahreszeiten übereinbringen wollte.

Vergangenheit und Geschichte

Indem Friedrichs Gemälde ein Denkmal mit einer ruinösen Architektur hinterfängt und vor diesem Grab einen zeitgenössischen Betrachter darstellt, führt es nicht allein Spuren der Vergangenheit vor Augen, sondern eröffnet einen Blick auf Geschichte. Das Bild stellt das Gewesene nicht bloß dar, sondern veranschaulicht eine spezifische Sichtweise auf Vergangenes, die mit Deutungen und Sinnstiftungen einhergeht. Diese Annäherung an Geschichte erweist sich jedoch als höchst komplex, da sie mehrfach vermittelt und gebrochen erscheint. Bereits das Grabmal Huttens ist mehr als ein Relikt der Vergangenheit, dient es doch dem Zweck, die Erinnerung an Hutten auch für zukünftige Generationen lebendig zu halten. Auf diese Weise markiert es einen Moment, in dem Vergangenes zu Geschichte wird. Dieses Grabmal wird aber seinerseits von der Figur in der altdeutschen Tracht als Überlieferung aus der Vergangenheit betrachtet. Ein Zeugnis eines älteren Geschichtsbildes kann damit zum Gegenstand einer weiteren, möglicherweise abweichenden Auffassung von Geschichte werden. Zudem erscheint spätestens uns heutigen Betrachterinnen und Betrachtern auch der Mann im Bild als eine Figur aus der Vergangenheit, die wir beim Blick auf das Gemälde unsererseits erneut in eine bestimmte Sichtweise auf Geschichte einbinden. Mit der Kopräsenz verschiedener Vergangenheiten im Bild geht in diesem Fall mithin eine Verschränkung von Geschichte(n) einher. Im Gemälde Friedrichs spitzen sich damit jene Anachronismen weiter zu, die etwa Georges Didi-Huberman grundsätzlich in Bildern am Werk sieht.[14]

Die Figur im altdeutschen Rock darf in diesem Zusammenhang besondere Aufmerksamkeit beanspruchen. Die altdeutsche Tracht wurde ab den Befreiungskriegen als bewusster Rückgriff auf eine längst vergangene Form der Bekleidung verstanden, die es erlauben sollte, sich von der wechselhaften, französisch oder englisch dominierten Mode zu emanzipieren. Dabei konnten Rock und insbesondere Barrett sogar unmittelbar mit Hutten in Zusammenhang gebracht werden.[15] Die altdeutsche Tracht weist damit bereits in sich eine ungewöhnliche Verschränkung von Zeitschichten auf: In den 1820er Jahren musste sie im Vergleich zur internationalen Mode anachronistisch anmuten, zugleich aber konnte sie als hochaktuell gelten. An dem Mann in der altdeutschen Tracht wird daher auf exemplarische Weise auffällig, dass Geschichte – anders als das bloß Vergangene – einen konstitutiven Gegenwartsbezug aufweist. Denn neben den Inschriften, die auf Jahn, Arndt, Stein, Görres und Scharnhorst verweisen, ist es der Mann vor dem Sarkophag, der einen Bezug zur Gegenwart des Malers und der ersten Bildbetrachter herstellt. An ihm wird deutlich, dass das Vergangene, hier das Grabmal, in Geschichte eingebunden ist, indem es zum Gegenstand einer Betrachtung wird. Mit dem Bekenntnischarakter der altdeutschen Tracht wird zudem signalisiert, dass der Blick auf die Geschichte in diesem Fall mit einer politischen Haltung einhergeht und auch dadurch an Aktualität gewinnt. All das deutet zunächst darauf hin, dass Friedrichs Bild vor Augen führt, wie Vergangenes zum Gegenstand von sinnstiftender Geschichte wird, die ihrerseits politisches Denken und Handeln motiviert.

Wenn es dennoch schwerfällt, bei der Betrachtung von *Huttens Grab* klare politische Schlüsse zu ziehen, so liegt das nicht zuletzt daran, dass uns die Rolle von Betrachtern zweiter Ordnung zugewiesen wird. Den Betrachterinnen und Betrachtern vor dem Bild bietet sich nicht nur die Gelegenheit, selbst in ein Nachdenken über Geschichte und Politik einzutreten. Vielmehr werden sie auch auf eine Figur gestoßen, die eine solche Reflexion bereits für sich vollzieht. Damit wird nicht allein eine bestimmte Sicht auf Geschichte oder eine konkrete politische Haltung zum Thema gemacht, sondern auch historisches und politisches Denken als solches. Selbst wenn man erwägt, sich mit dem Mann in der altdeutschen Tracht zu identifizieren, bleibt die Figur im Bild ein Detail, das einem völligen Eintauchen in die dargestellte Situation oder gar in die Vergangenheit entgegensteht. Stets fällt unser Blick auch darauf, dass jemand anderes im Bild in eine Betrachtung versunken ist, die historischen oder auch politischen Fragen gelten dürfte. Friedrichs Bild eröffnet daher die Möglichkeit, sich nicht allein das Vergangene als Teil einer Geschichte anzueignen, sondern diesen Vorgang des historischen Denkens selbst zu reflektieren. Eine solche Reflexion zweiter Ordnung wird jedoch nur einsetzen können, wenn der Blick nicht vorschnell auf ein Ergebnis ausgerichtet wird. Sofern die Bildbetrachtung nur als ein Mittel zum Zweck verstanden wird, das dazu dient, Informationen zu sammeln und eine Botschaft zu dechiffrieren, dürften sich die Betrachter kaum veranlasst sehen, zwischen einer Identifikation mit der nachsinnenden Figur im Bild einerseits und der Reflexion von deren Rolle und Haltung andererseits zu wechseln. Erst wenn der Prozess des Sehens als in sich sinnhaft erfahren werden kann, eröffnet sich ein Spielraum, um im Laufe der Zeit beide Optionen, die Betrachtung ebenso wie die Reflexion der Betrachtung, umzusetzen.

Die Zeit des Bildbetrachtens und der «Denkraum der Besonnenheit»

Caspar David Friedrich hat sich eines einfachen, aber sehr wirkungsvollen Verfahrens bedient, um die Betrachterinnen und Betrachter seines Gemäldes den Eigenwert der Zeitlichkeit der Bildrezeption erfahren zu lassen. Die kleinen und auf den ersten Blick wenig auffälligen Inschriften, die er auf dem Sarkophag angebracht hat, konkretisieren und bereichern nicht nur das Bedeutungsspektrum des Dargestellten, sondern nehmen auch auf den Prozess der Bildbetrachtung erheblichen Einfluss. Sie verlangen es dem Publikum vor dem Bild ab, zwischen verschiedenen Sichtweisen zu wechseln und auf diese Weise in einen längeren Wahrnehmungsprozess einzutreten, in dessen Verlauf unterschiedliche Erfahrungen vermittelt werden.

So wenig sich die konkrete Abfolge einer Bildbetrachtung durch Vorgaben im Bild steuern lässt, liegt es doch nahe, das Verhalten des Mannes im Bild als eine Einladung an die Betrachterinnen und Betrachter zu verstehen. Durch ihn sehen wir uns veranlasst, selbst näher an Huttens Grab heranzutreten, um ebenfalls mit einem konzentrierten und nachdenklichen Blick auf den Sarkophag zu schauen. Auf diese Weise wird die Aufmerksamkeit auf die Inschrift unterhalb des Harnischs gelenkt, so dass der Name «Hutten» ins Auge fallen kann. Ist der Blick erst einmal nah an das Bild herangeführt, wird er bald auch auf die weiteren Inschriften stoßen, die im ursprünglichen Zustand deutlich besser lesbar gewesen sein müssen. Spätestens aber beim Entziffern dieser vergleichsweise kleinen Inschriften muss der Betrachter die übliche Sehdistanz zu einem Gemälde zugunsten einer ungewöhnlichen Nahsicht aufgeben. Unwillkürlich werden viele Rezipienten nach der Lektüre der Inschriften wieder Abstand zur Bildfläche suchen, um das Gelesene auf die gesamte Darstellung beziehen zu können.

Das Intermezzo der nahsichtigen Betrachtung geht allerdings mit einer Erfahrung einher, die das gesamte Gemälde auf andere Weise erscheinen lässt. Ausgerechnet in dem Moment, in dem sich der Betrachter dem Mann in der altdeutschen Tracht besonders stark annähert, wird jeder Versuch durchkreuzt, sich mit dieser Figur zu identifizieren und in der dargestellten Szenerie aufzugehen. Denn das mühsame nahsichtige Studium der Inschriften bringt es unvermeidlich mit sich, dass die eigene Dinglichkeit und Gemachtheit des Gemäldes auffällig wird. In den Blick geraten nun die Flächigkeit der Leinwand, die Spuren des Farbauftrags oder auch das feine Gespinst des Krakelee – mithin durchweg Eigenschaften des Bildträgers und nicht des im Bild Erscheinenden. Die kleinen Inschriften haben daher nicht allein einen Wechsel zwischen verschiedenen Sehdistanzen zur Folge, sondern regen auch dazu an, die zwischenzeitliche Immersion in das Dargestellte mit Phasen eines erhöhten Bildbewusstseins, also einer Reflexion der bildlichen Vermitteltheit des Gesehenen, auszubalancieren. Ein solcher Einsatz von Schrift im Gemälde kann geradezu als Paradebeispiel für die gezielte Nutzung der rezeptionsästhetischen Temporalität von Bildern gelten.[16] Hier zeigt sich ganz handgreiflich, dass die Art und Weise, wie verschiedene Wahrnehmungsangebote im Bild organisiert und koordiniert werden, erheblichen Einfluss auf die Zeit des Bildbetrachtens nehmen kann. Zudem wird erfahrbar, dass der zeitliche Prozess der Rezeption miteinander widerstreitende Aspekte der «zwiespältigen Einheit»[17] des Bildes zur Geltung zu bringen vermag.

Im Nachdenken über die Figur im Bild hatte sich bereits gezeigt, dass Friedrichs Gemälde zwei Möglichkeiten offeriert: Einerseits unterbreitet es das Angebot, es dem Mann gleichzutun, sich gleichsam neben ihn zu stellen und ebenfalls in eine Betrachtung über Huttens Grab und dessen historische Bedeutung oder politische Konnotationen einzutreten. Andererseits regt das Gemälde aber auch zu einer Beobachtung zweiter Ordnung an, die das Schauen und mutmaßliche Nachsinnen der Figur zum Gegenstand der Reflexion macht. Dann gilt das Hauptaugenmerk für einen Moment nicht mehr allein dem Grab, sondern dem Mann in der altdeutschen Tracht. Der rezeptionsästhetische Effekt der Inschriften stützt und verstärkt dieses doppelte Angebot, indem die Betrachter zum mehrfachen Wechsel zwischen Fern- und Nahsicht sowie zwischen einer Konzentration auf das Dargestellte und einer Reflexion der bildlichen Vermittlung eingeladen werden. Auf diese Weise wird deutlich, dass es verfehlt wäre, nach einer einzigen angemessenen Sichtweise oder Einstellung gegenüber dem Bild zu suchen. Weder eine ausschließliche Versenkung in das Dargestellte noch allein die Konzentration auf dessen bildliche Gegebenheitsweise wäre adäquat. Friedrichs Bild stößt indes einen zeitlichen Prozess an, in dem beides zur Geltung kommt: Immersion ebenso wie Reflexion.

Damit zeichnet sich ab, dass ein rein identifikatorisches Vergegenwärtigen von Hutten und seiner Zeit oder aber der Befreiungskriege, die durch die Inschriften und die altdeutsche Tracht des Mannes in Erinnerung gerufen werden, zu kurz greifen würde. Friedrichs Bild lädt nicht dazu ein, in Phantasmagorien der Geschichte oder Wunschvorstellungen einer anderen Politik zu schwelgen. Aber auch Resignation oder Anklage müsste sich anders und entschiedener äußern. Eine endgültige Positionierung wird jedoch vermieden. Stattdessen eröffnet das Bild einen Denkraum, der vergleichsweise offen und unbestimmt bleibt, da dem Betrachter nur ein grober thematischer Rahmen vorgegeben wird, der zudem weniger wie eine thetische Setzung anmutet, sondern eher die Form einer Frage anzunehmen scheint. Denn wie Vergangenheit, Gegenwart und Zukunft hier zusammenzudenken und zu einer Auffassung von Geschichte und Politik zu verdichten sind, ist keineswegs eindeutig ausgemacht. Ob der ruinöse Zustand der gotischen Architektur zu bedauern ist oder ob er signalisiert, dass eine problematische Epoche feudaler und kirchlicher Herrschaft überwunden wurde, lässt sich dem Bild nicht mit letzter Gewissheit entnehmen.[18] Ebenso muss offenbleiben, ob aus der Ruhe des Mannes im altdeutschen Rock die Resignation über den verhinderten Aufbruch nach den Befreiungskriegen spricht oder ob ein Moment des Innehaltens vor einem neuen Vorstoß dargestellt sein soll. Nicht einmal die Tageszeit, von der das eindrucksvolle, warme Licht des Himmels kündet, kann zweifelsfrei identifiziert werden. Sehen wir, wie vielfach in der Forschungsliteratur vermutet wird, ein Abendrot, oder handelt es sich um einen morgendlichen Himmel, zumal die drei gotischen Lanzettfenster an die Ostpartie eines Sakralbaus denken lassen?[19]

Statt eine bestimmte Position zu beziehen, bietet Friedrichs Bild die Möglichkeit, verschiedene Alternativen zu erwägen und deren jeweilige Konsequenzen oder Pfadabhängigkeiten zu durchdenken. Geschichte erweist sich damit keineswegs als auswegloses Verhängnis und Politik nicht allein als Kampf zur Durchsetzung einer einzigen angeblich richtigen Position. Die oftmals fatalen Eigendynamiken von Scheinevidenzen oder vermeintlichen Alternativlosigkeiten werden vielmehr durch Friedrichs Gemälde unterbrochen. Es regt dazu an, unser Nachdenken über Geschichte und Politik selbst einer Reflexion zu unterziehen. Das Bild lädt auf diese Weise zu einer Selbstbeobachtung ein, die darauf aufmerksam macht, wo wir in gewohnte Ansichten und Denkroutinen verfallen und uns unnötigerweise weiterer Denkmöglichkeiten berauben.

Diese zunächst sehr allgemein und vage klingenden Überlegungen konnten für Friedrich, der sich gegenüber Bekannten als Kritiker der Feudalherrschaft zu erkennen gab,[20] durchaus von besonderem Interesse sein. Nach dem Einschnitt der Französischen Revolution und der napoleonischen Expansion legimitierte sich die Politik der Restauration als Wiedereinsetzung der alten Ordnung, die man nicht nur als rechtmäßig, sondern auch als zeitlos gültig auszuweisen versuchte. Eine Zuspitzung erfuhr diese Legimitationsstrategie mit der sogenannten Heiligen Allianz, einem 1815 geschlossenen Bündnis des russischen Zaren, des österreichischen Kaisers und des preußischen Königs. Die Gründungserklärung dieses Bündnisses berief sich ausdrücklich auf eine ewige christliche Ordnung, die den Wechselfällen und Erwägungen der

Tagespolitik enthoben zu sein schien. Bereits mit dem ersten Satz ihres Vertrags nahmen die drei Monarchen für ihre Allianz in Anspruch, auf «den erhabenen Wahrheiten» gegründet zu sein, «die die unvergängliche Religion des göttlichen Erlösers lehrt».[21] Während die Französische Revolution die politischen Verhältnisse und die Verfassung des Staates als Gegenstände von Aushandlung und Gestaltung begriffen hatte, rekurrierte die Restauration auf eine von Gott eingerichtete, prästabilierte und damit alternativlose Ordnung. Dieses Politikverständnis ließ sich weniger gut mittels konkreter Gegenentwürfe angreifen als darüber, dass man seine Alternativlosigkeit in Frage stellte. Die Achillesverse der Restauration war darin zu suchen, dass die Herrschaft der Monarchen nicht ‹natürlich› und selbstverständlich war, sondern nach den Erfahrungen der Jahre 1789 bis 1815 als kontingente und damit revidierbare Setzung erscheinen konnte.

Wenn Caspar David Friedrichs Darstellung von *Huttens Grab* nicht geradlinig auf eine bestimmte politische Programmatik zuläuft und stattdessen Raum für ein Durchdenken verschiedener Alternativen lässt, greift sie das Politikverständnis der Restauration an dessen vielleicht schwächstem Punkt an. Friedrich antwortet auf die Politik ab 1815 nicht mit einem konkreten Gegenentwurf, sondern mit einem Bild, das die Gewissheiten und Denkverbote der Restauration fraglich werden lässt. Durchaus im Sinne des emphatischen Politikbegriffes von Jacques Rancière[22] betreibt Friedrich mit den Mitteln des Bildes eine Politik, die darin besteht, neue Möglichkeiten und Spielräume eines Denkens zu eröffnen, das nicht sogleich wieder durch eine bestimmte, bereits fixierte Auffassung zu einzelnen politischen Fragen kanalisiert wird.

Mit der Wendung vom «Denkraum der Besonnenheit»[23] hat Aby Warburg in einem anderen Zusammenhang eine Formel geprägt, die vor allem in der jüngeren Kunst- und Kulturgeschichte auf große Resonanz gestoßen ist.[24] Warburg benutzte die Formulierung, als er in seinem Aufsatz «Heidnisch-antike Weissagung in Wort und Bild in Luthers Zeiten» über die «tragische Geschichte der Denkfreiheit des modernen Europäers»[25] nachdachte. Offenkundig war er ebenso irritiert wie fasziniert von der Tatsache, dass auch im direkten Umfeld des Reformators magisches, astrologisches und abergläubiges Gedankengut herangezogen worden war, um den Entwicklungen der eigenen Gegenwart Sinn abzuringen. Als «Denkraum der Besonnenheit» bezeichnet Warburg in diesem Kontext den Versuch, eine Distanz «zwischen sich und dem Objekt zu erringen».[26] Diese Aufgabe stellte sich aus seiner Sicht stets von Neuem. Auf eine einmal errungene Aufklärung war seines Erachtens kein Verlass: «Athen will eben immer wieder neu aus Alexandrien zurückerobert sein.»[27]

Wenngleich Caspar David Friedrich in anderen Zusammenhängen keineswegs als reflektierter Kritiker von engstirnigen Nationalismen in Erscheinung getreten ist, vermag sein Gemälde *Huttens Grab* einen solchen «Denkraum der Besonnenheit» zu eröffnen. Es schafft Distanz, indem es nicht allein zu einer identifikatorischen Versenkung in das Dargestellte aufruft, sondern auch eine Reflexion anregt, die das historische und politische Nachdenken selbst mit all seinen Problemen und Fallstricken in den Blick nehmen kann. Den Betrachterinnen und Betrachtern wird dieser «Denkraum» allerdings erst zugänglich, wenn der zeitliche Prozess der Rezeption nicht mehr nur als lästiger Weg zu einem vermeintlich vorherbestimmten Ziel verstanden wird. Insofern würde es vielleicht zu kurz greifen, wollte man den durch Friedrich eröffneten «Denkraum der Besonnenheit» allein mit der räumlichen Metapher der Distanznahme charakterisieren. Treffender ist es vermutlich, davon zu sprechen, dass Friedrichs Bild einen Zeitraum der Betrachtung in Anspruch nimmt, der die Eigendynamik von scheinbar alternativlosen oder selbstverständlich erscheinenden Ereignisfolgen unterbrechen kann.[28] Erst dieses Innehalten in der Zeit eröffnet die Möglichkeit, Alternativen zu erwägen oder bisher übersehene Zusammenhänge zu durchschauen. Im Fall von Friedrichs Gemälde ist es die Zeit des Bildbetrachtens, in der diese neue, alternative Bildpolitik aufscheinen kann.

EPILOG

Im Zentrum der vorangegangenen Überlegungen stand die Frage, wie Bilder auf die Zeit ihrer Betrachtung Einfluss nehmen und sich diese Zeit zunutze machen. Am Leitfaden dieser Frage ließen sich die Umrisse einer Theorie des Bildbetrachtens entwerfen, die in der schlichten Tatsache, dass jede Bildbetrachtung ein zeitlicher Prozess ist, keinen unvermeidbaren, belanglosen Begleitumstand, sondern ein besonderes Potenzial erkennt. Mit Hilfe der Temporalität der Bildrezeption, so hat sich gezeigt, lassen sich Erfahrungen und Einsichten gewinnen, die allein mit der effektvollen Inszenierung einer bildlichen Darstellung nicht zu vermitteln sind.

Um diese Potenziale von Bildern näher in den Blick zu nehmen und zu entfalten, lag der Fokus der Untersuchung auf dem Bild selbst, genauer: auf den Spezifika, die es von anderen visuell erfassbaren Gegenständen unterscheiden. Die Dualität von Bildern, d. h. die Eigenschaft, dass sie selbst sichtbar sind und zugleich in der Darstellung etwas anderes sichtbar machen, hat sich dabei als besonders relevant erwiesen. In ihr ist eine Spannung angelegt, die in zeitlich erstreckten Vollzügen der Betrachtung ausgetragen werden kann. Denn anders als sonstige Gegenstände bieten Bilder die Gelegenheit, den Fokus der Aufmerksamkeit zwischen dem Dargestellten und dem Bild in seiner eigenen Materialität wechseln zu lassen. Sofern diese Verschiebung des Augenmerks bewusst erfahren werden soll, bedarf es jedoch zeitlicher Prozesse. Als spannungsvoller Widerstreit wird die Dualität nur im zeitlichen Hin und Her fassbar.

Die wichtigste Schlussfolgerung aus dieser Beobachtung hat bereits Gotthold Ephraim Lessing formuliert, als er feststellte, dass Bilder dafür gemacht seien, «nicht bloß erblickt, sondern betrachtet zu werden, lange und wiederholter maßen betrachtet zu werden».[1] Der Sinn dieses bereits eingangs angeführten Zitats lässt sich im Rückblick auf die Kapitel dieses Buches weiter zuspitzen. Der Wert einer langanhaltenden und wiederholten Betrachtung von Bildern erschöpft sich nicht darin, mühsam, aber beharrlich zu einem vorherbestimmten Ziel zu gelangen. Vielmehr kann die Betrachtung mit ihrer eigenen Zeitlichkeit im besten Sinne Selbstzweck sein. Die im Verlauf des Rezeptionsprozesses gesammelten Beobachtungen müssen keineswegs zwingend akkumuliert, synthetisiert oder aber verworfen und aussortiert werden. Stattdessen können bleibende Spannungen und unaufgelöste Widerstreite, die sich allein im zeitlichen Nacheinander verschiedener Eindrücke artikulieren, faszinierender und aufschlussreicher sein als vermeintlich klare Endergebnisse. Mit dem Nachdenken über die Temporalität der Bildbetrachtung verbindet sich daher ein Plädoyer dafür, sich beim Blick auf Bilder Zeit zu nehmen. Das Tun, genauer das Sehen, sollte nicht im Schatten des Resultats, des Gesehenen und Gedeuteten, verbleiben. Will man, dass Bilder ihre Potenziale ausspielen können, so bedarf es einer Offenheit für die Zeitlichkeit der Betrachtung sowie für Unbestimmtheiten und Widersprüche, die dabei begegnen. Ein allzu zielstrebiges Sehen läuft indes Gefahr, die Qualitäten von Bildern zu verfehlen.

All das ist freilich leichter gesagt als getan. Unser Sehen ist mit guten Gründen überwiegend pragmatisch und zweckorientiert; das gilt auch für den Blick auf Bilder, die uns im Alltag begegnen. Selbst bei der Beschäftigung mit Bildern der Kunst haben wir Praktiken, Routinen und Konventionen herausgebildet, mit denen eher eine Bändigung als eine Entfaltung der Zeit des Bildbetrachtens einhergeht. In besonderem Maße trifft das ausgerechnet auf jene wissenschaftliche Disziplin zu, die sich durch einen vorbildlich sensiblen und umsichtigen Umgang mit Bildern auszeichnen sollte. Aus mindestens zwei Gründen neigt die Kunstgeschichte dazu, den zeitlichen Prozess des Bildbetrachtens zugunsten einer Fokussierung auf Resultate zu vernachlässigen. Zum einen drängt der Anspruch der Wissenschaftlichkeit die Disziplin dazu, unzweideutige Beobachtungen und folgerichtige Argumentationen zielstrebig in nachvollziehbare Ergebnisse münden zu lassen. Zum anderen macht sich auch das Medium des Textes geltend, dessen sich die Kunstgeschichte bei ihrer Arbeit bedient. Denn die Ordnung des Textes legt es nahe, zeitliche Verläufe als wohlgeordnete, lineare und zielgerichtete Prozesse aufzufassen und dabei ein klar definiertes Ende anzusteuern. Dass die Kunstgeschichte diesen Einschränkungen unterliegt, ist unproblematisch, sofern die grundlegenden Differenzen zwischen kunsthistorischem Schreiben und individueller Bildwahrnehmung mitbedacht werden. Wenn jedoch Beschreibungen und Analysen der Kunstgeschichte gleichsam als Muster einer gelungenen Bildbetrachtung gelten, droht der Blick für wesentliche Qualitäten von Bildern verstellt zu werden.

Die Alternative dazu kann nicht darin liegen, staunend vor dem Bild zu verharren oder sich einem gänzlich freien, beliebigen Assoziieren hinzugeben. Der ganze Reichtum der Einsichten, die sich im Prozess des Schauens und Denkens darbieten können, erschließt sich allein, wenn die Vorgaben des Bildes ernst genommen werden. Nur dann kann es zu überraschenden Einsichten und Wendungen kommen, die zuvor gewonnene Beobachtungen nochmals in einem anderen Licht erscheinen lassen. Zusätzlich profitieren kann der Prozess der Bildbetrachtung vom Hinzuziehen weiterer Informationen, etwa zum historischen Entstehungskontext eines Bildes. Die Dynamik der Rezeption gerät aber ins Stocken, wenn der Betrachter im Bild lediglich wiederzuerkennen versucht, was er bereits aus anderen Quellen weiß.

Es würde der Komplexität der visuellen Wahrnehmung nicht gerecht werden, wenn man den zeitlichen Verlauf einer Bildbetrachtung möglichst detailliert sprachlich nachformen wollte. Das Ergebnis eines solchen Versuchs wäre zwangsläufig hochgradig artifiziell, spekulativ und vereinfachend. Viel wäre aber schon gewonnen, wenn beim Betrachten von Bildern und beim Schreiben über Kunst auch dem zeitlichen Verlauf der Rezeption bewusst Aufmerksamkeit geschenkt würde. Das wird insbesondere dort gelingen, wo die inneren Spannungen und Widersprüche, die Bildern bereits aufgrund ihrer Dualität eigen sind, nicht voreilig aufgelöst oder wegerklärt werden, sondern als Erfahrungen zur Geltung kommen, die in sich sinnträchtig sein können.

Wenn die Kunstgeschichte als Fach gelten kann, das am ehesten eine Praxis der Bildbetrachtung kultiviert, ergeben sich aus den dargelegten Überlegungen vor allem zwei Aufgaben: Einerseits gilt es sich bewusst zu machen und zu betonen, dass selbst die beste kunsthistorische Analyse eines Bildes niemals dessen eingehende Betrachtung ersetzen kann. Gute kunsthistorische Forschung kann durch Beobachtungen, Kontextwissen und Schlussfolgerungen den Prozess der Bildbetrachtung bereichern und vertiefen, sie macht ihn aber nicht obsolet. Andererseits sollte die Kunstgeschichte jedoch verstärkt versuchen, zumindest exemplarisch auf die vielfältigen Potenziale aufmerksam zu machen, die bei der längeren Betrachtung eines Bildes realisiert werden können. Eine kunsthistorische Analyse kann die Fülle der Optionen, die sich bei einer Betrachtung darbieten, nicht erschöpfen, sie kann aber immerhin deren Reichtum andeuten.

Was Bilder zu einer der faszinierendsten und beeindruckendsten menschlichen Erfindungen macht, erschließt sich erst, wenn wir den Eigenwert der Zeit der Bildbetrachtung nicht ignorieren. Es gibt eine recht einfache Möglichkeit, die Offenheit für die rezeptionsästhetische Temporalität von Bildern zu erhöhen: den Dialog unter mehreren Betrachterinnen und Betrachtern. Damit ist nicht die didaktische, belehrende Unterweisung gemeint, die so häufig unsere Gesprächssituationen vor Bildern bestimmt. Ein offener Austausch, der nicht auf eine einzige vermeintlich korrekte Deutung ausgerichtet ist und stattdessen mit Beobachtungen und Gedanken aus verschiedenen Perspektiven stets zum erneuten Hinschauen anregt, bringt es ganz zwanglos mit sich, dass wir die Zeit des Betrachtens als sinnerfüllt und augenöffnend erfahren. Das sollte es uns wert sein, diese Zeit zu investieren.

Anmerkungen

Zu diesem Buch

1 Heinrich Wölfflin, Kunstgeschichtliche Grundbegriffe. Das Problem der Stilentwicklung in der neueren Kunst, München 1915, S. 11.

2 Zum Folgenden vgl. Johannes Grave, Architekturen des Sehens. Bauten in Bildern des Quattrocento, Paderborn 2015, S. 140–143.

3 Zum Folgenden vgl. Johannes Grave, Runges Poetologie der bildlichen Darstellung. Überlegungen zur ‹Lehrstunde der Nachtigall›, in: Markus Bertsch, Hubertus Gaßner und Jenns Howoldt (Hg.), Kosmos Runge. Das Hamburger Symposium, München 2013, S. 159–167.

4 Für eine Reflexion der vielfältigen Implikationen der Charakterisierung des Sehens als Tun in der Zeit vgl. etwa Eva Schürmann, Sehen als Praxis. Ethisch-ästhetische Studien zum Verhältnis von Sicht und Einsicht, Frankfurt am Main 2008; Sophia Prinz, Die Praxis des Sehens. Über das Zusammenspiel von Körpern, Artefakten und visueller Ordnung, Bielefeld 2014; oder Michael F. Zimmermann, Seeing, in: ders. (Hg.), Vision in Motion. Streams of Sensation and Configurations of Time, Zürich 2016, S. 69–108.

5 Vgl. dazu Alva Noë, Action in Perception, Cambridge (Mass.) 2004.

6 Vgl. Michael Gamper, Helmut Hühn und Steffen Richter (Hg.), Formen der Zeit. Ein Wörterbuch der ästhetischen Eigenzeiten, Hannover 2020. Vgl. ferner Joel Burges und Amy J. Elias (Hg.), Time. A Vocabulary of the Present, New York 2016. – Für eine interessante Verknüpfung einer Theorie der Zeit bzw. der Zeitwahrnehmung mit einem Nachdenken über bildliche Darstellungen vgl. Robin Le Poidevin, The Images of Time. An Essay on Temporal Representation, Oxford 2007. Karen Gloy hat ausgehend von Bildern unterschiedliche Zeitkonzeptionen untersucht; Karen Gloy, Zeit in der Kunst, Würzburg 2017.

7 Vgl. etwa die von Alva Noë vorgeschlagene Bestimmung von Kunst; Alva Noë, Strange Tools. Art and Human Nature, New York 2015, S. 29: «Our lives are structured by organization. Art is a practice for bringing our organization into view; in doing this, art reorganizes us. […] We can think, then, of there being two levels. *Level 1* is the level of the organized activity or the technology. *Level 2* is the level where the nature of the organization at the lower level gets put on display and investigated.» So verstanden, ist es nur folgerichtig, die Möglichkeit zu erwägen, dass Kunstbilder auch Zugang zu Reflexionen über die Zeitlichkeit von Bildern im Allgemeinen eröffnen.

I. Der Akt des Bildbetrachtens. Ausgangsüberlegungen

Überarbeitete Fassung von: Der Akt des Bildbetrachtens. Überlegungen zur rezeptionsästhetischen Temporalität des Bildes, in: Michael Gamper und Helmut Hühn (Hg.), Zeit der Darstellung. Ästhetische Eigenzeiten in Kunst, Literatur und Wissenschaft (Ästhetische Eigenzeiten, Bd. 1), Hannover 2014, S. 51–66 (mit freundlicher Genehmigung des Wehrhahn Verlags).

1 Für eine differenzierte Auseinandersetzung mit Lessing vgl. Ernst H. Gombrich, Der fruchtbare Moment. Vom Zeitelement in der bildenden Kunst [engl. Orig. 1964], in: ders., Bild und Auge. Neue Studien zur Psychologie der bildlichen Darstellung, übers. von Lisbeth Gombrich, Stuttgart 1984, S. 40–62.

2 Gotthold Ephraim Lessing, Laokoon oder über die Grenzen der Malerei und Poesie, in: ders., Werke und Briefe, Bd. 5.2: Werke 1766–1796, hg. von Wilfried Barner, Frankfurt am Main 1990, S. 11–206, hier S. 32.

3 Eine Vielzahl von (freilich ungeordnet nebeneinanderstehenden) Aspekten versammelt ein jüngerer Sammelband: Thomas Kisser (Hg.), Bild und Zeit. Temporalität in Kunst und Kunsttheorie seit 1800, München 2011.

4 Vgl. Georges Didi-Huberman, Devant le temps. Histoire de l'art et anachronisme des images, Paris 2000. Siehe auch unten, Kapitel IX «Bild, Zeit und Geschichte».

5 Vgl. Heinrich Theissing, Die Zeit im Bild, Darmstadt 1987, S. 18; ferner Götz Pochat, Bild – Zeit. Zeitgestalt und Erzählstruktur in der bildenden Kunst von den Anfängen bis zur frühen Neuzeit, Wien 1996; Arno Schubbach, Zur Darstellung von Zeit und die Zeit der Darstellung, in: Studia philosophica 69 (2010), S. 95–119, bes. S. 96; Etienne Jollet, La temporalité dans les arts visuels. L'exemple des temps modernes, in: Revue de l'art 178 (2012), H. 4, S. 49–64; Dirk Westerkamp, Ästhetisches Verweilen, Tübingen 2019, S. 45 f. u. S. 53–57. Für eine alternative Differenzierung vgl. Ludger Schwarte, Pikturale Evidenz. Zur Wahrheitsfähigkeit der Bilder, Paderborn 2015, S. 111 f.

6 Theissing, Die Zeit im Bild, S. 18. – Eine vergleichbare Dreiergliederung der Zeitaspekte des Bildes hatte 1977 Lorenz Dittmann entworfen, als er zwischen der «historischen Zeit» des Kunstwerkes, der für die Wahrnehmung erforderlichen Zeit und den im Dargestellten «implizierten Zeitstrukturen» unterschied; Lorenz Dittmann, Über das Verhältnis von Zeitstruktur und Farbgestaltung in Werken der Malerei, in: Friedrich Piel und Jörg Traeger (Hg.), Festschrift Wolfgang Braunfels, Tübingen 1977, S. 93–109, hier S. 94 f. Wenig später variierte Dittmann diese Gliederung nochmals, indem er nun die «geschichtliche Zeit» des Werkes, «die dargestellte Zeitsituation» und die «dem künstlerischen *Bildaufbau* selbst inhärente Folge- und damit Zeitordnung» differenzierte; Lorenz Dittmann, Überlegungen und Beobachtungen zur Zeitgestalt des Gemäldes, in: Neue Hefte für Philosophie 18/19 (1980), S. 133–150, hier S. 133. Erste, freilich noch nicht systematisierte Ansätze zu solchen Differenzierungen finden sich bei Etienne Souriau und Dagobert Frey; vgl. Etienne Souriau, Time in the Plastic Arts, in: Journal of Aesthetics and

Art Criticism 7 (1949), H. 4, S. 294–307; Dagobert Frey, Das Zeitproblem in der Bildkunst [1955], in: ders., Bausteine zu einer Philosophie der Kunst, hg. von Gerhard Frey, Darmstadt 1976, S. 212–235.

7 Ein erster Vorstoß wurde unternommen von Antoinette Roesler-Friedenthal und Johannes Nathan (Hg.), The Enduring Instant. Time and Spectator in the Visual Arts, Berlin 2003. Doch hat Brigitte Scheer in einer Rezension dieses Bandes zu Recht bemerkt, dass kaum einer der Beiträge «den Wirkungen jener impliziten Zeit auf den Betrachter» genauer nachgehe, die eigentlich im Zentrum des Interesses hätte stehen sollen; vgl. Brigitte Scheer, Rezension zu: A. Roesler-Friedenthal und J. Nathan (Hg.), The Enduring Instant, Berlin 2003, in: sehepunkte 4 (2004), H. 6, http://www.sehepunkte.de/2004/06/3923.html (letzter Zugriff: 13.03.2021).

8 Theissing, Die Zeit im Bild, S. 26.

9 Vgl. Wolfgang Kemp, Der Anteil des Betrachters. Rezeptionsästhetische Studien zur Malerei des 19. Jahrhunderts, München 1983; ders. (Hg.), Der Betrachter ist im Bild. Kunstwissenschaft und Rezeptionsästhetik, erw. Neuaufl., Berlin 1992; ders., Rezeptionsästhetik, in: Kunsthistorische Arbeitsblätter 5 (2003), H. 12, S. 51–60; ders., Rezeptionsästhetik, in: Metzler Lexikon Kunstwissenschaft, hg. von Ulrich Pfisterer, 2. Aufl., Stuttgart 2011, S. 388–391. – Zur kunsthistorischen Rezeptionsästhetik vgl. nun auch Kerr Houston, The Place of the Viewer. The Embodied Beholder in the History of Art, 1764–1968, Leiden 2019.

10 Kurt Badt, Modell und Maler von Jan Vermeer. Probleme der Interpretation. Eine Streitschrift gegen Hans Sedlmayr, Köln 1961, S. 30. – Die Idee einer Rezeptionsabfolge von links nach rechts findet sich auch bei Bernard Lamblin, Peinture et temps, 2., erw. Aufl., Paris 1987, S. 72–125.

11 Badt, Modell und Maler, S. 38.

12 Vgl. zum Beispiel Oskar Bätschmann, Einführung in die kunstgeschichtliche Hermeneutik. Die Auslegung von Bildern, 4. Aufl., Darmstadt 1992, S. 117–120.

13 Vgl. Sigrid Weigel, Die Richtung des Bildes. Zum Links-Rechts-Problem von Bilderzählungen und Bildbeschreibungen in kultur- und mediengeschichtlicher Perspektive, in: Zeitschrift für Kunstgeschichte 64 (2001), S. 449–474.

14 Vgl. bereits Lorenz Dittmann, Raum und Zeit als Darstellungsformen bildender Kunst. Ein Beitrag zur Erörterung des kunsthistorischen Raum- und Zeitbegriffes, in: Alfred C. Boettger u. a. (Hg.), Stadt und Landschaft. Raum und Zeit. Festschrift für Erich Kühn zur Vollendung seines 65. Lebensjahres, Köln 1969, S. 43–55. Dittmann hat 2003 nochmals seine Überlegungen zusammengefasst; vgl. Lorenz Dittmann, Der folgerichtige Bildaufbau. Eine wissenschaftsgeschichtliche Skizze, in: Andrea von Hülsen-Esch, Hans Körner und Guido Reuter (Hg.), Bilderzählungen – Zeitlichkeit im Bild, Köln 2003, S. 1–23.

15 Dittmann, Überlegungen und Beobachtungen zur Zeitgestalt, S. 138.

16 Dittmann, Überlegungen und Beobachtungen zur Zeitgestalt, S. 138.

17 Dittmann, Überlegungen und Beobachtungen zur Zeitgestalt, S. 138.

18 Götz Pochat, Erlebniszeit und bildende Kunst, in: Christian W. Thomsen und Hans Holländer (Hg.), Augenblick und Zeitpunkt. Studien zur Zeitstruktur und Zeitmetaphorik in Kunst und Wissenschaften, Darmstadt 1984, S. 22–46, hier S. 25 f.; vgl. auch Pochat, Bild – Zeit, 1996, S. 12.

19 In einer jüngeren Buchpublikation misst Pochat der Gestalt stärker dynamische

Qualitäten zu, doch bleibt die Verknüpfung dieses Gedankens mit seinen sonstigen Überlegungen vage; vgl. Götz Pochat, Bild – Zeit. Zeitgestalt und Erzählstruktur in der bildenden Kunst des 16. Jahrhunderts, Wien 2015, bes. S. 19–21.

20 Gottfried Boehm, Bild und Zeit, in: Hannelore Paflik (Hg.), Das Phänomen Zeit in Kunst und Wissenschaft, Weinheim 1987, S. 1–23, hier S. 9. – Dem Gedanken liegt Boehms Begriff der ikonischen Differenz zugrunde; vgl. dazu Gottfried Boehm, Ikonische Differenz, in: Rheinsprung 11. Zeitschrift für Bildkritik 1 (2011), S. 170–176. Vgl. ferner Gottfried Boehm, Die Sichtbarkeit der Zeit. Studien zum Bild in der Moderne, hg. von Ralph Ubl, mit einem Nachwort von Rahel Villinger, Paderborn 2017.

21 Boehm, Bild und Zeit, S. 20.

22 Boehm, Bild und Zeit, S. 21. Ansätze zu einer Bestimmung der Zeitlichkeit des Bildes als differenzielles Geschehen finden sich auch bei Brigitte Scheer, Zur Zeitgestaltung und Zeitwahrnehmung in der bildenden Kunst, in: Zeitschrift für Ästhetik und allgemeine Kunstwissenschaft 46 (2002), S. 255–269, bes. S. 265–269.

23 Vgl. Juliane Betz, Martina Engelbrecht, Christoph Klein und Raphael Rosenberg, Dem Auge auf der Spur. Eine historische und empirische Studie zur Blickbewegung beim Betrachten von Gemälden, in: Image. Journal of Interdisciplinary Image Science 11 (2010), S. 29–41, http://www.gib.uni-tuebingen.de/image/ausgaben-3?function=fnArticle&showArticle=159 (letzter Zugriff: 13.03.2021); Raphael Rosenberg, Dem Auge auf der Spur. Blickbewegungen beim Betrachten von Gemälden – historisch und empirisch, in: Jahrbuch der Heidelberger Akademie der Wissenschaften 2010, Heidelberg 2011, S. 76–89; Raphael Rosenberg und Helmut Leder, Blickbewegungsforschung, in: Stephan Günzel und Dieter Mersch (Hg.), Bild. Ein interdisziplinäres Handbuch, Stuttgart 2014, S. 433–438; Raphael Rosenberg und Christoph Klein, The Moving Eye of the Beholder. Eye-Tracking and the Perception of Paintings, in: Joseph P. Huston u. a. (Hg.), Art, Aesthetics and the Brain, Oxford 2015, S. 79–108. – Zu den Grundlagen der Blickbewegungsforschung vgl. etwa die klassische Studie von Alfred L. Yarbus, Eye Movements and Vision, New York 1967; zur Geschichte dieser Forschungen vgl. Benjamin W. Tatler, The Moving Tablet of the Eye. The Origins of Modern Eye Movement Research, Oxford 2005.

24 Befragungen von Probanden sowie sog. Laut-Denk-Protokolle sind Bestandteil vieler kognitionswissenschaftlicher Untersuchungen; eine besonders weitreichende Ausdifferenzierung unterschiedlicher Typen von Befragungen lässt sich in empirischen Studien zur Lektüre literarischer Texte beobachten; vgl. David S. Miall, Literary Reading. Empirical and Theoretical Studies, New York 2006, bes. S. 23–34.

25 Vgl. Ludwig Wittgenstein, Philosophische Untersuchungen, in: ders., Schriften, Bd. 1, Frankfurt am Main 1960, S. 503–526.

26 Ausführlicher zu diesem Gedanken und zu einem möglichen Einwand dagegen: Kapitel V «Zwiespalt und Zeit».

27 Vgl. etwa Paul Locher, Contemporary Experimental Aesthetics: State of the Art Technology, in: i-Perception 2 (2011), S. 697–707; sowie Arthur P. Shimamura, Toward a Science of Aesthetics. Issues and Ideas, in: Arthur P. Shimamura und Stephen E. Palmer (Hg.), Aesthetic Science. Connecting Minds, Brains, and Experience, New York 2012, S. 3–28. – Die insbesondere von John Onians propagierte Neuroarthistory konzentriert sich auf den Versuch, kognitive Prozesse von Künst-

lern nachzuvollziehen oder *ex post* zu erschließen; vgl. John Onians, Neuroarthistory. From Aristotle and Pliny to Baxandall and Zeki, New Haven 2007. Umfassender argumentiert Whitney Davis, Neurovisuality, in: nonsite.org 2 (2011), https://nonsite.org/issues/issue-2/neurovisuality/ (letzter Zugriff: 13.03.2021).

28 Für einen problemorientierten Überblick vgl. Sven Strasen, Rezeptionstheorien. Literatur-, sprach- und kulturwissenschaftliche Ansätze und kulturelle Modelle, Trier 2008.

29 Hans Robert Jauß, Literaturgeschichte als Provokation, 2. Aufl., Frankfurt am Main 1970, S. 175.

30 Vgl. Wolfgang Iser, Der Lesevorgang. Eine phänomenologische Perspektive, in: Rainer Warning (Hg.), Rezeptionsästhetik. Theorie und Praxis, München 1975, S. 253–276; ders., Der Akt des Lesens. Theorie ästhetischer Wirkung, 2., verb. Aufl., München 1984.

31 Roman Ingarden, Das literarische Kunstwerk. Mit einem Anhang von den Funktionen der Sprache im Theaterschauspiel, 3., durchges. Aufl., Tübingen 1965, S. 354–367. – Zur Frage, wie mit der unüberschaubaren Pluralität möglicher Konkretisationen umgegangen werden kann, vgl. Strasen, Rezeptionstheorien, S. 62–66.

32 Hier setzt Isers Verständnis von ‹Leerstellen› an, die vor allem in literarischen Texten dadurch auftreten, dass verschiedene «schematisierte Ansichten» (d. h. unterschiedliche, ihrerseits jeweils nicht gänzlich bestimmte Perspektiven auf Gegenstände oder Sachverhalte) zueinander in Relation gesetzt werden müssen; Wolfgang Iser, Die Appellstruktur der Texte, in: Rainer Warning (Hg.), Rezeptionsästhetik. Theorie und Praxis, München 1975, S. 228–252, bes. S. 234 f. Vgl. dazu Strasen, Rezeptionstheorien, S. 66–68.

33 Edmund Husserl, Zur Phänomenologie des inneren Zeitbewußtseins (1893–1917) (Husserliana, Bd. 10), hg. von Rudolf Boehm, Den Haag 1966, bes. S. 29–32 u. S. 52 f.

34 Iser, Der Akt des Lesens, S. 182: «Jeder Augenblick der Lektüre ist eine Dialektik von Protention und Retention, indem sich ein noch leerer, aber zu füllender Zukunftshorizont mit einem gesättigten, aber kontinuierlich ausbleichenden Vergangenheitshorizont so vermittelt, daß durch den wandernden Blickpunkt des Lesers ständig die beiden Innenhorizonte des Textes eröffnet werden, um miteinander verschmelzen zu können.»; vgl. Iser, Der Lesevorgang, S. 258.

35 Iser, Der Lesevorgang, S. 270.

36 Ansätze finden sich allerdings bereits bei Roman Ingarden, der auch mit Bezug auf Bilder von Unbestimmtheitsstellen und folglich von einer Vielzahl von Konkretisationen gesprochen hat; vgl. Roman Ingarden, Untersuchungen zur Ontologie der Kunst. Musikwerk, Bild, Architektur, Film, Tübingen 1962, S. 236–244.

37 Vgl. Hubert Damisch, Acht Thesen für (oder gegen?) eine Semiologie der Malerei [frz. Orig. 1974], in: Emmanuel Alloa (Hg.), Bildtheorien aus Frankreich. Eine Anthologie, München 2011, S. 203–219; James Elkins, Marks, Traces, Traits, Contours, Orli and Splendores: Nonsemiotic Elements in Pictures, in: Critical Inquiry 21 (1995), S. 822–860; sowie Gottfried Boehm, Unbestimmtheit. Zur Logik des Bildes, in: ders., Wie Bilder Sinn erzeugen. Die Macht des Zeigens, Berlin 2007, S. 199–212.

38 Für ausführliche Überlegungen dazu siehe unten, Kapitel IV «Form, Struktur und Zeit».

39 Vgl. Louis Marin, Das Opake der Malerei. Zur Repräsentation im Quattrocento, Berlin 2004; ders., Über das Kunstgespräch, Freiburg i. Br. 2001, bes. S. 47–56.

40 Vgl. etwa W. J. T. Mitchell, What do Pictures Want? The Lives and Loves of Images, Chicago 2005; Horst Bredekamp, Der Bildakt. Frankfurter Adorno-Vorlesungen 2007. Neufassung 2015, Berlin 2015. Vgl. ferner Ludger Schwarte (Hg.), Bild-Performanz. Die Kraft des Visuellen, München 2011; sowie Gustav Roßler, Haben Bilder Handlungsmacht? – Ein Beitrag zur Agency-Debatte anhand von Kunstwerken und Bildakten, in: Cornelius Schubert und Ingo Schulz-Schaeffer (Hg.), Berliner Schlüssel zur Techniksoziologie, Wiesbaden 2019, S. 259–288.

41 Siehe dazu unten Kapitel VI «Werk und Wirkung – Bild und *agency*».

42 Siehe dazu unten Kapitel V «Zwiespalt und Zeit».

II. Augenblick, Blickwanderung und Widerstreit: Kunsthistorische Streifzüge

Der letzte Abschnitt (Widerstreite zwischen Erscheinen und Verbergen) erschien erstmals in: Der Akt des Bildbetrachtens. Überlegungen zur rezeptionsästhetischen Temporalität des Bildes, in: Michael Gamper und Helmut Hühn (Hg.), Zeit der Darstellung. Ästhetische Eigenzeiten in Kunst, Literatur und Wissenschaft (Ästhetische Eigenzeiten, Bd. 1), Hannover 2014, S. 66–71 (mit freundlicher Genehmigung des Wehrhahn Verlags).

1 Leon Battista Alberti, Das Standbild. Die Malkunst. Grundlagen der Malerei, hg. von Oskar Bätschmann und Christoph Schäublin, Darmstadt 2000, S. 265.

2 Melchior Missirini, Memorie per servire alla storia della Romana Accademia di S. Luca fino alla morte di Antonio Canova, Rom 1823, S. 112: «In vano altri oppugnò l'occhio stancarsi in una gran moltitudine e trovar difficilmente quel riposo e quella pace che solo l'accheta e lo contenta.» (Paraphrase nach den Akten der Akademie). – Zum Kontext vgl. Jörg Martin Merz, Pietro da Cortona. Der Aufstieg zum führenden Maler im barocken Rom, Tübingen 1991, S. 258–264.

3 Vgl. etwa Julian Blunk, Die Raumillusion und die vierte Dimension: Betrachtungszeit und betrachtete Zeit in der Deckenmalerei Andrea Pozzos, in: Herbert Karner (Hg.), Andrea Pozzo (1642–1709). Der Maler-Architekt und die Räume der Jesuiten, Wien 2012, S. 27–36; vgl. auch Lyle Massey, Picturing Space, Displacing Bodies. Anamorphosis in Early Modern Theories of Perspective, University Park (PA) 2007, bes. S. 99 f. (zu Emmanuel Maignons Anamorphose im Konvent von Trinità dei Monti, Rom).

4 Vgl. Svetlana Alpers und Michael Baxandall, Tiepolo und die Intelligenz der Malerei [engl. Orig. 1994], übers. von Ulrike Bischoff, Berlin 1996. – Allgemeiner zum bewegten Betrachter: David Ganz und Stefan Neuner (Hg.), Mobile Eyes. Peripatetisches Sehen in den Bildkulturen der Vormoderne, München 2013.

5 Charles-Alphonse Dufresnoy, L'art de peinture, traduit en françois, avec des remarques [par Roger de Piles], Paris 1668, S. 85: «Il y a une chose de tres-grande consequence à observer dans L'Oeconomie de tout l'Ouvrage, c'est que d'abord l'on reconnoisse la qualité du Sujet, et que le Tableau du premier coup d'œil, en inspire

la Passion principale [...].» – Zu de Piles' Kunsttheorie vgl. Thomas Puttfarken, Roger de Piles' Theory of Art, New Haven 1985; ders., The Discovery of Pictorial Composition. Theories of Visual Order in Painting 1400–1800, New Haven 2000, S. 263–277.

6 Roger de Piles, Cours de peinture par principes, Paris 1708, S. 97 f.: «Or cette liaison se doit considerer de deux manieres: ou, par raport au Dessein seulement, ou par raport au Clair-obscur. L'une et l'autre maniere concourent à empêcher la dissipation des yeux, et à les fixer agréablement.»

7 De Piles, Cours de peinture par principes, S. 123: «[...] il n'est pas à propos de laisser à l'œil la liberté de vaguer avec incertitude; parceque s'arrêtant au hazard sur l'un des côtez du Tableau, il agiroit contre l'intention du Peintre, qui auroit placé, selon la vraisemblance la plus approuvée, ses objets les plus essentiels dans le milieu, et ceux qui ne seroient qu'accessoires dans les côtez: Car il arrive souvent que de cet ordre dépend toute l'intelligence de sa pensée. D'où il s'ensuit qu'il faut fixer l'œil [...].» – In der späteren Ausgabe heißt es statt «vaguer» nun «vaquer» (Roger de Piles, Cours de peinture par principes, Paris 1766, S. 113).

8 Johann Gottfried Herder, Kritische Wälder oder Betrachtungen, die Wissenschaft und Kunst des Schönen betreffend, nach Maßgabe neuerer Schriften [1769], in: Herders Sämmtliche Werke, hg. von Bernhard Suphan, Bd. 3, Berlin 1878, S. 77.

9 Herder, Kritische Wälder, S. 78.

10 Herder, Kritische Wälder, S. 78 f.

11 Herder, Kritische Wälder, S. 79.

12 Aaron Wile, Watteau, Reverie, and Selfhood, in: Art Bulletin 96 (2014), S. 319–337.

13 Vgl. Michel-François Dandré-Bardon, Traité de Peinture, suivi d'un essai sur la sculpture, Bd. 1, Paris 1765, S. 107 f.; sowie Denis Diderot, Salons III: Ruines et paysages. Salons de 1767, hg. von Else Marie Bukdahl, Michel Delon und Annette Lorenceau, Paris 1995, S. 95. – Empirische Untersuchungen räumen Versuchen, die Reihenfolge der Betrachtung gezielt durch die Gestaltung des Bildes zu manipulieren, wenig Erfolgsaussichten ein; vgl. E. Bruce Goldstein, Pictorial Perception and Art, in: ders. (Hg.), Blackwell Handbook of Sensation and Perception, Malden (Mass.) 2005, S. 344–378, S. 361: «It is [...] likely that artists can determine where a viewer will look in a picture by placement of high information elements such as human figures. However, statements in composition texts notwithstanding, there is little empirical evidence to support the idea that compositional devices can control the sequence in which objects in a picture are scanned. In fact, there is a good deal of evidence that the sequence of scanning is more a function of the observer than the picture.»

14 Zum Folgenden ausführlicher mit Belegen und Hinweisen auf die Forschungsliteratur: Johannes Grave, Giovanni Bellini. Venedig und die Kunst des Betrachtens, München 2018, S. 182–185.

15 «[...] molto signati termini non si diano al suo stile, uso, come dice, di sempre vagare a sua voglia nelle pitture»; zit. nach Manuela Barausse, Giovanni Bellini. I documenti, in: Mauro Lucco und Giovanni Carlo Federico Villa (Hg.), Giovanni Bellini (Ausst.-Kat. Rom, Scuderie del Quirinale), Mailand 2008, S. 327–359, hier S. 352, Nr. 99.

16 Zum Folgenden vgl. Grave, Giovanni Bellini, S. 162–179.

17 Diderot, Salons III: Ruines et paysages. Salons de 1767, S. 174–237. Vgl. Kate E. Tunstall, Diderot's ‹Promenade Vernet›, or the Salon as Landscape Garden, in: French Studies 55 (2001), H. 3, S. 339–349.
18 Vgl. Gisela Maul (Hg.), Kunsttheoretische Fragmente Jakob Philipp Hackerts, in: Norbert Miller und Claudia Nordhoff, Lehrreiche Nähe. Goethe und Hackert, München 1997, S. 106–122, bes. S. 120.
19 Vgl. Grave, Runges Poetologie der bildlichen Darstellung; ders., Caspar David Friedrich. Glaubensbild und Bildkritik, Zürich 2011, bes. S. 9–21 u. S. 83–90; ders., Caspar David Friedrich, München 2012, bes. S. 227–244.
20 Vgl. Sabine Mertens, Seesturm und Schiffbruch. Eine motivgeschichtliche Studie, Hamburg 1987, S. 26 f.
21 [Anonym], Über die Dresdner Kunstausstellung im Herbst 1822 (Fortsetzung), in: Wiener Zeitschrift für Kunst, Literatur, Theater und Mode, Nr. 129 (26.10.1822), S. 1042.
22 Caspar David Friedrich, Äußerungen bei Betrachtung einer Sammlung von Gemählden von größtentheils noch lebenden und unlängst verstorbenen Künstlern, bearb. von Gerhard Eimer in Verbindung mit Günter Rath, Frankfurt am Main 1999, S. 86.
23 Vgl. Michael Gamper und Helmut Hühn, Was sind Ästhetische Eigenzeiten?, Hannover 2014.

III. Ebenen der rezeptionsästhetischen Temporalität. Eine idealtypische Differenzierung

Deutlich überarbeitete Fassung des von mir verfassten Abschnitts II in: Boris Roman Gibhardt, Johannes Grave, Frida-Marie Grigull und Reinhard Wegner, Bild – Blick – Zeit. Die rezeptionsästhetische Temporalität des Bildes, in: Michael Bies und Michael Gamper (Hg.), Ästhetische Eigenzeiten. Bilanz der ersten Projektphase (Ästhetische Eigenzeiten, Bd. 14), Hannover 2019, S. 57–87, hier S. 60–64 (mit freundlicher Genehmigung des Wehrhahn Verlags).

1 Zum Folgenden Nelson Goodman, Sprachen der Kunst. Entwurf einer Symboltheorie [engl. Orig. 1968], übers. von Bernd Philippi, Frankfurt am Main 1997, bes. S. 182–187 u. S. 209–215.
2 Vgl. etwa Bätschmann, Einführung in die kunstgeschichtliche Hermeneutik.
3 Siehe unten, Kapitel IV «Form, Struktur und Zeit».
4 Vgl. David Rosand, Drawing Acts. Studies in Graphic Expression and Representation, Cambridge 2002; Johannes Grave, Zeichnung ohne Zug. Über das Unzeichnerische in der deutschen Kunst um 1800, in: Zeitschrift für Ästhetik und allgemeine Kunstwissenschaft 53 (2008), S. 233–260; Guillaume Cassegrain, La coulure. Histoire(s) de la peinture en mouvement XIe–XXIe siècles, Paris 2015.
5 Vgl. die in dieser Hinsicht exemplarischen Analysen von Max Imdahl, Zur Bild-Objekt-Problematik in europäischer und amerikanischer Nachkriegskunst, in: ders., Reflexion, Theorie, Methode (Gesammelte Schriften, Bd. 3), hg. von Gottfried Boehm, Frankfurt am Main 1996, S. 558–574. – Ein anschauliches Beispiel

für die implizite Temporalität solcher Relationen bietet die verbreitete Rede von ‹Bildrhythmen›; siehe dazu unten, Kapitel VIII «Können Bilder Rhythmen aufweisen?».

6 Vgl. Günther Kebeck, Bild und Betrachter. Auf der Suche nach der Eindeutigkeit, Regensburg 2006, bes. S. 194–197; Fabian Dorsch, Die Natur der Farben, Frankfurt am Main 2009.

7 Vgl. Kebeck, Bild und Betrachter, S. 194.

8 Vgl. Kebeck, Bild und Betrachter, S. 209.

9 Siehe unten, Kapitel IV «Form, Struktur und Zeit».

10 Wolfram Pichler und Ralph Ubl, Bildtheorie zur Einführung, Hamburg 2014, S. 116; siehe auch Wolfram Pichler und Ralph Ubl, Images Without Objects and Referents? A Reply to Étienne Jollet, in: Zeitschrift für Kunstgeschichte 81 (2018), S. 418–422.

11 Lambert Wiesing, Artifizielle Präsenz. Studien zur Philosophie des Bildes, Frankfurt am Main 2005.

12 Richard Wollheim, Objekte der Kunst [engl. Orig. 1980], übers. von Max Looser, Frankfurt am Main 1982, S. 195.

13 Siehe unten, Kapitel V «Zwiespalt und Zeit».

IV. Form, Struktur und Zeit. Bildliche Formkonstellationen und ihre rezeptionsästhetische Temporalität

Überarbeitete Fassung von: Form, Struktur und Zeit. Bildliche Formkonstellationen und ihre rezeptionsästhetische Temporalität, in: Michael Gamper, Eva Geulen, Johannes Grave u. a. (Hg.), Zeit der Form – Formen der Zeit (Ästhetische Eigenzeiten, Bd. 2), Hannover 2016, S. 139–162 (mit freundlicher Genehmigung des Wehrhahn Verlags).

1 Vgl. Jonathan Crary, Techniken des Betrachters. Sehen und Moderne im 19. Jahrhundert [engl. Orig. 1990], übers. von Anne Vonderstein, Dresden 1996, bes. S. 104 f. – Die Prozessualität und Performativität des Sehens betont ebenfalls – allerdings auf einer gänzlich anderen argumentativen Grundlage – Schürmann, Sehen als Praxis.

2 Für eine Anwendung von Überlegungen aus wahrnehmungsphysiologischer und kognitionspsychologischer Sicht auf den Sonderfall der Bildbetrachtung vgl. Kebeck, Bild und Betrachter.

3 Vgl. Ingarden, Das literarische Kunstwerk, S. 354–367.

4 Vgl. Martin Seel, Form als eine Organisation von Zeit, in: Josef Früchtl und Maria Moog-Grünewald (Hg.), Ästhetik in metaphysikkritischen Zeiten. 100 Jahre Zeitschrift für Ästhetik und Allgemeine Kunstwissenschaft, Hamburg 2007, S. 33–44. – Vgl. auch die Überlegungen von Dirk Westerkamp, der Kunstwerke als Gegenstände begreift, die eine besondere Zeiterfahrung, die Freiheit von Zeit, ermöglichen; Westerkamp, Ästhetisches Verweilen.

5 Vgl. Grave, Zeichnung ohne Zug, bes. S. 239–245.

6 Antoine-Joseph Dézallier d'Argenville, Leben der berühmtesten Maler, nebst einigen Anmerkungen über ihren Character, der Anzeige ihrer vornehmsten Werke

und einer Anleitung, die Zeichnungen und Gemälde großer Meister zu kennen. Aus dem Französischen übersetzt, verbessert und mit Anmerkungen versehen [von Johann Jakob Volkmann]. Erster Theil: Von den Malern der Italienischen Schule, Leipzig 1767, S. 2 f.

7 Für weitere Hinweise vgl. Grave, Zeichnung ohne Zug, S. 242–244.

8 Vgl. Grave, Zeichnung ohne Zug, bes. S. 245 f. – Streng genommen muss bereits dem Zeichner selbst die gerade gezogene Linie fremd werden und als vergangen gegenübertreten; vgl. Jacques Derrida, Aufzeichnungen eines Blinden. Das Selbstporträt und andere Ruinen [frz. Orig. 1990], übers. von Andreas Knop, München 1997; Johannes Grave und Arno Schubbach, Zug um Zug. Vergangenheit im Bild, in: Peter Geimer und Michael Hagner (Hg.), Nachleben und Rekonstruktion. Vergangenheit im Bild, München 2012, S. 71–92.

9 Zur Performativität des Zeichnens und des Blicks auf Zeichnungen vgl. Roland Barthes, Cy Twombly oder Non multa sed multum [frz. Orig. 1979], in: ders., Der entgegenkommende und der stumpfe Sinn. Kritische Essays III, übers. von Dieter Hornig, Frankfurt am Main 1990, S. 165–183; Norman Bryson, A Walk for a Walk's Sake, in: Catherine de Zegher (Hg.), The Stage of Drawing. Gesture and Act (Ausst.-Kat. New York, Drawing Center), London 2003, S. 149–158; Rosand, Drawing Acts; Toni Hildebrandt, Fabian Goppelsröder und Ulrich Richtmeyer (Hg.), Bild und Geste. Figurationen des Denkens in Philosophie und Kunst, Bielefeld 2014; Nicola Suthor, Guercino's «Wet» Drawing, in: Res. Anthropology and Aesthetics 63/64 (2013), S. 80–92.

10 Vgl. etwa Régine Bonnefoit, Der «Spaziergang des Auges» im Bilde. Reflexionen zur Wahrnehmung von Kunstwerken bei William Hogarth, Adolf von Hildebrand und Paul Klee, in: Kritische Berichte 32 (2004), H. 4, S. 6–18; dies., Die Linientheorien von Paul Klee, Petersberg 2009; Gottfried Boehm, Genesis. Paul Klee's Temporalization of Form, in: Research in Phenomenology 43 (2013), H. 3, S. 311–330, bes. S. 329.

11 Vgl. dazu Jean-Paul Sartre, Masson [frz. Orig. 1961], in: ders., Die Suche nach dem Absoluten. Texte zur bildenden Kunst, übers. von Vincent von Wroblewsky, Reinbek 1999, S. 39–58; vgl. auch Toni Hildebrandt, Die tachistische Geste 1951–1970, in: ders./Goppelsröder/Richtmeyer, Bild und Geste, S. 45–64.

12 Vgl. Wilhelm Pinder, Einleitende Voruntersuchung zu einer Rhythmik romanischer Innenräume in der Normandie, Straßburg 1904; August Schmarsow, Grundbegriffe der Kunstwissenschaft am Übergang vom Alterthum zum Mittelalter. Kritisch erörtert und in systematischem Zusammenhange dargestellt, Leipzig 1905, bes. S. 84–99; ders., Rhythmus in menschlichen Raumgebilden, in: Zeitschrift für Ästhetik und allgemeine Kunstwissenschaft 14 (1920), S. 171–187. – Auf Vorläufer im frühen 19. Jahrhundert verweist Willy Drost, Die Lehre vom Rhythmus in der heutigen Ästhetik der bildenden Künste, Leipzig 1919, S. 6 f.

13 Neben den schon genannten Titeln vgl. auch Alois Riegl, Spätrömische Kunst-Industrie nach den Funden in Österreich-Ungarn, Wien 1901, S. 209–217; Max Dessoir, Ästhetik und allgemeine Kunstwissenschaft, Leipzig 1906, bes. S. 391; August Schmarsow, Zur Lehre vom Rhythmus, in: Zeitschrift für Ästhetik und allgemeine Kunstwissenschaft 16 (1922), S. 109–118. – Schon im frühen 20. Jahrhundert erschienen erste historiographische Arbeiten zum Rhythmusbegriff in der kunstwissenschaftlichen Forschung, so Hans Hermann Russack, Der Begriff des Rhythmus bei den deutschen Kunsthistorikern des XIX. Jahrhunderts, Weida

1910; Drost, Die Lehre vom Rhythmus. – Für Hinweise auf die jüngere theorie- und wissenschaftsgeschichtliche Literatur siehe unten, Kapitel VIII «Können Bilder Rhythmen aufweisen?».

14 Vgl. Hans Kauffmann, Albrecht Dürers rhythmische Kunst, Leipzig 1924; und Erwin Panofsky, Albrecht Dürers rhythmische Kunst, in: Jahrbuch für Kunstwissenschaft 1926, S. 136–192.

15 Panofsky, Dürers rhythmische Kunst, S. 136.

16 Panofsky, Dürers rhythmische Kunst, S. 136 f.

17 Panofsky, Dürers rhythmische Kunst, S. 140.

18 Wichtige relevante Passagen aus den Schriften Kandinskys sind zusammengetragen bei Reinhard Zimmermann, Die Kunsttheorie von Wassily Kandinsky, 2 Bde., Berlin 2002, Bd. 2, S. 455–457; für Klees Rhythmusbegriff vgl. Paul Klee, Schriften zur Form- und Gestaltungslehre, hg. von Jürgen Spiller, Bd. 1: Das bildnerische Denken, Basel 1956, S. 217–292, bes. S. 267–292.

19 Panofsky, Dürers rhythmische Kunst, S. 136.

20 So auch Christian Grüny, der allerdings im Anschluss an Gottfried Boehm darum bemüht ist, die «Realisierung» des Rhythmus in der Betrachtung von rezeptionsästhetischen Fragen zu unterscheiden – eine Abgrenzung, die von m. E. unbegründeten grundsätzlichen Vorbehalten gegen die Rezeptionsästhetik motiviert ist; vgl. Christian Grüny, Bildrhythmen, in: Rheinsprung 11. Zeitschrift für Bildkritik 5 (2013), S. 149–161. Grüny knüpft explizit an einen frühen Beitrag von Boehm an: Gottfried Boehm, Das Werk als Prozeß. Einführung, in: Willi Oelmüller (Hg.), Kolloquium Kunst und Philosophie, Bd. 3: Das Kunstwerk, Paderborn 1983, S. 326–338, bes. S. 332.

21 Drost, Die Lehre vom Rhythmus, S. 17.

22 Vgl. John Dewey, Kunst als Erfahrung [engl. Orig. 1934], übers. von Christa Velten, Frankfurt am Main 1988, S. 156–216; Henri Maldiney, Die Ästhetik der Rhythmen [frz. Orig. 1967], in: Claudia Blümle und Armin Schäfer (Hg.), Struktur, Figur, Kontur. Abstraktion in Kunst und Lebenswissenschaften, Berlin 2007, S. 47–74. Für weitere Hinweise siehe unten, Kapitel VIII «Können Bilder Rhythmen aufweisen?».

23 Vgl. Theissing, Die Zeit im Bild, S. 29.

24 Für eine grundsätzliche Infragestellung dieses Gedankens vgl. Jason Gaiger, Can a Painting have a Rhythm?, in: British Journal of Aesthetics 58 (2018), H. 4, S. 363–383; für eine kritische Diskussion von Gaigers Einwand siehe unten, Kapitel VIII «Können Bilder Rhythmen aufweisen?».

25 Vgl. auch die ebenso anschaulichen wie grundlegenden Ausführungen von Gottfried Boehm, Bild und Zeit; ferner ders., Bildsinn und Sinnesorgane, in: Neue Hefte für Philosophie 18/19 (1980), S. 118–132; und ders., Der Grund. Über das ikonische Kontinuum, in: ders. und Matteo Burioni (Hg.), Der Grund. Das Feld des Sichtbaren, München 2012, S. 29–92.

26 Zur klassischen Semantik des Formbegriffs vgl. etwa Klaus Städtke, Form, in: Ästhetische Grundbegriffe, hg. von Karlheinz Barck u. a., Stuttgart 2000–2005, Bd. 2, S. 462–494, bes. S. 463 f.

27 Vgl. Boehm, Bildsinn und Sinnesorgane, S. 125.

28 Hilfreiche Klärungen und anregende Überlegungen zu einer Bestimmung des Bildes finden sich bei Pichler/Ubl, Bildtheorie zur Einführung.

29 Lediglich vollkommen monochrome Gemälde scheinen sich einer Beschreibung mit dem Strukturbegriff zu entziehen; als Grenzfälle unterstreichen sie jedoch *ex negativo* die grundsätzliche Bedeutung, die Strukturen in Bildern zukommt. Beschränkt man sich auf die wesentlichen Bestimmungen des Strukturbegriffs, so scheint er durchaus angemessen zu sein, um Bilder zu beschreiben. In der Bildtheorie ist der Bildstatus von monochromer Malerei nicht unumstritten; vgl. etwa Christoph Asmuth, Bilder über Bilder. Bilder ohne Bilder. Eine neue Theorie der Bildlichkeit, Darmstadt 2011, S. 94 f.

30 Gilles Deleuze, Woran erkennt man den Strukturalismus? [frz. Orig. 1973], übers. von Eva Brückner-Pfaffenberger und Donald Watts Tuckwiller, Berlin 1992, S. 18.

31 Deleuze, Woran erkennt man den Strukturalismus?, S. 15.

32 Vgl. Deleuze, Woran erkennt man den Strukturalismus?, S. 15.

33 Deleuze, Woran erkennt man den Strukturalismus?, S. 19.

34 Gilles Deleuze, Differenz und Wiederholung [frz. Orig. 1968], übers. von Joseph Vogl, München 1992, S. 76.

35 Vgl. Boehm, Bild und Zeit, S. 11 f.

36 Zum Gemälde vgl. Marie-Madeleine Aubrun, Jules Dupré, 1811–1889. Catalogue raisonné de l'œuvre peint, dessiné et gravé, Paris 1974, S. 277, Nr. 796.

37 Vgl. Elkins, Marks, Traces; vgl. auch Arno Schubbach, Linie, in: Rheinsprung 11. Zeitschrift für Bildkritik 3 (2012), S. 174–182.

38 Plinius Secundus d. Ä., Naturkunde. Lateinisch – Deutsch, hg. und übers. von Roderich König u. a., Buch 34: Farben, Malerei, Plastik, 3. Aufl., Düsseldorf 2007, S. 69; vgl. neben Elkins, Marks, Traces, auch Charlotte Kurbjuhn, Kontur. Geschichte einer ästhetischen Denkfigur, Berlin 2014, bes. S. 61–64.

39 Zur Formwerdung im Bild und der ihr komplementären Deformation vgl. auch Gilles Deleuze, Francis Bacon. Logik der Sensation [frz. Orig. 1981], übers. von Joseph Vogl, 2 Bde., München 1995.

40 Deleuze, Woran erkennt man den Strukturalismus?, S. 29.

41 Der Gedanke einer simultanen, augenblicklichen Apperzeption des im Bild Erscheinenden ist noch immer überraschend weit verbreitet, vgl. etwa Sybille Krämer, Operative Bildlichkeit. Von der ‹Grammatologie› zu einer ‹Diagrammatologie›? Reflexionen über erkennendes ‹Sehen›, in: Martina Heßler und Dieter Mersch (Hg.), Logik des Bildlichen. Zur Kritik der ikonischen Vernunft, Bielefeld 2009, S. 94–122, bes. S. 98: Das Auge könne «das Vielerlei von nebeneinander Liegendem in einem ‹Augenblick› – also gleichzeitig – wahrnehmen. Diese dem Sehen […] einzigartig zukommende simultane Präsenz ist von erkenntnistheoretischem Gewicht.» – Vgl. demgegenüber Kebeck, Bild und Betrachter, bes. S. 74 u. S. 316, der davon ausgeht, dass die Wahrnehmung von Bildern sogar eine «Verlängerung der Betrachtungszeit» zur Folge hat.

42 Diesen Versuch hat – im Anschluss an Kurt Badt – vor allem Lorenz Dittmann unternommen, vgl. Dittmann, Überlegungen und Beobachtungen zur Zeitgestalt; ders., Der folgerichtige Bildaufbau. Siehe auch oben, Kapitel I «Der Akt des Bildbetrachtens».

43 In diesem Sinne auch Kebeck, Bild und Betrachter, bes. S. 291. Der hier angesprochene Wechsel der bewussten Aufmerksamkeit zwischen dem Dargestellten und den Darstellungsmitteln bzw. dem Bildträger ist nicht mit dem von Richard Woll-

heim postulierten *seeing-in* zu verwechseln. Siehe dazu unten, Kapitel V «Zwiespalt und Zeit».

44 Vgl. Kebeck, Bild und Betrachter, S. 286–321.

45 Vgl. Kebeck, Bild und Betrachter, S. 73 f.

V. Zwiespalt und Zeit. Die Dualität des Bildes und ihre rezeptionsästhetischen Implikationen

Unveröffentlichter Vortrag, Jena 2016, Tagung «Augenreiz, Blickspur, Bilddauer. Erfahrungen von Zeit im Bild». – Einige Formulierungen wurden übernommen aus einer kurzen Skizze des Gedankengangs: In Zeit verstrickt. Warum wir Bilder nicht in einem Augenblick erfassen, in: Alfried Krupp Wissenschaftskolleg Greifswald. Studienjahr 2014/2015, Greifswald 2016, S. 38–45.

1 Pichler/Ubl, Bildtheorie zur Einführung, S. 116.

2 Pichler/Ubl, Bildtheorie zur Einführung, S. 116. – Die Dualität verbindet sehr verschiedene Theorien des Bildes und der Bildwahrnehmung; vgl. etwa James J. Gibson, Wahrnehmung und Umwelt. Der ökologische Ansatz in der visuellen Wahrnehmung [engl. Orig. 1979], übers. von Gerhard Lücke und Ivo Kohler, München 1982, S. 303 («duale[r] Charakter»); Richard L. Gregory, Eye and Brain. The Psychology of Seeing, 5. Aufl., Princeton 1997, S. 177 («double reality»), sowie John V. Kulvicki, Images, London 2014, S. 13 («duality»). – Die «zwiespältige Einheit» impliziert jenen «Widerstreit», der im Zentrum von Edmund Husserls Bildtheorie steht; vgl. Edmund Husserl, Phantasie, Bildbewusstsein, Erinnerung. Zur Phänomenologie der anschaulichen Vergegenwärtigungen. Texte aus dem Nachlass (1898–1925) (Husserliana, Bd. 23), hg. von Eduard Marbach, Den Haag 1980, S. 45–48. Für eine ausführliche Entfaltung von Husserls Bildtheorie und deren zeitlichen Implikationen vgl. Iris Laner, Revisionen der Zeitlichkeit. Zur Phänomenologie des Bildes nach Husserl, Derrida und Merleau-Ponty, München 2016, bes. S. 17–172.

3 Vgl. etwa eine von Joachim Gasquet überlieferte Äußerung Cézannes zu seiner malerischen Beschäftigung mit der Natur: «Je prends, à droite, à gauche, ici, là, partout, ses tons, ses couleurs, ses nuances, je les fixe, je les rapproche … Ils font des lignes. Ils deviennent des objets, des rochers, des arbres, sans que j'y songe»; Michael Doran (Hg.), Conversations avec Cézanne, Paris 1978, S. 109.

4 Werner Hofmann, Grundlagen der modernen Kunst. Eine Einführung in ihre symbolischen Formen, 2. Aufl., Stuttgart 1978, S. 228. Vgl. auch Gottfried Boehm, Paul Cézanne. Montagne Sainte-Victoire, Frankfurt am Main 1988.

5 Wollheim, Objekte der Kunst, S. 195. – Vgl. auch Richard Wollheim, Painting as an Art. The A. W. Mellon Lectures in the Fine Arts, 1984, Princeton 1987, bes. S. 43–100.

6 Vgl. dazu Wollheims eigene Erläuterungen in Wollheim, Painting as an Art, S. 360, Anm. 6.

7 Ernst H. Gombrich, Art and Illusion. A Study in the Psychology of Pictorial Representation, 4. Aufl., London 1977, bes. S. 3–5, S. 198–200 u. S. 236. Vgl. Gottfried

Boehm, Gombrichs Konzept des Bildes. Offene Fragen und mögliche Antworten, in: Philine Helas u. a. (Hg.), Bild/Geschichte. Festschrift für Horst Bredekamp, Berlin 2007, S. 195–204.

8 Wollheim, Objekte der Kunst, bes. S. 198–201.

9 Wollheim, Objekte der Kunst, S. 198.

10 Vgl. etwa die anregenden Überlegungen von Flint Schier, Jerrold Levinson oder Dominic Lopes: Flint Schier, Deeper into Pictures. An Essay on Pictorial Representation, Cambridge 1986, bes. S. 207 f.; Jerrold Levinson, Wollheim on Pictorial Representation, in: Journal of Aesthetics and Art Criticism 56 (1998), S. 227–233; Dominic McIver Lopes, Sight and Sensibility. Evaluating Pictures, Oxford 2005, bes. S. 28–48 (mit bedenkenswerten Argumenten für eine Vielfalt der Formen des *seeing-in*). – Vgl. ferner Rob van Gerwen (Hg.), Richard Wollheim on the Art of Painting. Art as Representation and Expression, Cambridge 2001; John Kulvicki, Twofoldness and Visual Awareness, in: Klaus Sachs-Hombach und Rainer Totzke (Hg.), Bilder – Sehen – Denken. Zum Verhältnis von begrifflich-philosophischen und empirisch-psychologischen Ansätzen in der bildwissenschaftlichen Forschung, Köln 2011, S. 66–92; Emmanuel Alloa, Seeing-as, Seeing-in, Seeing-with: Looking through Images, in: Richard Heinrich u. a. (Hg.), Image and Imaging in Philosophy, Science and the Arts, 2 Bde., Frankfurt am Main 2011, Bd. 1, S. 179–190; sowie Gary Kemp und Gabriele M. Mras (Hg.), Wollheim, Wittgenstein, and Pictorial Representation. Seeing-as and Seeing-in, London 2016. – Zu den umstrittenen Aspekten gehört u. a. die Frage, wie innerhalb von Wollheims *twofoldness* das Trompe-l'œil angemessen verstanden werden kann. Eine konsequente Anwendung von Wollheims These muss perfekt täuschende Gemälde aus dem Kreis der Bilder ausschließen, weil an ihnen kein *seeing-in* möglich ist.

11 Vgl. zum Beispiel Kendall Walton, der die Bildbetrachtung als Verbindung von Sehen (*seeing*) und Vorstellen (*imagining*) versteht. Sehen und Vorstellen seien dabei als «inseparable aspects of a single experience» zu begreifen: «[…] one imagines one's seeing of the canvas to be a seeing of a mill, and this imagining is an integral part of one's visual experience of the canvas»; Kendall L. Walton, Mimesis as Make-Believe. On the Foundations of the Representational Arts, Cambridge (Mass.) 1990, S. 301.

12 Patrick Maynard, Seeing Double, in: Journal of Aesthetics and Art Criticism 52 (1994), S. 155–167, hier S. 164: «Depictive artists may contrive to discourage perception of their works *as* drawings, or *as* paintings, etc. Or they may so ‹thematize› their ways of producing marks, or of drawing or painting figures or pictures, as to detract from, minimize, or eliminate figurative imagining. Also, different kinds of ‹aperture viewing› could suppress different of these aspects of drawing and painting, for a variety of purposes.» – Hier und im Folgenden stammen Übersetzungen ohne anderweitige Kennzeichnungen vom Verfasser.

13 Levinson, Wollheim on Pictorial Representation, S. 229: «If you see a woman in a picture in virtue of visually processing a pattern of marks, then of course in some sense you are thereby perceiving the medium in which those marks inhere or consist. But it is far from clear that when you see the woman in the picture you must in some measure be attending to, taking notice of, or consciously focusing on the picture's surface or patterning as such.»

14 Levinson, Wollheim on Pictorial Representation, S. 230.

15 Vgl. Bence Nanay, Perceiving Pictures, in: Phenomenology and the Cognitive Sciences 10 (2011), S. 461–480.

16 Zur Unterscheidung von ventralem und dorsalem Pfad vgl. Melvyn A. Goodale und A. David Milner, Separate Visual Pathways for Perception and Action, in: Trends in Neurosciences 15 (1992), H. 1, S. 20–25; Nivedita Gangopadhyay, Michael Madary und Finn Spicer (Hg.), Perception, Action, and Consciousness. Sensorimotor Dynamics and Two Visual Systems, Oxford 2010.

17 Nanay, Perceiving Pictures, S. 466: «The ventral subsystem attributes properties to the depicted scene whereas the dorsal subsystem attributes properties to the surface of the pictures.»

18 Vgl. Nanay, Perceiving Pictures, S. 466: «[...] this claim is *not* about perceptual consciousness.»

19 Nanay, Perceiving Pictures, S. 473: «But if someone asks me about the shape on the picture surface that depicts the penalty area, I would need to *actively direct my attention* to the surface properties in order to respond.» – Nanay stellt hier einen direkten Bezug zu der Beobachtung von Kenneth Clark her, dass er bei der Betrachtung der *Meninas* von Velazquez ein Oszillieren der Wahrnehmung erfahren habe; vgl. Kenneth Clark, Looking at Pictures, London 1960, S. 36 f.

20 Nanay, Perceiving Pictures, S. 473: «active and intentional shift of attention».

21 Vgl. Nanay, Perceiving Pictures, S. 474.

22 Vgl. Gombrich, Art and Illusion, S. 5; und Clark, Looking at Pictures, S. 26 f.

23 Joerg Fingerhut, Das Bild, dein Freund: Der fühlende und der sehende Körper in der enaktiven Bildwahrnehmung, in: Ulrike Feist und Markus Rath (Hg.), Et in imagine ego. Facetten von Bildakt und Verkörperung. Festgabe für Horst Bredekamp, Berlin 2012, S. 177–198, hier S. 189. – Fingerhut verweist auf Mohan Matthen, Two Visual Systems and the Feeling of Presence, in: Gangopadhyay/Madary/Spicer, Perception, Action, and Consciousness, S. 107–124.

24 Vgl. Bence Nanay, Threefoldness, in: Philosophical Studies 175 (2018), S. 163–182, bes. S. 165 f.

25 Gabriele Ferretti und Francesco Marchi, Visual Attention in Pictorial Perception, in: Synthese 199 (2021), S. 2077–2101, hier S. 2094: «It is worth noting that conscious focal attention can alternate between the surface and the depicted object. And, in this case, there is no lack of resolution, as conscious focal attention can be exercised on one target at a given time, and not simultaneously.»

26 Pichler/Ubl, Bildtheorie zur Einführung, S. 116.

VI. Werk und Wirkung – Bild und *agency*. Zur Aktualität der phänomenologischen Unterscheidung zwischen Kunstwerk und ‹ästhetischem Objekt›

Überarbeitete Fassung von: Werk und Wirkung – Bild und agency. Zur Aktualität der phänomenologischen Unterscheidung zwischen Kunstwerk und ästhetischem Objekt, in: Zeitschrift für Ästhetik und allgemeine Kunstwissenschaft 65 (2020), H. 1, S. 87–102 (mit freundlicher Genehmigung des Felix Meiner Verlags).

1 Vgl. etwa Johannes Grave und Arno Schubbach, Begriffe des Bildes vor dem Zeitalter der Ästhetik? Zur bildtheoretischen Relevanz der Philosophiegeschichte, in: dies. (Hg.), Denken mit dem Bild. Philosophische Einsätze des Bildbegriffs von Platon bis Hegel, München 2010, S. 153–180, bes. S. 160–163.

2 Vgl. etwa Heinrich Dilly, Kunstgeschichte als Institution. Studien zur Geschichte einer Disziplin, Frankfurt am Main 1979; Hubert Locher, Kunstgeschichte als historische Theorie der Kunst 1750–1950, 2. Aufl., München 2010; Regine Prange, Die Geburt der Kunstgeschichte. Philosophische Ästhetik und empirische Wissenschaft, Köln 2004.

3 Vgl. Locher, Kunstgeschichte als historische Theorie der Kunst.

4 Goethe benutzt diese Formulierung mehrfach, etwa in einem Brief an Johann Heinrich Meyer vom 27. November 1798; vgl. Johannes Grave, Der «ideale Kunstkörper». Johann Wolfgang Goethe als Sammler von Druckgraphiken und Zeichnungen, Göttingen 2006, S. 355–362, sowie die Nachweise ebd., S. 403, Anm. 360.

5 Vgl. u. a. Johannes Grave, Hubert Locher und Reinhard Wegner (Hg.), Der Körper der Kunst. Konstruktionen der Totalität im Kunstdiskurs um 1800, Göttingen 2007.

6 Zu denken ist u. a. an die Beteiligung von Kunsthistorikern an der von Max Dessoir und Emil Utitz initiierten Allgemeinen Kunstwissenschaft oder an frühe Aufsätze von Erwin Panofsky, z. B.: Über das Verhältnis der Kunstgeschichte zur Kunsttheorie. Ein Beitrag zur Erörterung über die Möglichkeit ‹kunstwissenschaftlicher Grundbegriffe›, in: Zeitschrift für Ästhetik und allgemeine Kunstwissenschaft 18 (1925), S. 129–161. Vgl. ferner Hans Sedlmayr, Kunst und Wahrheit. Zur Theorie und Methode der Kunstgeschichte, Hamburg 1958; Kurt Badt, Eine Wissenschaftslehre der Kunstgeschichte, Köln 1971; George Kubler, Die Form der Zeit. Anmerkungen zur Geschichte der Dinge [engl. Orig. 1962], übers. von Bettina Blumenberg, Frankfurt am Main 1982. – Für eine jüngere Problematisierung vgl. Mieke Bal, Yve-Alain Bois, Irving Lavin, Griselda Pollock und Christopher S. Wood, Art History and Its Theories, in: Art Bulletin 78 (1996), S. 6–25. Einer der jüngsten Beiträge zu einer Theorie der Kunstgeschichte konzentriert sich auf disziplinspezifische Fragen der Interpretation und der Auffassung von Geschichte; vgl. Ian Verstegen, A Realist Theory of Art History, London 2013.

7 Eine umfassende Untersuchung zum Werkbegriff der Kunstgeschichte fehlt nach meinem Eindruck noch immer; bei der ersten Orientierung helfen: Wolfgang Thierse, «Das Ganze aber ist das, was Anfang, Mitte und Ende hat». Problemgeschichtliche Beobachtungen zur Geschichte des Werkbegriffs, in: Karlheinz Barck, Martin Fontius und Wolfgang Thierse (Hg.), Ästhetische Grundbegriffe. Studien

zu einem historischen Wörterbuch, Berlin 1990, S. 378–414; Jan-Peter Pudelek, Werk, in: Ästhetische Grundbegriffe, hg. von Karlheinz Barck u. a., Bd. 6, Stuttgart 2005, S. 520–588; sowie Wolf-Dietrich Löhr, Werk/Werkbegriff, in: Metzler Lexikon Kunstwissenschaft, hg. von Ulrich Pfisterer, 2. Aufl., Stuttgart 2011, S. 484–489.

8 Vgl. Hubert Locher, Kunstbegriff und Kunstgeschichte. Schlosser, Gombrich, Warburg, in: Wojciech Bałus und Joanna Wolańska (Hg.), Die Etablierung des Faches Kunstgeschichte in Deutschland, Polen und Mitteleuropa, Warszawa 2010, S. 391–410.

9 Zu den wenigen Ausnahmen gehören Debatten über den Status und Einsatz von Kopien und Reproduktionen, namentlich der sog. Faksimile-Streit der 1920er Jahre; dazu zuletzt Anika Reineke, Authentizität in der Weimarer Republik. Max Sauerlandt und der Hamburger Faksimile-Streit, in: Roger Fayet und Regula Krähenbühl (Hg.), Authentizität und Material. Konstellationen in der Kunst seit 1900, Zürich 2018, S. 118–131.

10 Thierse, Werkbegriff, S. 389.

11 Thierse, Werkbegriff, S. 389. – Thierse bezieht sich u. a. auf Gottfried Boehm, der 1983 die These formuliert hatte, «daß die Kunstgeschichte vor allem durch die Handgreiflichkeit ihrer Objekte gleichsam ‹übersah›, worin sie ‹Werke› sind»; Boehm, Das Werk als Prozeß, S. 329.

12 Hermann Bauer, Kunsthistorik. Eine kritische Einführung in das Studium der Kunstgeschichte, München 1976, S. 14.

13 Bauer, Kunsthistorik, S. 17.

14 Vgl. Bauer, Kunsthistorik, S. 14–17.

15 Willibald Sauerländer, Die Gegenstandssicherung allgemein, in: Kunstgeschichte. Eine Einführung, hg. von Hans Belting, Heinrich Dilly u. a., 2. Aufl., Berlin 1986, S. 47–57, hier S. 47.

16 Als Hinführungen zu den angesprochenen Positionen seien stellvertretend genannt: Rainer Warning (Hg.), Rezeptionsästhetik. Theorie und Praxis, München 1975; Umberto Eco, Das offene Kunstwerk [ital. Orig. 1962], übers. von Günter Memmert, Frankfurt am Main 1973; Reinold Schmücker (Hg.), Identität und Existenz. Studien zur Ontologie der Kunst, Paderborn 2003.

17 Vgl. Rüdiger Bubner, Ästhetische Erfahrung, Frankfurt am Main 1989, S. 30–34; Edith Decker, Von der Aktions- zur Videokunst. Die Ausweitung des Werkbegriffs, in: Monika Wagner (Hg.), Moderne Kunst. Das Funkkolleg zum Verständnis der Gegenwartskunst, Reinbek 1991, Bd. 2, S. 570–590; Hans Belting, Das unsichtbare Meisterwerk. Die modernen Mythen der Kunst, München 1998; ders., Der Werkbegriff der künstlerischen Moderne, in: Cornelia Klinger und Wolfgang Müller-Funk (Hg.), Das Jahrhundert der Avantgarden, München 2004, S. 65–79; Pudelek, Werk, bes. S. 522–526.

18 Der Bedeutungsverlust des Werkbegriffs mag sich u. a. auch darin andeuten, dass er sich nicht unter den 53 Stichwörtern findet, mit denen vor einigen Jahren wesentliche Begriffe des Diskurses über zeitgenössische Kunst erfasst wurden; vgl. Jörn Schafaff, Nina Schallenberg und Tobias Vogt (Hg.), Kunst-Begriffe der Gegenwart. Von Allegorie bis Zip, Köln 2013. Derselbe Befund ergibt sich bereits für Robert S. Nelson und Richard Shiff (Hg.), Critical Terms for Art History, 2. Aufl., Chicago 2003; sowie Jonathan Harris, Art History. The Key Concepts, London 2006.

19 Vgl. Lorenz Dittmann, Der Begriff des Kunstwerks in der deutschen Kunstgeschichte, in: ders. (Hg.), Kategorien und Methoden der deutschen Kunstgeschichte 1900–1930, Wiesbaden 1985, S. 51–88; vgl. auch Matthias Bleyl, Der künstlerische Werkbegriff in der kunsthistorischen Forschung, in: L'Art et les révolutions, Bd. 5: Révolution et évolution de l'Histoire de l'art de Warburg à nos jours, hg. von Harald Olbrich, Strasbourg 1992, S. 151–159; sowie bereits Dagobert Frey, Kunstwissenschaftliche Grundfragen. Prolegomena zu einer Kunstphilosophie, Wien 1946, S. 80–92 (Das Kunstwerk als Willensproblem) u. S. 107–149 (Der Realitätscharakter des Kunstwerks).

20 Vgl. etwa Konrad Hoffmann, Rezension von: Lorenz Dittmann (Hg.), Kategorien und Methoden der deutschen Kunstgeschichte 1900–1930, Wiesbaden 1985, in: Kunstchronik 41 (1988), S. 601–610.

21 Thierse, Werkbegriff, S. 386.

22 Thierse, Werkbegriff, S. 404.

23 Thierse, Werkbegriff, S. 406. – Besonders prominent ist die enge Verknüpfung von Kunst, Kunstwerk und Wahrheit von Philosophen, namentlich von Heidegger und Gadamer, vertreten worden; vgl. Martin Heidegger, Der Ursprung des Kunstwerkes, in: ders., Holzwege, 8. Aufl., Frankfurt am Main 2003, S. 1–74; und Hans-Georg Gadamer, Die Wahrheit des Kunstwerkes, in: ders., Gesammelte Werke, Bd. 3, Tübingen 1987, S. 249–261. – Einige Kunsthistoriker haben solche Stichworte dankbar aufgegriffen oder selbst ähnliche Überlegungen skizziert; exemplarisch seien angeführt: Sedlmayr, Kunst und Wahrheit; Badt, Eine Wissenschaftslehre, S. 19–25, bes. S. 21.

24 Vgl. Deutsches Wörterbuch von Jacob und Wilhelm Grimm, 33 Bde., Leipzig 1854–1971, Bd. XIV,I,2 (= Bd. 29), S. 327–347, bes. S. 328. – Vgl. auch Thierse, Werkbegriff, S. 384.

25 Zuletzt dazu – mit Hinweisen auf relevante Literatur – Frank Fehrenbach, Quasi vivo. Lebendigkeit in der italienischen Kunst der Frühen Neuzeit, Berlin 2021, der betont, dass die in der frühen Neuzeit verbreitete Rede von der Lebendigkeit von Bildern nicht allein auf rhetorische Kategorien reduziert werden sollte (ebd., S. 3).

26 Vgl. Martin Warnke, Weltanschauliche Motive in der kunstgeschichtlichen Populärliteratur, in: ders. (Hg.), Das Kunstwerk zwischen Wissenschaft und Weltanschauung, Gütersloh 1970, S. 88–108.

27 Vgl. David Freedberg, The Power of Images. Studies in the History and Theory of Response, Chicago 1989; Mitchell, What Do Pictures Want?; Boehm, Wie Bilder Sinn erzeugen; Bredekamp, Der Bildakt; Caroline van Eck, Art, Agency and Living Presence. From the Animated Image to the Excessive Object, Berlin 2015. – Zu denken ist ferner an die Arbeiten von Alfred Gell, die sich jedoch dezidiert auf Kunst und Artefakte konzentrieren; vgl. A. Gell, Art and Agency. An Anthropological Theory, Oxford 1998.

28 Vgl. auch Roßler, Haben Bilder Handlungsmacht?.

29 Bredekamp, Der Bildakt, S. 59. Vgl. auch ders., Bildakt, in: Marion Lauschke und Pablo Schneider (Hg.), 23 Manifeste zu Bildakt und Verkörperung, Berlin 2018, S. 25–33.

30 Vgl. etwa Daniel Hornuff, Bildwissenschaft im Widerstreit. Belting, Boehm, Bredekamp, Burda, München 2012; Lambert Wiesing, Sehen lassen. Die Praxis des Zeigens, Frankfurt am Main 2013, bes. S. 78–105; Martin Büchsel, Das Ende der

Bildermythologien. Kritische Stimmen zur deutschen Bildwissenschaft, in: Kunstchronik 7 (2014), S. 335–342; vgl. dazu auch Bredekamps kurze Darstellung der Debatte; Bredekamp, Der Bildakt, S. 12 f. Anschließend erschien die umfassende Kritik von Martin Büchsel, Bildmacht und Deutungsmacht. Bildwissenschaft zwischen Mythologie und Aufklärung, München 2019, bes. S. 96–110.

31 Bredekamp, Der Bildakt, S. 61 u. S. 319; vgl. auch Horst Bredekamp, Das Beispiel Palmyra, Köln 2016.

32 Bredekamp, Der Bildakt, S. 17 f.

33 Vgl. Warnke, Weltanschauliche Motive.

34 Vgl. Kemp, Der Betrachter ist im Bild; Kemp, Rezeptionsästhetik, in: Pfisterer, Metzler Lexikon Kunstwissenschaft; siehe auch oben, Kapitel I «Der Akt des Bildbetrachtens».

35 Eine Ausnahme bildet ein jüngeres Buch: Janneke Wesseling, The Perfect Spectator. The Experience of the Art Work and Reception Aesthetics, Amsterdam 2017. Wesselings Buch berührt sich in manchen Punkten mit meinem Anliegen, verzichtet aber auf eine bildtheoretische Fundierung und legt den Akzent stärker auf (ebenfalls wichtige) Aspekte wie die Verkörperung und Situierung des Betrachters, die hier zugunsten eines Fokus auf Zeitfragen im Hintergrund bleiben. Auf Fragen der räumlichen Relationierung und der Ortsspezifik konzentrieren sich zwei weitere jüngst erschienene Arbeiten: Ken Wilder, Beholding. Situated Art and the Aesthetics of Reception, London 2020; und Houston, The Place of the Viewer.

36 Vgl. Jauß, Literaturgeschichte als Provokation, S. 144–207.

37 Vgl. Iser, Der Lesevorgang; Iser, Der Akt des Lesens; Ingarden, Das literarische Kunstwerk.

38 Vgl. Georg D. Bensch, Vom Kunstwerk zum ästhetischen Objekt. Zur Geschichte der phänomenologischen Ästhetik, München 1994; Hans Rainer Sepp, Phänomenologische Ästhetik. Ein geschichtlicher Abriss, in: Phainomena 15 (2006), H. 59, S. 62–92; Hans Rainer Sepp und Lester Embree (Hg.), Handbook of Phenomenological Aesthetics, Dordrecht 2010.

39 Roman Ingarden, Das ästhetische Erlebnis [1937], in: ders., Erlebnis, Kunstwerk und Wert. Vorträge zur Ästhetik 1937–1967, Tübingen 1969, S. 3–7, hier S. 3.

40 Vgl. Mikel Dufrenne, Phénoménologie de l'expérience esthétique, Bd. 1: L'objet esthétique, 2. Aufl., Paris 1967, S. 9: «[...] l'œuvre d'art, en tant qu'elle est là dans le monde, peut être saisie dans une perception qui néglige sa qualité esthétique [...]. L'objet esthétique est, au contraire, l'objet esthétiquement perçu, c'est-à-dire perçu en tant qu'esthétique.» – Eine vergleichbare Differenzierung (allerdings zwischen «Kunstprodukt» und «Kunstwerk») findet sich auch bei Dewey, Kunst als Erfahrung, S. 188. – Für eine aktualisierende Lektüre von Dufrennes bildtheoretischen Ausführungen vgl. Paul Crowther, Phenomenologies of Art and Vision. A Post-Analytic Turn, London 2013, S. 137–160.

41 Vgl. Dufrenne, Phénoménologie, S. 239 f.

42 Vgl. Dufrenne, Phénoménologie, S. 297: «[...] c'est la perception qui opère la métamorphose de l'œuvre en objet par quoi l'œuvre s'achève et livre son sens authentique.»

43 Vgl. Dufrenne, Phénoménologie, S. 214: «[...] l'objet esthétique est toujours déjà latent dant [sic] l'œuvre avant que je ne l'accomplisse en le percevant [...].»

44 Vgl. Dufrenne, Phénoménologie, S. 281: «L'objet esthétique est un objet essentiellement perçu, je veux dire voué à la perception et qui ne s'accomplit qu'en elle […].»
45 Vgl. Dufrenne, Phénoménologie, S. 285: «Ainsi l'objet perçu a un statut ambigu: il est cet objet que je perçois parce qu'il m'est présent, mais en même temps il est autre chose; il est cette réalité étrangère que la perception n'épuise pas […].»
46 Vgl. Dufrenne, Phénoménologie, S. 258–297.
47 Bensch, Vom Kunstwerk zum ästhetischen Objekt, S. 130.
48 Jürgen Vogt, Der schwankende Boden der Lebenswelt. Phänomenologische Musikpädagogik zwischen Handlungstheorie und Ästhetik, Würzburg 2001, S. 189.
49 Vgl. Dufrenne, Phénoménologie, S. 8.
50 Vgl. Dufrenne, Phénoménologie, S. 282 f.: «La perception est précisément l'expression de ce lien noué entre objet et sujet, où l'objet est immédiatement vécu par le sujet dans l'expérience irréductible d'une vérité originaire qui ne peut être assimilée aux synthèses qu'opère le jugement conscient.» – Zur Denkfigur des ‹Lebens› von Werken in der Literaturtheorie des 20. Jahrhunderts vgl. Jørgen Sneis, Das ‹Leben› des Werks. Das literarische Werk im Spannungsfeld zwischen Interpretation, Ästhetik und Wirkungsgeschichte, in: Lutz Danneberg, Annette Gilbert und Carlos Spoerhase (Hg.), Das Werk. Zum Verschwinden und Fortwirken eines Grundbegriffs, Berlin 2019, S. 351–378.
51 Vgl. Vogt, Der schwankende Boden, S. 186.
52 Vgl. Dufrenne, Phénoménologie, S. 289: «La plénitude dont jouit cet objet est toujours celle de l'apparence, c'est-à-dire du sensible qui est l'acte commun du sentant et du senti.» Vgl. auch Edward S. Casey, Aesthetic Experience, in: Sepp/Embree, Handbook of Phenomenological Aesthetics, S. 1–7, bes. S. 4.
53 Vgl. Dufrenne, Phénoménologie, S. 282: «[…] le fait de la perception invite au contraire à rompre le dilemme à quoi l'opposition du sujet et de l'objet accule toute réflexion; il suggère que l'objet n'est pas le produit d'une activité constituante, et cependant n'existe que pour une conscience capable de la reconnaître et de le lire; il invite à concevoir une relation de l'objet et du sujet telle que l'un ne soit que par l'autre, que le sujet soit relatif à l'objet de la même façon que l'objet est relatif au sujet. […] car la forme n'est pas la figure de l'objet immédiatement donné comme totalité articulée et signifiante, mais la totalité que le sujet forme avec l'objet, où l'on ne peut distinguer qu'artificiellement ce qui est de l'objet et ce qui est du sujet.»
54 Vgl. Dufrenne, Phénoménologie, S. 284: «La perception est perpétuellement le théâtre d'un drame: elle ne cesse de se dépasser vers une autre forme de connaissance qui tente de se délivrer de la subjectivité et de saisir l'objectivité de l'objet, en sorte que la distinction du sujet et de l'objet est le résultat et la fin de cet effort […].»
55 Bredekamp, Der Bildakt, S. 17.
56 Bredekamp, Der Bildakt, S. 10.
57 Bredekamp, Der Bildakt, S. 10.
58 Dufrenne selbst verwendet den Begriff «objet pictural», vgl. etwa Dufrenne, Phénoménologie, S. 346 f. – Es wäre genauer zu prüfen, ob Dufrennes Begriff des «objet pictural» in systematischer Hinsicht dem Begriff des Bildobjekts bei Husserl entspricht; zu Letzterem vgl. etwa Husserl, Phantasie, Bildbewusstsein, Erinnerung, S. 18–20 (§ 9 der Vorlesungen 1904/05).

59 Obwohl ich die damit bezeichneten Phänomene ernst nehme, scheint mir der Begriff der *agency* mit Bezug auf Bilder oder auch Dinge nicht sehr zielführend zu sein, da er in der Regel ein Handlungsvermögen bezeichnet, das insofern einen gewissen Grad an Unabhängigkeit voraussetzt, als es nicht auf ein Zusammenspiel mit klar bestimmbaren anderen Instanzen und Faktoren angewiesen ist. Zudem wird der Begriff der *agency* oft mit Intentionalität, Zielgerichtetheit, Zurechenbarkeit oder gar Bewusstsein konnotiert. All diese Implikationen scheinen mir wenig hilfreich zu sein, um die Wirkungen von Bildern, die keineswegs zu unterschätzen sind, zu beschreiben.

60 Dufrenne, Phénoménologie, S. 5 f.: «[...] car nous aurons toujours à nous demander si l'objet esthétique, étant lié à la perception où il apparaît, se réduit à cet apparaître ou comporte un en-soi; nous aurons toujours à nous reprendre sur un idéalisme ou un psychologisme en nous rappelant que la perception, esthétique ou non, ne crée pas un objet nouveau, et que l'objet, en tant qu'esthétiquement perçu, n'est pas différent de la chose objectivement connue ou produite qui sollicite cette perception (c'est-à-dire, en l'occurrence, on va le dire, de l'œuvre d'art).»

61 Bredekamp, Der Bildakt, S. 320.

62 Bredekamp, Der Bildakt, S. 61 u. S. 319.

63 Vgl. die Beispiele bei James Elkins, Pictures and Tears. A History of People Who Have Cried in Front of Paintings, London 2004.

64 Vgl. etwa Ingarden, Das literarische Kunstwerk, S. 354–367.

65 Siehe dazu das folgende Kapitel VII «Bilder in Kontexten und Situationen».

VII. Bilder in Kontexten und Situationen: Zur Bedeutung von Verkettungen und Zurichtungen

Überarbeitete Fassung der von mir verfassten Abschnitte I–III zur Einleitung, in: Johannes Grave, Britta Hochkirchen und Joris C. Heyder (Hg.), Vor dem Blick. Zurichtungen des Bildersehens, Bielefeld 2022.

1 Vgl. W. J. T. Mitchell, Pictorial Turn [engl. Orig. 1992], in: ders., Bildtheorie, hg. von Gustav Frank, Frankfurt am Main 2008, S. 101–135; Gottfried Boehm, Die Wiederkehr der Bilder, in: ders. (Hg.), Was ist ein Bild?, 2. Aufl., München 1995, S. 11–38, bes. S. 13.

2 Vgl. Gottfried Boehm, Iconic turn. Ein Brief, in: Hans Belting (Hg.), Bilderfragen. Die Bildwissenschaften im Aufbruch, München 2007, S. 27–36; und W. J. T. Mitchell, Pictorial turn. Eine Antwort, in: ebd., S. 37–46.

3 Vgl. etwa Keith Moxey, Visual Studies and the Iconic Turn, in: Journal of Visual Culture 7 (2008), H. 2, S. 131–146; Marius Rimmele und Bernd Stiegler, Visuelle Kulturen/Visual Culture zur Einführung, Hamburg 2012, S. 62–79. – Als schwierig erscheint der Begriff der Bildwissenschaft, weil er eine disziplinäre Abgrenzung suggeriert, die für das Nachdenken über Bilder Probleme aufwerfen könnte.

4 Vgl. etwa Boehm, Wie Bilder Sinn erzeugen.

5 W. J. T. Mitchell, Pictorial Turn, S. 108.

6 Gemeint ist hier der Diskurs über Bilder, wie er vor allem seit den 1990er Jahren vorrangig aus der Kunstgeschichte heraus entwickelt wurde. Neben den Arbeiten

Boehms ist insbesondere an Beiträge von Horst Bredekamp und Hans Belting zu denken. Beltings Bild-Anthropologie nimmt mit Medien und Körpern bereits Schnittstellen in den Blick, die sich mit den Anliegen der *Visual Culture Studies* verknüpfen ließen. Allerdings kommen diese potenziellen Verbindungen in Beltings vorrangig anthropologischem Ansatz kaum zur Geltung; vgl. Hans Belting, Bild-Anthropologie. Entwürfe für eine Bildwissenschaft, München 2001.

7 Susanne von Falkenhausen formuliert mit Blick auf Arbeiten von Gottfried Boehm und Hans Belting: «Sie tun das, was Bal Essentialisierung nennt: Sie schotten ab, suchen nach Reinheit des als erklärungsbedürftig ausgewiesenen Phänomens im Sinne des Unvermischten»; Susanne von Falkenhausen, Verzwickte Verwandtschaftsverhältnisse: Kunstgeschichte, Visual Culture, Bildwissenschaft, in: Philine Helas u. a. (Hg.), Bild-Geschichte. Festschrift für Horst Bredekamp, Berlin 2007, S. 3–13, hier S. 10. Zum Essentialismus vgl. Mieke Bal, Visual Essentialism and the Object of Visual Culture, in: Journal of Visual Culture 2 (2003), H. 1, S. 5–32. – Für eine ähnliche Einschätzung der deutschsprachigen Bildwissenschaften vgl. Gustav Frank, Pictorial und Iconic Turn. Ein Bild von zwei Kontroversen (Nachwort), in: W. J. T. Mitchell, Bildtheorie, hg. von Gustav Frank, Frankfurt am Main 2008, S. 445–487, bes. S. 477–487; Sigrid Schade und Silke Wenk, Studien zur visuellen Kultur: Einführung in ein transdisziplinäres Forschungsfeld, Bielefeld 2011, S. 52 f.

8 Vgl. etwa Norbert Schneider, W. J. T. Mitchell und der ‹Iconic Turn›, in: Kunst und Politik. Jahrbuch der Guernica-Gesellschaft 10 (2008), S. 29–37; sowie Sigrid Schade, What Do Bildwissenschaften Want? In the Vicious Circle of Pictorial and Iconic Turns, in: Kornelia Imesch, Jennifer John, Daniela Mondini u. a. (Hg.), Inscriptions/Transgressions. Kunstgeschichte und Gender Studies, Bern 2008, S. 31–51.

9 Vgl. etwa Thomas Crow, [Statement zum Visual Culture Questionnaire], in: October 77 (1996), S. 34–36, hier S. 36; Rosalind Krauss, Welcome to the Cultural Revolution, in: October 77 (1996), S. 83–96, hier S. 91.

10 Vgl. Bredekamp, Der Bildakt.

11 Exemplarisch für diese Kritik: Wiesing, Sehen lassen, bes. S. 78–105; Büchsel, Das Ende der Bildermythologien.

12 Vgl. Bruno Latour, Eine neue Soziologie für eine neue Gesellschaft, Frankfurt am Main 2007.

13 Latour, Eine neue Soziologie, bes. S. 109–149; vgl. ebd., S. 131, Latours Klarstellungen zum Symmetriebegriff.

14 Theodore Schatzki, Materialität und soziales Leben, in: Herbert Kalthoff, Torsten Cress und Tobias Röhl (Hg.), Materialität. Herausforderungen für die Sozial- und Kulturwissenschaften, Paderborn 2016, S. 63–88, hier S. 81.

15 Vgl. Schatzki, Materialität und soziales Leben, S. 70. Vgl. auch Latour, Eine neue Soziologie, S. 117: «In der Praxis sind es stets Dinge – und ich meine das letzte Wort jetzt buchstäblich – die ihre ‹stählerne› Eigenschaft der fragilen ‹Gesellschaft› leihen.» – Hilfreiche Orientierung bietet Andreas Reckwitz, Der Ort des Materiellen in den Kulturtheorien. Von sozialen Strukturen zu Artefakten, in: ders., Unscharfe Grenzen. Perspektiven der Kultursoziologie, Bielefeld 2008, S. 131–156.

16 Schatzki, Materialität und soziales Leben, S. 69.

17 Schatzki, Materialität und soziales Leben, S. 72.
18 Vgl. Schatzki, Materialität und soziales Leben, S. 72.
19 Vgl. Andreas Reckwitz, Grundelemente einer Theorie sozialer Praktiken. Eine sozialtheoretische Perspektive, in: Zeitschrift für Soziologie 32 (2003), H. 4, S. 282–301, bes. S. 287. – Eine Spezifizierung für Praktiken des Sehens bietet Prinz, Die Praxis des Sehens.
20 Harun Maye, Was ist eine Kulturtechnik?, in: Zeitschrift für Medien- und Kulturforschung 1 (2010), H. 1, S. 121–135.
21 Bernhard Siegert, Öffnen, Schließen, Zerstreuen, Verdichten. Die operativen Ontologien der Kulturtechnik, in: Zeitschrift für Medien- und Kulturforschung 8 (2017), H. 2, S. 95–113, hier S. 101.
22 Latour, Eine neue Soziologie, S. 150.
23 Schatzki, Materialität und soziales Leben, S. 69.
24 Frank Hillebrandt, Soziologische Praxistheorien. Eine Einführung, Wiesbaden 2014, S. 58.
25 Erhard Schüttpelz, Die medienanthropologische Kehre der Kulturtechniken, in: Archiv für Mediengeschichte 6 (2006), S. 87–110, hier S. 91 f.
26 W. J. T. Mitchell, Pictorial Turn, S. 108.
27 Vgl. Reckwitz, Grundelemente einer Theorie sozialer Praktiken, S. 294–297.
28 Vgl. Johannes Grave, Christiane Holm, Valérie Kobi und Caroline van Eck (Hg.), The Agency of Display. Objects, Framings and Parerga, Dresden 2018.
29 Vgl. Jacques Derrida, La vérité en peinture, Paris 1978, S. 19–168.
30 Vgl. für dieses Beispiel Gibson, Wahrnehmung und Umwelt, S. 138.
31 Gibson, Wahrnehmung und Umwelt, S. 137.
32 Gibson, Wahrnehmung und Umwelt, S. 139.
33 Vgl. etwa Latour, Eine neue Soziologie, S. 124; sowie Prinz, Die Praxis des Sehens, S. 30.
34 Vgl. Reckwitz, Grundelemente einer Theorie sozialer Praktiken, S. 294–296.

VIII. Können Bilder Rhythmen aufweisen? Rechtfertigungen einer problematischen Redeweise

Überarbeitete Fassung von: Können Bilder Rhythmen aufweisen? Rezeptionsästhetische und phänomenologische Rechtfertigungen einer problematischen Redeweise, in: Boris Roman Gibhardt (Hg.), Denkfigur Rhythmus. Probleme und Potenziale des Rhythmusbegriffs in den Künsten (Ästhetische Eigenzeiten, Bd. 18), Hannover 2020, S. 49–71 (mit freundlicher Genehmigung des Wehrhahn Verlags).

1 Zum Nachdenken über Bildrhythmen in den Jahrzehnten um 1900 vgl. auch Norbert Schneider, Rhythmus. Untersuchungen zu einer zentralen Kategorie in der ästhetischen und kulturphilosophischen Debatte um die Jahrhundertwende, Osnabrück 1992; Anke te Heesen, Das Muster als materialer Rhythmus, in: Barbara Naumann (Hg.), Rhythmus. Spuren eines Wechselspiels in Künsten und Wissenschaften, Würzburg 2005, S. 261–277; Sabine Mainberger, Experiment Linie. Künste und ihre Wissenschaften um 1900, Berlin 2010, S. 91–110; Georg Vasold,

Optique ou haptique. Le rythme dans les études sur l'art au début du 20e siècle, in: Michael Cowan und Laurent Guido (Hg.), Rhythmer, Montréal 2010, S. 35–55; ders., Anschauung versus Erlebnis. Der Rhythmus in der deutschsprachigen Kunstforschung um 1900, in: Sigrid Brandt und Andrea Gottdang (Hg.), Rhythmus. Harmonie. Proportion. Zum Verhältnis von Architektur und Musik, Worms 2012, S. 36–41; ders., Am Urgrund der Kunst. Rhythmus und Kunstwissenschaft, ca. 1921, in: Zeitschrift für Kulturphilosophie 7 (2013), H. 1, S. 67–76; Claudia Blümle, Farbe – Form – Rhythmus, in: Stephan Günzel und Dieter Mersch (Hg.), Bild. Ein interdisziplinäres Handbuch, Stuttgart 2014, S. 340–346; Boris Roman Gibhardt und Johannes Grave, Rhythmus, in: Gamper/Hühn/Richter, Formen der Zeit. Ein Wörterbuch, S. 314–323.

2 Für Kandinskys Rhythmus-Denken vgl. die Belege bei Zimmermann, Die Kunsttheorie von Wassily Kandinsky, Bd. 2, S. 455–457. Für Klees Beschäftigung mit dem Rhythmus vgl. Klee, Schriften zur Form- und Gestaltungslehre, bes. S. 267–292; vgl. auch Wolfgang Kersten, Das Problem ‹Rhythmus› bei Paul Klee, in: Naumann, Rhythmus, S. 243–259; Régine Bonnefoit, Paul Klee und die ‹Kunst des Sichtbarmachens› von Musik, in: Archiv für Musikwissenschaft 65 (2008), H. 2, S. 121–151.

3 Vgl. etwa Dessoir, Ästhetik und allgemeine Kunstwissenschaft, S. 391 f.; Hans Cornelius, Elementargesetze der bildenden Kunst. Grundlagen einer praktischen Ästhetik, Leipzig 1908, bes. S. 154–164; Willy Drost, Die Lehre vom Rhythmus; Schmarsow, Zur Lehre vom Rhythmus.

4 Vgl. etwa Theodor Lipps, Ästhetik. Psychologie des Schönen und der Kunst, Teil 2: Die ästhetische Betrachtung und die bildende Kunst, 2. Aufl., Leipzig 1920, passim, z. B. S. 603–605.

5 Vgl. Riegl, Die spätrömische Kunst-Industrie, bes. S. 209–215; vgl. dazu – in direkter Auseinandersetzung mit Riegl – Schmarsow, Grundbegriffe der Kunstwissenschaft, bes. S. 84–99. Vgl. ferner Pinder, Einleitende Voruntersuchung; Schmarsow, Rhythmus in menschlichen Raumgebilden.

6 Russack, Der Begriff des Rhythmus.

7 Vgl. Panofsky, Dürers rhythmische Kunst. Panofskys Aufsatz antwortet auf Kauffmann, Dürers rhythmische Kunst. Kauffmanns Ausführungen sind ihrerseits wiederum als kritische Reaktion auf frühere Forschungen Panofskys zu verstehen; vgl. dazu etwa Whitney Davis, A General Theory of Visual Culture, Princeton 2011, S. 241; sowie Reinhart Meyer-Kalkus, Wiedergelesen: Erwin Panofsky über rhythmische Kunst, in: Bildwelten des Wissens 10 (2014), H. 2, S. 107–111.

8 Ernst Meumann, Untersuchungen zur Psychologie und Ästhetik des Rhythmus, Leipzig 1894, S. 12; vgl. auch Inge Hinterwaldner, Phänodramen oszillierender Membranen, in: Christian Grüny und Matteo Nanni (Hg.), Rhythmus – Balance – Metrum. Formen raumzeitlicher Organisation in den Künsten, Bielefeld 2014, S. 109–136, bes. S. 129 f.

9 Friedrich Kainz, Vorlesungen über Ästhetik, Wien 1948, S. 490.

10 Vgl. Theissing, Die Zeit im Bild, S. 28.

11 Vgl. jedoch Marcel Fischer, Studien über Rhythmus und Dynamik in der Formstruktur der italienischen Malerei (Diss. phil. Zürich), Brugg 1940 (erschienen ist nur Teil I: Voruntersuchung über das Wesen des Rhythmus).

12 Vgl. Dewey, Kunst als Erfahrung; Dufrenne, Phénoménologie; Maldiney, Die Ästhetik der Rhythmen; Deleuze, Francis Bacon; Rudolf Kuhn, Komposition und

Rhythmus. Beiträge zur Neubegründung einer historischen Kompositionslehre, Berlin 1980; Lorenz Dittmann, Probleme der Bildrhythmik, in: Zeitschrift für Ästhetik und allgemeine Kunstwissenschaft 29 (1984), H. 2, S. 192–213; ders., Bildrhythmik und Zeitgestaltung in der Malerei, in: Hannelore Paflik (Hg.), Das Phänomen Zeit in Kunst und Wissenschaft, Weinheim 1987, S. 89–124; Boehm, Bild und Zeit.

13 Vgl. Grüny, Bildrhythmen; Blümle, Farbe – Form – Rhythmus; Claudia Blümle, Rhythmus im Bildraum. John Dewey, Henri Maldiney, Gilles Deleuze, in: Marion Lauschke, Johanna Schiffler und Franz Engel (Hg.), Ikonische Formprozesse. Zur Philosophie des Unbestimmten in Bildern, Berlin 2018, S. 143–161; vgl. auch Anja Pawel, Bildrhythmus (und Abstraktion), in: Lauschke/Schneider, 23 Manifeste, S. 43–50.

14 Vgl. Barbara Naumann (Hg.), Rhythmus. Spuren eines Wechselspiels in Künsten und Wissenschaften, Würzburg 2005; Christa Brüstle u. a. (Hg.), Aus dem Takt. Rhythmus in Kunst, Kultur und Natur, Bielefeld 2005; Patrick Primavesi und Simone Mahrenholz (Hg.), Geteilte Zeit. Zur Kritik des Rhythmus in den Künsten, Schliengen 2005; Christian Grüny und Matteo Nanni (Hg.), Rhythmus – Balance – Metrum. Formen raumzeitlicher Organisation in den Künsten, Bielefeld 2014.

15 Alf Gabrielsson, Rhythm in Music, in: James R. Evans und Manfred Clynes (Hg.), Rhythm in Psychological, Linguistic and Musical Processes, Springfield (Ill.) 1986, S. 131–167, hier S. 131: «As a matter of fact, there is still no generally accepted definition of rhythm […].»

16 Albert Spitznagel, Zur Geschichte der psychologischen Rhythmusforschung, in: Katharina Müller und Gisa Aschersleben (Hg.), Rhythmus. Ein interdisziplinäres Handbuch, Bern 2000, S. 1–40, bes. S. 13–18; vgl. ferner exemplarisch für vergleichbare Probleme in der empirischen Forschung Bettina Ried, Graciele M. Rodrigues und E. F. Gama, Rhythm and its Perception in the Central Nervous System, in: Journal of Morphological Sciences 31 (2014), H. 3, S. 187–191.

17 Vgl. Emile Benveniste, Der Begriff des ‹Rhythmus› und sein sprachlicher Ausdruck [frz. Orig. 1951], in: ders., Probleme der allgemeinen Sprachwissenschaft, übers. von Wilhelm Bolle, München 1974, S. 363–373. An Benvenistes etymologische Herleitung knüpfen u. a. die weitreichenden theoretischen Überlegungen von Henri Meschonnic an, vgl. dessen Critique du rythme. Anthropologie historique du langage, Paris 1982.

18 Zum Folgenden vgl. nun Gibhardt/Grave, Rhythmus, bes. S. 314.

19 Platon, Nomoi. Griechisch und Deutsch, in: ders.: Sämtliche Werke, Bd. IX, nach der Übers. Friedrich Schleiermachers, ergänzt durch Übers. von Franz Susemihl u. a., hg. von Karlheinz Hülser, Frankfurt am Main 1991, S. 151.

20 Vgl. die bündige Bestimmung von Hans Ulrich Gumbrecht, Rhythmus und Sinn, in: ders. und Karl Ludwig Pfeiffer (Hg.), Materialität der Kommunikation, Frankfurt am Main 1988, S. 714–729, hier S. 717: «Rhythmus ist das Gelingen von Form unter der (erschwerenden) Bedingung von Zeitlichkeit.»

21 Kainz, Vorlesungen über Ästhetik, S. 491.

22 Dewey, Kunst als Erfahrung, S. 179.

23 Vgl. Patrick Primavesi und Simone Mahrenholz, Einleitung, in: Primavesi/Mahrenholz, Geteilte Zeit, S. 9–33, bes. S. 18 f.

24 Umstritten ist noch immer, ob der «Rhythmus […] aus dem Metrum hervor[geht]»

(Gerhard Kurz, Macharten. Über Rhythmus, Reim, Stil und Vieldeutigkeit, Göttingen 1999, S. 19) oder ob Rhythmus nicht eher als etwas Vorgängiges zu verstehen ist, aus dem die Ordnung von Metrum und Takt emergieren kann; vgl. dazu etwa Viola Nordsieck, Rhythmus als Form der Dauer. Form und Formbildung im Denken Henri Bergsons, in: Lauschke/Schiffler/Engel, Ikonische Formprozesse, S. 163–184, bes. S. 168.

25 Wilhelm Seidel, Rhythmus, in: Ästhetische Grundbegriffe, Bd. 5, hg. von Karlheinz Barck u. a., Stuttgart 2003, S. 291–314, hier S. 293.

26 Alf Gabrielsson, Perception and Performance of Musical Rhythm, in: Manfred Clynes (Hg.), Music, Mind, and Brain. The Neuropsychology of Music, New York 1982, S. 159–169, hier S. 160: «[…] musical rhythm is thus defined as a response that may occur when one is listening to certain kinds of sound sequences.» Vgl. auch ders., Experimental Research on Rhythm, in: The Humanities Association Review 30 (1979), S. 69–92, hier S. 77.

27 Vgl. Primavesi/Mahrenholz, Einleitung, S. 24.

28 Susanne K. Langer, Fühlen und Form. Eine Theorie der Kunst [engl. Orig. 1953], übers. von Christiana Goldmann und Christian Grüny, Hamburg 2018, S. 244.

29 Haili You, Defining Rhythm. Aspects of an Anthropology of Rhythm, in: Culture, Medicine and Psychiatry 18 (1994), S. 361–384, hier S. 363 f.: «The essence of rhythm is not merely the perceived order (or pattern) of repetition (recurrence) of something; it is the demand, preparation and anticipation for something to come. […] Rhythm is a future-oriented temporal order.»

30 Herbert Bruhn, Zur Definition des Rhythmus, in: Müller/Aschersleben, Rhythmus, S. 41–56, hier S. 41.

31 Husserl, Zur Phänomenologie des inneren Zeitbewußtseins, S. 22.

32 Vgl. etwa Michael Podro, Depiction, New Haven 1998, S. 91; oder Rosand, Drawing Acts, S. 15 f.

33 Pawel, Bildrhythmus, S. 43.

34 Dittmann, Probleme der Bildrhythmik, S. 206.

35 Dittmann, Probleme der Bildrhythmik, S. 210 (im Anschluss an Heinrich Wölfflin).

36 Kurt Koffka, Experimental-Untersuchungen zur Lehre vom Rhythmus, in: Zeitschrift für Psychologie 52 (1909), S. 1–109, hier S. 109.

37 Paul Klee, [Schöpferische Konfession], in: Kasimir Edschmid (Hg.), Tribüne der Kunst und der Zeit. Eine Schriftensammlung, Bd. 13: Schöpferische Konfession, Berlin 1920, S. 28–40, hier S. 34 f.

38 Vgl. auch Michael Baumgartner und Marianne Keller (Red.), Paul Klee. Melodie und Rhythmus (Ausst.-Kat. Bern, Zentrum Paul Klee), Ostfildern 2006.

39 Vgl. Sabine Rewald, Paul Klee. The Berggruen Klee Collection in the Metropolitan Museum of Art, New York 1988, S. 110 f. In seinem eigenen Werkverzeichnis erfasste Klee das Gemälde mit dem abweichenden Titel *Kubischer Aufbau (mit kobaltviolettem Kreuz)*.

40 Panofsky, Dürers rhythmische Kunst, S. 136; Panofsky verweist in einer Anmerkung auf Theodor Lipps, Ästhetik. Psychologie des Schönen und der Kunst, Teil 1: Grundlegung der Ästhetik, 3. Aufl., Leipzig 1923, S. 235–238.

41 Lipps, Ästhetik, Teil 1, S. 236.

42 Lipps, Ästhetik, Teil 1, S. 237.

43 Gaiger, Can a Painting have a Rhythm?, S. 363: «I defend the view that although

the experience of viewing a picture takes place in time, and thus is successive, it cannot be temporally structured in a sufficiently determinate manner to sustain the kind of attentional focus required for the communication of even simple rhythmic patterns.» Vgl. die Reformulierung ebd., S. 372. – Die folgende kritische Auseinandersetzung mit den Überlegungen Gaigers habe ich bereits sehr knapp skizziert in Gibhardt/Grave, Rhythmus, S. 320 f.; hier erfolgt nun eine ausführliche Herleitung und Begründung. Vgl. auch die auf Erwin Straus und Henri Maldiney rekurrierenden Einwände gegen Gaiger bei Kasper Levin, Tone Roald und Bjarne Sode Funch, Visual Art and the Rhythm of Experience, in: Journal of Aesthetics and Art Criticism 77 (2019), S. 281–293.

44 Vgl. Gaiger, Can a Painting have a Rhythm?, S. 369.

45 Vgl. Gaiger, Can a Painting have a Rhythm?, S. 369–372.

46 Stellvertretend für weitere Beiträge Dittmanns seien genannt: Dittmann, Überlegungen und Beobachtungen zur Zeitgestalt; sowie Dittmann, Der folgerichtige Bildaufbau. Siehe auch oben, Kapitel I «Der Akt des Bildbetrachtens».

47 Siehe dazu oben Kapitel I und Kapitel IV.

48 Gaiger, Can a Painting have a Rhythm?, S. 10–19, verweist insbesondere auf Studien von Raphael Rosenberg und Christoph Klein; vgl. Rosenberg, Dem Auge auf der Spur; Rosenberg/Leder, Blickbewegungsforschung; und Rosenberg/Klein, The Moving Eye of the Beholder.

49 Vgl. Gaiger, Can a Painting have a Rhythm?, S. 378: «[...] we can say that the temporal ordering of saccades and fixations does not correspond to the spatial ordering of the parts of the painting. At least as far as gaze-movements are concerned, there does not seem to be any evidence to support the claim that spatial patterns can be designed in such a way that they are apprehended by the viewer in a temporally ordered sequence.»

50 Vgl. Reinhard Kopiez, Musikalischer Rhythmus und seine wahrnehmungspsychologischen Grundlagen, in: Brüstle u. a., Aus dem Takt, S. 127–148, bes. S. 132 f. (mit Hinweisen auf weitere Literatur); vgl. ferner Spitznagel, Zur Geschichte, S. 19 f.

51 Manfred Spitzer, Musik im Kopf: Hören, Musizieren, Verstehen und Erleben im neuronalen Netzwerk, 2. Aufl., Stuttgart 2014, S. 202.

52 Vgl. Bensch, Vom Kunstwerk zum ästhetischen Objekt; Sepp, Phänomenologische Ästhetik; Sepp/Embree, Handbook of Phenomenological Aesthetics.

53 Siehe oben, Kapitel VI «Werk und Wirkung».

54 Bensch, Vom Kunstwerk zum ästhetischen Objekt, S. 9.

55 Vgl. exemplarisch Ingarden, Das ästhetische Erlebnis, S. 3; oder Dufrenne, Phénoménologie, S. 9.

56 Dufrenne, Phénoménologie, S. 93.

57 Vgl. Dufrenne, Phénoménologie, S. 9 f., S. 92 f. und öfter.

58 Vgl. Dufrenne, Phénoménologie, S. 366–374. Vgl. dazu auch Crowther, Phenomenologies, S. 137–160.

59 Vgl. Dufrenne, Phénoménologie, S. 351 f.: «En réalité, ce sont deux choses bien différentes pour la peinture de représenter le mouvement et d'être mouvement, et qui se distinguent dès que l'on discerne l'objet représenté et l'objet pictural.»

60 Vgl. Dufrenne, Phénoménologie, S. 368.

61 Vgl. Dufrenne, Phénoménologie, S. 368 f. Dufrenne bezieht sich hier auf Arbeiten von Matila Ghyka.

62 Dufrenne, Phénoménologie, S. 371: «Le rythme ici, c'est la constance de la loi qui organise l'espace. Cette loi fournit l'élément de répétition indispensable au rythme pour figurer le mouvement: ce qui se répète, c'est la forme fondamentale de l'œuvre dans ses subdivisions; l'œuvre se déploie en explicitant sa propre formule, non point en répétant indéfiniment le même dessin par l'effet d'une addition mécanique, comme dans le décoratif, mais en engendrant une diversité dans l'unité de son être. Et le mouvement n'est rien autre que ce développement d'une essence, l'aventure d'un être égal à lui-même à travers ses métamorphoses [...].»

63 Dufrenne, Phénoménologie, S. 371 f.: «[...] le rythme logique scandant la croissance de l'objet esthétique manifeste la façon dont il est composé et non point son effet total.»

64 So liest offenbar Paul Crowther die zitierte Passage; vgl. Crowther, Phenomenologies, S. 146.

65 Dufrenne, Phénoménologie, S. 373: «le mouvement des couleurs, leur passage, leur retour à travers les yeux de la lumière et de l'ombre».

66 Vgl. Dufrenne, Phénoménologie, S. 373 f.: «Mais, comme pour le rythme musical, ce mouvement n'est figuré sur la toile que parce qu'il se communique aux spectateurs. Si le regard ne s'animait, la toile serait inerte. Mais la toile conduit le regard; les lignes privilégiées, les grands axes de la construction, diagonales ou arabesques, l'invitent à une exploration; le déroulement des champs de valeurs ou de couleurs le manœuvre. Tant que nous ne sommes pas ainsi ébranlés et mus par les schèmes rythmiques, notre perception n'est pas vraie. Il faut que l'œuvre résonne en nous, soit reprise en nous par une participation active de notre corps pour qu'elle se donne enfin dans sa vérité sensible, dans la pureté irréfragable de son apparaître.»

67 Eine solche Relativierung deutet sich auch am Schluss von Gaigers Ausführungen vage an; vgl. Gaiger, Can a Painting have a Rhythm?, S. 382 f.

68 Dewey, Kunst als Erfahrung, S. 192.

69 Dewey, Kunst als Erfahrung, S. 192 f.

70 Dewey, Kunst als Erfahrung, S. 198 f.

71 Dewey, Kunst als Erfahrung, S. 205.

72 Für Maldiney wird dieser Aspekt herausgearbeitet von Levin/Roald/Funch, Visual Art and the Rhythm of Experience.

73 Vgl. Blümle, Rhythmus im Bildraum.

74 Siehe oben, Kapitel V «Zwiespalt und Zeit».

75 Siehe oben, Kapitel IV «Form, Struktur und Zeit».

76 Zum Verhältnis von phänomenologischer und empirisch-experimenteller Ästhetik vgl. Lambert Wiesing, Phänomenologische und experimentelle Ästhetik, in: Zeitschrift für Ästhetik und allgemeine Kunstwissenschaft 57 (2012), H. 2, S. 239–253.

IX. Bild, Zeit und Geschichte. Eine Skizze

Überarbeitete Fassung von: Pictorial Temporality and the Times of History. On Seeing Images and Experiencing Time, in: Marek Tamm und Laurent Olivier (Hg.), Rethinking Historical Time. New Approaches to Presentism, London 2019, S. 117–129 (mit freundlicher Genehmigung von Bloomsbury Academic, an imprint of Bloomsbury Publishing Plc).

1 Vgl. etwa Peter Geimer und Michael Hagner (Hg.), Nachleben und Rekonstruktion. Vergangenheit im Bild, München 2012.

2 Vgl. Markus Völkel, Vom Bild zur Ansicht. Die Entwicklung des Topos von der «Sichtbarkeit der Geschichte» in der Frühen Neuzeit, in: Hubertus Busche (Hg.), Departure for Modern Europe. A Handbook of Early Modern Philosophy (1400–1700), Hamburg 2011, S. 602–612.

3 Vgl. z. B. Eelco Runia, Moved by the Past. Discontinuity and Historical Mutation, New York 2014, Kap. 4.

4 Zu denken wäre außerdem an Reinhart Kosellecks Beschäftigung mit Bildern; vgl. dazu Bettina Brandt und Britta Hochkirchen (Hg.), Reinhart Koselleck und das Bild, Bielefeld 2021.

5 Vgl. Frank R. Ankersmit, Die historische Erfahrung [niederl. Orig. 1993], übers. von Verena Kiefer, Berlin 2012.

6 Vgl. Frank R. Ankersmit, Sublime Historical Experience, Stanford 2005, S. 266–275.

7 Vgl. Alberto Craievich und Filippo Pedrocco (Hg.), Francesco Guardi 1712–1793 (Ausst.-Kat. Venedig, Museo Correr), Mailand 2012, S. 177.

8 Ankersmit, Sublime Historical Experience, S. 4.

9 Roland Barthes, Die helle Kammer. Bemerkung zur Photographie [franz. Orig. 1980], übers. von Dietrich Leube, Frankfurt am Main 1985, S. 52 bzw. S. 59.

10 Barthes, Die helle Kammer, S. 105 bzw. S. 99. Vgl. Ankersmit, Sublime Historical Experience, S. 424, Anm. 95; ferner Martin Jay, Songs of Experience. Modern American and European Variations on a Universal Theme, Berkeley 2005, S. 390.

11 Vgl. z. B. Michael S. Roth, Ebb Tide [Rez. von F. Ankersmit, Sublime Historical Experience], in: History and Theory 46 (2007), H. 1, S. 66–73; oder Peter P. Icke, Frank Ankersmit's Lost Historical Cause. A Journey from Language to Experience, New York 2012.

12 Walter Benjamin, Das Passagen-Werk. Erster Teil (Gesammelte Schriften, Bd. V.1), hg. von Rolf Tiedemann, Frankfurt am Main 1982, S. 578 (N3,1). – Zum philosophischen und systematischen Kontext von Benjamins Begriff des «dialektischen Bildes» vgl. u. a. Ansgar Hillach, Dialektisches Bild, in: Michael Opitz und Erdmut Wizisla (Hg.), Benjamins Begriffe, Bd. 1, Frankfurt am Main 2000, S. 186–229; Cornelia Zumbusch, Wissenschaft in Bildern. Symbol und dialektisches Bild in Aby Warburgs Mnemosyne-Atlas und Walter Benjamins Passagen-Werk, Berlin 2004, S. 57–71 u. S. 281–305; sowie dies., Vor- und Nachgeschichte. Bild und Zeit bei Walter Benjamin, in: Zeitschrift für Kunstgeschichte 81 (2018), S. 198–212.

13 Benjamin, Das Passagen-Werk, S. 595 (N10a,3).

14 Benjamin, Das Passagen-Werk, S. 577 (N2a,3).

15 Vgl. Benjamin, Das Passagen-Werk, S. 591 f. (N9,7): «Das dialektische Bild ist ein aufblitzendes. So, als ein im Jetzt der Erkennbarkeit aufblitzendes Bild, ist das Gewesene festzuhalten. Die Rettung, die dergestalt – und nur dergestalt – vollzogen wird, läßt immer nur an dem, im nächsten Augenblick schon verlornen [sich] vollziehen.» – Vgl. ferner Sven Kramer, Benjamin zur Einführung, Hamburg 2010, S. 119: «Einerseits verdankt sich das dialektische Bild einer aktiv-destruktiven Operation, andererseits stellt es sich ein. Sobald es vorliegt, wirkt es unterbrechend. Die Reflexion auf die Geschichte konzentriert sich auf einen entscheidenden Punkt, anstatt rastlos kausale Verkettungen in der Geschichte nachzuvollziehen. Darin liegt die Chance, der konstitutiven Nachträglichkeit der Geschichtsbetrachtung zu entgehen. [...] Die Auseinandersetzung mit einem dialektischen Bild könnte dagegen ein Vergangenes für ein Jetzt erobern. In diesen Bildern liegt nämlich etwas gebunden, was das Subjekt oder das Kollektiv betrifft, dem sie sich zeigen. [...] wo kein Fortschritt im Denken mehr stattfindet, bringt die Konstellation, in die das Denken eingebunden ist, mit dem Bild eine Zäsur, also eine Unterbrechung hervor. An diesen Vorgang knüpft Benjamin utopisch aufgeladene Vorstellungen, wie die des messianischen Umschlags, der Rettung und des Erwachens.»

16 Vgl. Sigrid Weigel, Von Blitz, Flamme und Regenbogen. Das Sprechen in Bildern als epistemischer Schauplatz bei Walter Benjamin, in: Lena Bader, Georges Didi-Huberman und Johannes Grave (Hg.), Sprechen über Bilder – Sprechen in Bildern. Studien zum Wechselverhältnis von Bild und Sprache, Berlin 2014, S. 225–240; und Steffen Haug, Benjamins Bilder. Grafik, Malerei und Fotografie in der Passagenarbeit, Paderborn 2017.

17 Vgl. Didi-Huberman, Devant le temps; und ders., L'image survivante. Histoire de l'art et temps des fantômes selon Aby Warburg, Paris 2002.

18 Georges Didi-Huberman, Before the Image, Before Time: The Sovereignty of Anachronism, in: Claire Farago und Robert Zwijnenberg (Hg.), Compelling Visuality. The Work of Art in and out of History, Minneapolis 2003, S. 31–44, hier S. 35. Vgl. ferner Alexander Nagel und Christopher S. Wood, Anachronic Renaissance, New York 2010; und die Debatte zwischen Alexander Nagel und Christopher S. Wood sowie Charles Dempsey, Michael Cole und Claire Farago, Interventions: Toward a New Model of Renaissance Anachronism, in: Art Bulletin 87 (2005), H. 3, S. 403–432.

19 Keith Moxey, Visual Time. The Image in History, Durham 2013, S. 61: «If the object breaks or creates time, then the history of art is necessarily an anachronic enterprise.»

20 Didi-Huberman, Before the Image, S. 37. Vgl. auch Didi-Huberman, Devant le temps, S. 16: «L'anachronisme serait ainsi, en toute première approximation, la façon temporelle d'exprimer l'exubérance, la complexité, la surdétermination des images.»

21 Vgl. Didi-Huberman, L'image survivante.

22 Siehe oben, Kapitel V «Zwiespalt und Zeit».

23 Husserl, Phantasie, Bildbewusstsein, Erinnerung, S. 19.

24 Wiesing, Artifizielle Präsenz, S. 32.

25 Wiesing, Artifizielle Präsenz, S. 34.

26 Husserl, Phantasie, Bildbewusstsein, Erinnerung, S. 47 f. – Vgl. auch Laner, Revisionen der Zeitlichkeit, bes. S. 17–21 u. S. 133–172; sowie Javier Carreño, On the

Temporality of Images according to Husserl, in: New Yearbook for Phenomenology and Phenomenological Research 8 (2008), S. 73–92.

27 Zu dem möglichen Einwand im Sinne von Richard Wollheims *seeing-in* siehe oben, Kapitel V «Zwiespalt und Zeit».

28 Vgl. Runia, Moved by the Past, S. 49–83.

29 Runia, Moved by the Past, S. 72 u. S. 79–80.

30 Vgl. Hans Ulrich Gumbrecht, Production of Presence. What Meaning Cannot Convey, Stanford 2004. – Für eine kritische Lektüre von Runias Gedanken zur Präsenz vgl. Ethan Kleinberg, Presence in Absentia, in: Ranjan Ghosh und Ethan Kleinberg (Hg.), Presence. Philosophy, History, and Cultural Theory for the Twenty-First Century, Ithaca 2013, S. 8–25.

31 Runia, Moved by the Past, S. 72.

32 Alva Noë, Varieties of Presence, Cambridge (Mass.) 2012, S. 82–113.

33 Noë, Varieties of Presence, S. 86. – Noë begründet die für Bilder spezifische ‹Präsenz-in-Absenz-Struktur› nicht mit deren Ähnlichkeit oder psychologischer Wirkung, sondern versteht Bilder als visuelle Modelle (S. 104). Sein Erklärungsansatz dürfte umstritten sein; die ihm zugrunde liegende Beobachtung der im Bild gegebenen Präsenz in Absenz jedoch teilt Noë mit zahlreichen anderen Bildtheoretikern.

34 Es wäre freilich genauer zu prüfen und herauszuarbeiten, inwiefern diese Gemeinsamkeit nur Bildern und der Geschichte eigen ist. Eine solche Überlegung könnte von Husserls Differenzierung verschiedener Formen der Vergegenwärtigung ausgehen, zu denen neben dem Bildbewusstsein u. a. die Erinnerung, aber auch die Phantasie gehören; vgl. etwa Carreño, On the Temporality of Images, bes. S. 81 f.

35 Vgl. auch die Überlegungen von Britta Hochkirchen zu einer strukturellen Verwandtschaft von Ereignissen und Bildern, die darin begründet liegt, dass sowohl Bilder als auch Ereignisse differenzielle Relationen von verschiedenen Zeiten in eine Konstellation bringen; vgl. Britta Hochkirchen, Beyond Representation. Pictorial Temporality and the Relational Time of the Event, in: History and Theory 60 (2021), H. 1, S. 102–116.

X. Bildpolitik.
Annäherungen an einen schwierigen Begriff

Überarbeitete Fassung von: The Politics of Pictures: Approaching a Difficult Concept, in: Social Epistemology 33/5 (2019), S. 442–451 (mit freundlicher Genehmigung des Verlags Taylor & Francis).

1 Einen Überblick über aktuelle Verwendungsweisen des Begriffs «Bildpolitik» bietet ein Beitrag von Petra Bernhardt und Benjamin Drechsel, Bildpolitik, in: Jörg R. J. Schirra, Mark A. Halawa und Dimitri Liebsch (Hg.), Glossar der Bildphilosophie, http://www.gib.uni-tuebingen.de/netzwerk/glossar/index.php?title=Bildpolitik (letzter Zugriff: 13.03.2021).

2 Vgl. zum Beispiel Anne-Marie Bonnet, Kunstgeschichte, Museum, Gegenwart, in: Verena Krieger (Hg.), Kunstgeschichte und Gegenwartskunst. Vom Nutzen und Nachteil der Zeitgenossenschaft, Köln 2008, S. 181–191. Natürlich lässt sich eine Vernachlässigung politischer Aspekte ihrerseits als eine politische Praxis verstehen;

vgl. von Falkenhausen, Verzwickte Verwandtschaftsverhältnisse. Siehe auch oben, Kapitel VII «Bilder in Kontexten und Situationen».

3 Vgl. Martin Warnke, Politische Ikonographie, in: Andreas Beyer (Hg.), Die Lesbarkeit der Kunst. Zur Geistes-Gegenwart der Ikonologie, Berlin 1992, S. 23–28; ders., Politische Ikonographie, in: Kunsthistorische Arbeitsblätter 5 (2003), H. 2, S. 5–16; Urte Krass, Politische Ikonographie, in: Pfisterer, Metzler Lexikon Kunstwissenschaft, S. 345–347.

4 Vgl. Hubert Locher und Adriana Markantonatos (Hg.), Reinhart Koselleck und die Politische Ikonologie, Berlin 2013; Bettina Brandt, ‹Politik› im Bild? Überlegungen zum Verhältnis von Begriff und Bild, in: Willibald Steinmetz (Hg.), «Politik». Situationen eines Wortgebrauchs im Europa der Neuzeit (Historische Politikforschung, Bd. 14), Frankfurt am Main 2007, S. 41–71; vgl. ferner Tom Holert, Regieren im Bildraum, Berlin 2008; Michael Diers, Vor aller Augen. Studien zu Kunst, Bild und Politik, München 2016.

5 Uwe Fleckner, Martin Warnke und Hendrik Ziegler (Hg.), Handbuch der politischen Ikonographie, München 2011, S. 7.

6 Fleckner/Warnke/Ziegler, Handbuch der politischen Ikonographie, S. 9.

7 Fleckner/Warnke/Ziegler, Handbuch der politischen Ikonographie, S. 11.

8 W. J. T. Mitchell, Pictorial Turn, S. 108.

9 Vgl. Christian Joschke, À quoi sert l'iconographie politique?, in: Perspective. La revue de l'INHA 7 (2012), H. 1, S. 187–192, bes. S. 189 f.

10 Vgl. Jacques Rancière, Der emanzipierte Zuschauer [frz. Orig. 2008], übers. von Richard Steurer, Wien 2009, S. 28; vgl. Rancières Wendung gegen «das pädagogische Modell der Wirksamkeit der Kunst» (ebd., S. 66).

11 Timothy J. Clark, Zur Sozialgeschichte der Kunst [Einleitung zu: The Image of the People. Gustave Courbet and the 1848 Revolution], in: Texte zur Kunst, Frühjahr 1991, H. 2, S. 39–51, hier S. 40.

12 Clark, Zur Sozialgeschichte der Kunst, S. 40.

13 Rancière, Der emanzipierte Zuschauer, S. 68.

14 Jacques Rancière, Die Aufteilung des Sinnlichen [frz. Orig. 2000], übers. von Maria Muhle, Berlin 2006, bes. S. 71, Anm. 4: «Gemeint ist ein Rahmen der Sichtbarkeit und Intelligibilität, der Dinge oder Praktiken unter einer Bedeutung vereint [...]. Eine Gemeinschaft des Sinnlichen entsteht, wenn Raum und Zeit auf eine bestimmte Weise eingeteilt und dadurch Praktiken, Formen der Sichtbarkeit und Verstehensmuster miteinander verknüpft werden.»

15 Rancière hat diese Nähe zu Foucaults Ansatz selbst angesprochen: Jacques Rancière, Ist die Kunst widerständig?, Berlin 2008, S. 71–73. Vgl. auch Josef Früchtl, Auf ein Neues: Ästhetik und Politik. Und dazwischen das Spiel. Angestoßen durch Jacques Rancière, in: Deutsche Zeitschrift für Philosophie 55 (2007), H. 2, S. 209–219, bes. S. 211; Maria Muhle, Jacques Rancière. Für eine Politik des Erscheinens, in: Stephan Moebius und Dirk Quadflieg (Hg.), Kultur. Theorien der Gegenwart, 2., erw. und akt. Aufl., Wiesbaden 2011, S. 311–320.

16 Rancière, Der emanzipierte Zuschauer, S. 73.

17 Rancière, Der emanzipierte Zuschauer, S. 73. – Vgl. ebd., S. 74: Politik «beginnt damit, dass Wesen, die dazu bestimmt sind, in ihrem unsichtbaren Raum der Arbeit zu bleiben, die ihnen keine Zeit lässt, etwas anderes zu machen, als sich um ihre Angelegenheiten zu kümmern, sich diese Zeit, die sie nicht haben, nehmen,

um sich als Teilhaber an einer gemeinsamen Welt zu behaupten, um darin sichtbar zu machen, was nicht sichtbar war, oder um als Rede hörbar zu machen, was nur als Lärm von Körpern wahrgenommen worden war.»

18 Es ist u. a. die Betonung des emanzipatorischen Veränderungspotenzials des Ästhetischen, namentlich einzelner Kunstwerke, mit der sich Rancière von Pierre Bourdieu abgrenzt, dessen Untersuchungen nicht zuletzt aufgezeigt haben, wie stark das Feld der Kunst mit seinen Institutionen zur Herausbildung und normativen Stabilisierung von sozialen Differenzen beitragen kann. Vgl. Jacques Rancière, Politik und Ästhetik. Im Gespräch mit Peter Engelmann, Wien 2016, bes. S. 35–38; sowie Ruth Sonderegger, Wie emanzipatorisch ist Habitus-Forschung? Zu Rancières Kritik an Bourdieus Theorie des Habitus, in: LiThes. Zeitschrift für Literatur- und Theatersoziologie 3 (2010), S. 18–39, http://lithes. uni-graz.at/lithes/beitraege10_03/sonderegger.pdf; letzter Zugriff: 13.03.2021). – Für ein anregendes Plädoyer, die Ansätze Rancières und Bourdieus trotz aller Unterschiede produktiv miteinander ins Gespräch zu bringen, vgl. Jens Kastner und Ruth Sonderegger (Hg.), Pierre Bourdieu und Jacques Rancière. Emanzipatorische Praxis denken, Wien 2014.

19 Rancière, Der emanzipierte Zuschauer, S. 78.

20 Rancière, Der emanzipierte Zuschauer, S. 121.

21 Rancière, Der emanzipierte Zuschauer, S. 71.

22 Rancière, Der emanzipierte Zuschauer, S. 72 f.

23 Vgl. ähnliche Ansätze bei Rancière, vor allem seinen Begriff des «nachdenklichen Bildes», den er erläutert als «die latente Anwesenheit eines Ausdrucksregimes in einem anderen»; Rancière, Der emanzipierte Zuschauer, S. 143, vgl. S. 144 u. S. 150.

24 Vgl. Pichler/Ubl, Bildtheorie zur Einführung, S. 116. Siehe oben, Kapitel V «Zwiespalt und Zeit».

25 Konrad Fiedler, Über den Ursprung der künstlerischen Tätigkeit [1887], in: ders., Schriften zur Kunst, hg. von Gottfried Boehm, 2 Bde., 2. Aufl., München 1991, Bd. 1, S. 111–220, hier S. 192.

26 Wiesing, Artifizielle Präsenz, S. 32 u. S. 34.

27 Vgl. Boehm, Unbestimmtheit, in: ders., Wie Bilder Sinn erzeugen, S. 199–212.

28 Siehe oben, Kapitel IV «Form, Struktur und Zeit».

29 Kebeck, Bild und Betrachter, S. 71–80.

30 Vgl. zum Beispiel Georges Didi-Huberman, Fra Angelico. Unähnlichkeit und Figuration, München 1995; Marin, Das Opake der Malerei; oder Grave, Architekturen des Sehens.

31 Vgl. Johannes Grave, Das Bild im Gespräch. Zu Situationen des Sprechens über Bilder in kunsttheoretischen Dialogen des Cinquecento und bei Nicolaus Cusanus, in: Rotraud von Kulessa und Tobias Leuker (Hg.), Divulgierung vs. Nobilitierung? Strategien der Aufbereitung von Wissen in Dialogen, Lehrgedichten und narrativer Prosa des 16.–18. Jahrhunderts, Tübingen 2011, S. 17–33.

32 Vgl. Cornelius Castoriadis, Gesellschaft als imaginäre Institution. Entwurf einer politischen Philosophie [frz. Orig. 1975], übers. von Horst Brühmann, Frankfurt am Main 1984. – Es versteht sich, dass im Folgenden nur sehr selektiv ein Gedanke aus Castoriadis' voraussetzungsreicher politischer Philosophie herausgegriffen werden kann.

33 Castoriadis, Gesellschaft als imaginäre Institution, S. 12.

34 Vgl. Castoriadis, Gesellschaft als imaginäre Institution, bes. S. 564–566.
35 Vgl. Lars Gertenbach, Cornelius Castoriadis: Gesellschaftliche Praxis und radikale Imagination, in: Stephan Moebius und Dirk Quadflieg (Hg.), Kultur. Theorien der Gegenwart, 2., erw. Aufl., Wiesbaden 2011, S. 277–289. In einer etwas unorthodoxen, aber produktiven Weise hat Gertenbach den von George Spencer Brown und Niklas Luhmann geprägten Begriff aufgegriffen, um das Konzept von Castoriadis zu erläutern.
36 Castoriadis, Gesellschaft als imaginäre Institution, S. 218. – Zum radikalen Imaginären vgl. auch ebd., S. 603–609.
37 Vgl. Philippe Caumières, Image, Imagination, Imaginaire: l'approche de Castoriadis, in: Augustin Dumont und Aline Wiame (Hg.), Image et philosophie. Les usages conceptuels de l'image, Brüssel 2014, S. 321–339; und Alice Pechriggl, Cornelius Castoriadis, in: Kathrin Busch und Iris Därmann (Hg.), Bildtheorien aus Frankreich. Ein Handbuch, München 2011, S. 95–100, bes. S. 98.

XI. Denkräume der Besonnenheit: Geschichte und Politik in einem Werk Caspar David Friedrichs

1 Vgl. Grave, Caspar David Friedrich (2012), S. 135–141. Aus diesem Kapitel werden im Folgenden einige Beobachtungen und Überlegungen aufgegriffen.
2 Zit. nach Helmut Börsch-Supan und Karl Wilhelm Jähnig, Caspar David Friedrich. Gemälde, Druckgraphik und bildmäßige Zeichnungen, München 1973, S. 103.
3 Zit. nach Börsch-Supan/Jähnig, Caspar David Friedrich, S. 107.
4 Zit. nach Börsch-Supan/Jähnig, Caspar David Friedrich, S. 110.
5 Carl Seidel, Critische Andeutungen über die diesjährige Kunstausstellung, in: ders., Die schönen Künste zu Berlin im Jahre 1826, Berlin 1826, S. 45–149, hier S. 121.
6 Vgl. Wilhelm Kreutz, Die Deutschen und Ulrich von Hutten, München 1984.
7 Vgl. Christoph Martin Wieland, Werke, Bd. 3, hg. von Fritz Martini und Reinhard Döhl, München 1967, S. 749 f.
8 Johann Gottfried Herder, Denkmal Ulrichs von Hutten, in: Herders Sämmtliche Werke, hg. von Bernhard Suphan, Bd. 16, Berlin 1887, S. 273–297; im Erstdruck 1776 war der Text nur mit «Hutten» betitelt (Der Teutsche Merkur 16, 1776, S. 3–34).
9 Börsch-Supan/Jähnig, Caspar David Friedrich, S. 389.
10 Vgl. etwa die Zusammenfassung verschiedener Interpretationen im Katalogtext von Hans Werner Grohn, in: Werner Hofmann (Hg.), Caspar David Friedrich 1774–1840 (Ausst.-Kat., Hamburger Kunsthalle), München 1974, S. 270 f.
11 Vgl. etwa Eva Maria Schneider, Herkunft und Verbreitungsformen der «Deutschen Nationaltracht der Befreiungskriege» als Ausdruck politischer Gesinnung, Diss. phil. Bonn 2002, Bd. 1, S. 198, https://bonndoc.ulb.uni-bonn.de/xmlui/handle/20.500.11811/1854 (letzter Zugriff: 18.04.2021).
12 Vgl. Peter Märker, Caspar David Friedrich. Geschichte als Natur, Heidelberg 2007, bes. S. 66.
13 Börsch-Supan/Jähnig, Caspar David Friedrich, S. 389.
14 Siehe oben Kapitel IX «Bild, Zeit und Geschichte».

15 Vgl. Harro Harring, Rhonghar Jarr. Fahrten eines Friesen, Bd. 3, München 1828, S. 66, wo u. a. von einem «Sänger mit dem Barrett à la Hutten» die Rede ist.

16 Vgl. auch Boris Roman Gibhardt und Johannes Grave (Hg.), Schrift im Bild. Rezeptionsästhetische Perspektiven auf Text-Bild-Relationen in den Künsten (Ästhetische Eigenzeiten, Bd. 10), Hannover 2018.

17 Pichler/Ubl, Bildtheorie zur Einführung, S. 116; siehe auch oben Kapitel V «Zwiespalt und Zeit».

18 Auch in Friedrichs schriftlichen Äußerungen zu verschiedenen Bildern finden sich divergierende Interpretationen und Wertungen von Ruinen; vgl. Friedrich, Äußerungen bei Betrachtung einer Sammlung, S. 68 («die Trümmer eines verfallenen Klosters als Erinnerung einer düsteren Vergangenheit») und S. 94 («die gewaltigen Überreste vergangener Jahrhunderte […] erheben sich in Spitzbogen und Wolbungen als Zeugen früherer großer Vergangenheit über die kränkelnde Gegenwart»).

19 Die als Vorbild dienende Sakristei des Klosters auf dem Oybin war ebenfalls geostet.

20 Vgl. etwa Friedrichs Brief an Ernst Moritz Arndt vom 12. März 1814: «Ich wundere mich keineswegs, daß keine Denkmäler errichtet werden, weder die, so die große Sache des Volkes bezeichnen, noch die hochherzigen Taten einzelner deutscher Männer. Solange wir Fürstenknechte bleiben, wird auch nie etwas Großes der Art geschehen. Wo das Volk keine Stimme hat, wird dem Volk auch nicht erlaubt, sich zu fühlen und zu ehren.» Herrmann Zschoche (Hg.), Caspar David Friedrich. Die Briefe, Hamburg 2005, S. 85 f.

21 Philipp Anton Guido von Meyer und Heinrich Zoepfl (Hg.), Corpus Juris Confoederationis Germanicae oder Staatsacten für Geschichte und öffentliches Recht des Deutschen Bundes. Erster Theil: Staatsverträge, 3. Aufl., Frankfurt am Main 1858, S. 290–291, hier S. 290: «Leurs Majestés l'Empereur d'Autriche, le Roi de Prusse et l'Empereur de Russie […] ayant acquis la conviction intime, qu'il est nécessaire d'asseoir la marche à adopter par les puissances dans leurs rapports mutuels sur les vérités sublimes que nous enseigne l'éternelle religion du Dieu Sauveur […].»

22 Siehe oben Kapitel X «Bildpolitik».

23 Aby Warburg, Heidnisch-antike Weissagung in Wort und Bild in Luthers Zeiten, in: ders., Werke in einem Band, hg. von Martin Treml, Sigrid Weigel und Perdita Ladwig, Frankfurt am Main 2010, S. 424–491, hier S. 485.

24 Vgl. etwa Martin Treml, Sabine Flach und Pablo Schneider (Hg.), Warburgs Denkraum. Formen, Motive, Materialien, München 2014.

25 Warburg, Heidnisch-antike Weissagung, S. 485.

26 Warburg, Heidnisch-antike Weissagung, S. 485. – Vgl. auch Aby Warburg, Mnemosyne. Einleitung, in: ders., Werke in einem Band, hg. von Treml/Weigel/Ladwig, S. 629–639, hier S. 629: «Bewusstes Distanzschaffen zwischen sich und der Außenwelt darf man wohl als Grundakt menschlicher Zivilisation bezeichnen; wird dieser Zwischenraum das Substrat künstlicher Gestaltung, so sind die Vorbedingungen erfüllt, dass dieses Distanzbewusstsein zu einer sozialen Dauerfunktion werden kann, die durch den Rhythmus von Einschwingen in die Materie und Ausschwingen zur Sophrosyne jenen Kreislauf zwischen bildhafter und zeichenmäßiger Kosmologik bedeutet, deren Zulänglichkeit oder Versagen als orientierendes geistiges Instrument eben das Schicksal der menschlichen Kultur bedeutet.»

27 Warburg, Heidnisch-antike Weissagung, S. 485.
28 Vgl. auch Cornelia Zumbusch, Besonnenheit. Warburgs Denkraum als antipathetisches Verfahren, in: Treml/Flach/Schneider, Warburgs Denkraum, S. 243–258, bes. S. 247.

Epilog

1 Lessing, Laokoon, S. 32.

Literatur

Leon Battista Alberti, Das Standbild. Die Malkunst. Grundlagen der Malerei, hg. von Oskar Bätschmann und Christoph Schäublin, Darmstadt 2000.

Emmanuel Alloa, Seeing-as, Seeing-in, Seeing-with: Looking through Images, in: Richard Heinrich u. a. (Hg.), Image and Imaging in Philosophy, Science and the Arts, 2 Bde., Frankfurt am Main 2011, Bd. 1, S. 179–190.

Svetlana Alpers und Michael Baxandall, Tiepolo und die Intelligenz der Malerei [engl. Orig. 1994], übers. von Ulrike Bischoff, Berlin 1996.

Frank R. Ankersmit, Die historische Erfahrung [niederl. Orig. 1993], übers. von Verena Kiefer, Berlin 2012.

Frank R. Ankersmit, Sublime Historical Experience, Stanford 2005.

[Anonym], Über die Dresdner Kunstausstellung im Herbst 1822 (Fortsetzung), in: Wiener Zeitschrift für Kunst, Literatur, Theater und Mode, Nr. 129 (26.10.1822), S. 1042.

Christoph Asmuth, Bilder über Bilder. Bilder ohne Bilder. Eine neue Theorie der Bildlichkeit, Darmstadt 2011.

Marie-Madeleine Aubrun, Jules Dupré, 1811–1889. Catalogue raisonné de l'œuvre peint, dessiné et gravé, Paris 1974.

Kurt Badt, Modell und Maler von Jan Vermeer. Probleme der Interpretation. Eine Streitschrift gegen Hans Sedlmayr, Köln 1961.

Kurt Badt, Eine Wissenschaftslehre der Kunstgeschichte, Köln 1971.

Mieke Bal, Visual Essentialism and the Object of Visual Culture, in: Journal of Visual Culture 2 (2003), H. 1, S. 5–32.

Mieke Bal, Yve-Alain Bois, Irving Lavin, Griselda Pollock und Christopher S. Wood, Art History and Its Theories, in: Art Bulletin 78 (1996), S. 6–25.

Manuela Barausse, Giovanni Bellini. I documenti, in: Mauro Lucco und Giovanni Carlo Federico Villa (Hg.), Giovanni Bellini (Ausst.-Kat. Rom, Scuderie del Quirinale), Mailand 2008, S. 327–359.

Roland Barthes, Cy Twombly oder Non multa sed multum [frz. Orig. 1979], in: ders., Der entgegenkommende und der stumpfe Sinn. Kritische Essays III, übers. von Dieter Hornig, Frankfurt am Main 1990, S. 165–183.

Roland Barthes, Die helle Kammer. Bemerkung zur Photographie [franz. Orig. 1980], übers. von Dietrich Leube, Frankfurt am Main 1985.

Oskar Bätschmann, Einführung in die kunstgeschichtliche Hermeneutik. Die Auslegung von Bildern, 4. Aufl., Darmstadt 1992.

Hermann Bauer, Kunsthistorik. Eine kritische Einführung in das Studium der Kunstgeschichte, München 1976.

Michael Baumgartner und Marianne Keller (Red.), Paul Klee. Melodie und Rhythmus (Ausst.-Kat. Bern, Zentrum Paul Klee), Ostfildern 2006.

Hans Belting, Bild-Anthropologie. Entwürfe für eine Bildwissenschaft, München 2001.

Hans Belting, Das unsichtbare Meisterwerk. Die modernen Mythen der Kunst, München 1998.

Hans Belting, Der Werkbegriff der künstlerischen Moderne, in: Cornelia Klinger und Wolfgang Müller-Funk (Hg.), Das Jahrhundert der Avantgarden, München 2004, S. 65–79.

Walter Benjamin, Das Passagen-Werk. Erster Teil (Gesammelte Schriften, Bd. V.1), hg. von Rolf Tiedemann, Frankfurt am Main 1982.

Georg D. Bensch, Vom Kunstwerk zum ästhetischen Objekt. Zur Geschichte der phänomenologischen Ästhetik, München 1994.

Emile Benveniste, Der Begriff des ‹Rhythmus› und sein sprachlicher Ausdruck [frz. Orig. 1951], in: ders., Probleme der allgemeinen Sprachwissenschaft, übers. von Wilhelm Bolle, München 1974, S. 363–373.

Petra Bernhardt und Benjamin Drechsel, Bildpolitik, in: Jörg R. J. Schirra, Mark A. Halawa und Dimitri Liebsch (Hg.), Glossar der Bildphilosophie, http://www.gib.uni-tuebingen.de/netzwerk/glossar/index.php?title=Bildpolitik.

Juliane Betz, Martina Engelbrecht, Christoph Klein und Raphael Rosenberg, Dem Auge auf der Spur. Eine historische und empirische Studie zur Blickbewegung beim Betrachten von Gemälden, in: Image. Journal of Interdisciplinary Image Science 11 (2010), S. 29–41, http://www.gib.uni-tuebingen.de/image/ausgaben-3?function=fnArticle&showArticle=159.

Matthias Bleyl, Der künstlerische Werkbegriff in der kunsthistorischen Forschung, in: L'Art et les révolutions, Bd. 5: Révolution et évolution de l'Histoire de l'art de Warburg à nos jours, hg. von Harald Olbrich, Strasbourg 1992, S. 151–159.

Claudia Blümle, Farbe – Form – Rhythmus, in: Stephan Günzel und Dieter Mersch (Hg.), Bild. Ein interdisziplinäres Handbuch, Stuttgart 2014, S. 340–346.

Claudia Blümle, Rhythmus im Bildraum. John Dewey, Henri Maldiney, Gilles Deleuze, in: Marion Lauschke, Johanna Schiffler und Franz Engel (Hg.), Ikonische Formprozesse. Zur Philosophie des Unbestimmten in Bildern, Berlin 2018, S. 143–161.

Julian Blunk, Die Raumillusion und die vierte Dimension: Betrachtungszeit und betrachtete Zeit in der Deckenmalerei Andrea Pozzos, in: Herbert Karner (Hg.), Andrea Pozzo (1642–1709). Der Maler-Architekt und die Räume der Jesuiten, Wien 2012, S. 27–36.

Gottfried Boehm, Bild und Zeit, in: Hannelore Paflik (Hg.), Das Phänomen Zeit in Kunst und Wissenschaft, Weinheim 1987, S. 1–23.

Gottfried Boehm, Bildsinn und Sinnesorgane, in: Neue Hefte für Philosophie 18/19 (1980), S. 118–132.

Gottfried Boehm, Genesis. Paul Klee's Temporalization of Form, in: Research in Phenomenology 43 (2013), H. 3, S. 311–330.

Gottfried Boehm, Gombrichs Konzept des Bildes. Offene Fragen und mögliche Antworten, in: Philine Helas u. a. (Hg.), Bild/Geschichte. Festschrift für Horst Bredekamp, Berlin 2007, S. 195–204.

Gottfried Boehm, Der Grund. Über das ikonische Kontinuum, in: ders. und Matteo Burioni (Hg.), Der Grund. Das Feld des Sichtbaren, München 2012, S. 29–92.

Gottfried Boehm, Iconic turn. Ein Brief, in: Hans Belting (Hg.), Bilderfragen. Die Bildwissenschaften im Aufbruch, München 2007, S. 27–36.

Gottfried Boehm, Ikonische Differenz, in: Rheinsprung 11. Zeitschrift für Bildkritik 1 (2011), S. 170–176.

Gottfried Boehm, Paul Cézanne. Montagne Sainte-Victoire, Frankfurt am Main 1988.
Gottfried Boehm, Die Sichtbarkeit der Zeit. Studien zum Bild in der Moderne, hg. von Ralph Ubl, mit einem Nachwort von Rahel Villinger, Paderborn 2017.
Gottfried Boehm, Das Werk als Prozeß. Einführung, in: Willi Oelmüller (Hg.), Kolloquium Kunst und Philosophie, Bd. 3: Das Kunstwerk, Paderborn 1983, S. 326–338.
Gottfried Boehm, Wie Bilder Sinn erzeugen. Die Macht des Zeigens, Berlin 2007.
Gottfried Boehm, Die Wiederkehr der Bilder, in: ders. (Hg.), Was ist ein Bild?, 2. Aufl., München 1995, S. 11–38.
Régine Bonnefoit, Die Linientheorien von Paul Klee, Petersberg 2009.
Régine Bonnefoit, Paul Klee und die ‹Kunst des Sichtbarmachens› von Musik, in: Archiv für Musikwissenschaft 65 (2008), H. 2, S. 121–151.
Régine Bonnefoit, Der «Spaziergang des Auges» im Bilde. Reflexionen zur Wahrnehmung von Kunstwerken bei William Hogarth, Adolf von Hildebrand und Paul Klee, in: Kritische Berichte 32 (2004), H. 4, S. 6–18.
Anne-Marie Bonnet, Kunstgeschichte, Museum, Gegenwart, in: Verena Krieger (Hg.), Kunstgeschichte und Gegenwartskunst. Vom Nutzen und Nachteil der Zeitgenossenschaft, Köln 2008, S. 181–191.
Helmut Börsch-Supan und Karl Wilhelm Jähnig, Caspar David Friedrich. Gemälde, Druckgraphik und bildmäßige Zeichnungen, München 1973.
Bettina Brandt, ‹Politik› im Bild? Überlegungen zum Verhältnis von Begriff und Bild, in: Willibald Steinmetz (Hg.), «Politik». Situationen eines Wortgebrauchs im Europa der Neuzeit (Historische Politikforschung, Bd. 14), Frankfurt am Main 2007, S. 41–71.
Bettina Brandt und Britta Hochkirchen (Hg.), Reinhart Koselleck und das Bild, Bielefeld 2021.
Horst Bredekamp, Das Beispiel Palmyra, Köln 2016.
Horst Bredekamp, Der Bildakt. Frankfurter Adorno-Vorlesungen 2007. Neufassung 2015, Berlin 2015.
Horst Bredekamp, Bildakt, in: Marion Lauschke und Pablo Schneider (Hg.), 23 Manifeste zu Bildakt und Verkörperung, Berlin 2018, S. 25–33.
Herbert Bruhn, Zur Definition des Rhythmus, in: Katharina Müller und Gisa Aschersleben (Hg.), Rhythmus. Ein interdisziplinäres Handbuch, Bern 2000, S. 41–56.
Christa Brüstle u. a. (Hg.), Aus dem Takt. Rhythmus in Kunst, Kultur und Natur, Bielefeld 2005.
Norman Bryson, A Walk for a Walk's Sake, in: Catherine de Zegher (Hg.), The Stage of Drawing. Gesture and Act (Ausst.-Kat. New York, Drawing Center), London 2003, S. 149–158.
Rüdiger Bubner, Ästhetische Erfahrung, Frankfurt am Main 1989.
Martin Büchsel, Bildmacht und Deutungsmacht. Bildwissenschaft zwischen Mythologie und Aufklärung, München 2019.
Martin Büchsel, Das Ende der Bildermythologien. Kritische Stimmen zur deutschen Bildwissenschaft, in: Kunstchronik 7 (2014), S. 335–342.
Joel Burges und Amy J. Elias (Hg.), Time. A Vocabulary of the Present, New York 2016.
Javier Carreño, On the Temporality of Images according to Husserl, in: New Yearbook for Phenomenology and Phenomenological Research 8 (2008), S. 73–92.
Edward S. Casey, Aesthetic Experience, in: Hans Rainer Sepp und Lester Embree (Hg.), Handbook of Phenomenological Aesthetics, Dordrecht 2010, S. 1–7.

Guillaume Cassegrain, La coulure. Histoire(s) de la peinture en mouvement XIe–XXIe siècles, Paris 2015.

Cornelius Castoriadis, Gesellschaft als imaginäre Institution. Entwurf einer politischen Philosophie [frz. Orig. 1975], übers. von Horst Brühmann, Frankfurt am Main 1984.

Philippe Caumières, Image, Imagination, Imaginaire: l'approche de Castoriadis, in: Augustin Dumont und Aline Wiame (Hg.), Image et philosophie. Les usages conceptuels de l'image, Brüssel 2014, S. 321–339.

Kenneth Clark, Looking at Pictures, London 1960.

Timothy J. Clark, Zur Sozialgeschichte der Kunst [Einleitung zu: The Image of the People. Gustave Courbet and the 1848 Revolution], in: Texte zur Kunst, Frühjahr 1991, H. 2, S. 39–51.

Hans Cornelius, Elementargesetze der bildenden Kunst. Grundlagen einer praktischen Ästhetik, Leipzig 1908.

Alberto Craievich und Filippo Pedrocco (Hg.), Francesco Guardi 1712–1793 (Ausst.-Kat. Venedig, Museo Correr), Mailand 2012.

Jonathan Crary, Techniken des Betrachters. Sehen und Moderne im 19. Jahrhundert [engl. Orig. 1990], übers. von Anne Vonderstein, Dresden 1996.

Thomas Crow, [Statement zum Visual Culture Questionnaire], in: October 77 (1996), S. 34–36.

Paul Crowther, Phenomenologies of Art and Vision. A Post-Analytic Turn, London 2013.

Hubert Damisch, Acht Thesen für (oder gegen?) eine Semiologie der Malerei [frz. Orig. 1974], in: Emmanuel Alloa (Hg.), Bildtheorien aus Frankreich. Eine Anthologie, München 2011, S. 203–219.

Michel-François Dandré-Bardon, Traité de Peinture, suivi d'un essai sur la sculpture, Bd. 1, Paris 1765.

Whitney Davis, A General Theory of Visual Culture, Princeton 2011.

Whitney Davis, Neurovisuality, in: nonsite.org 2 (2011), https://nonsite.org/issues/issue-2/neurovisuality/.

Edith Decker, Von der Aktions- zur Videokunst. Die Ausweitung des Werkbegriffs, in: Monika Wagner (Hg.), Moderne Kunst. Das Funkkolleg zum Verständnis der Gegenwartskunst, Reinbek 1991, Bd. 2, S. 570–590.

Gilles Deleuze, Differenz und Wiederholung [frz. Orig. 1968], übers. von Joseph Vogl, München 1992.

Gilles Deleuze, Francis Bacon. Logik der Sensation [frz. Orig. 1981], übers. von Joseph Vogl, 2 Bde., München 1995.

Gilles Deleuze, Woran erkennt man den Strukturalismus? [frz. Orig. 1973], übers. von Eva Brückner-Pfaffenberger und Donald Watts Tuckwiller, Berlin 1992.

Jacques Derrida, Aufzeichnungen eines Blinden. Das Selbstporträt und andere Ruinen [frz. Orig. 1990], übers. von Andreas Knop, München 1997.

Jacques Derrida, La vérité en peinture, Paris 1978.

Max Dessoir, Ästhetik und allgemeine Kunstwissenschaft, Leipzig 1906.

Deutsches Wörterbuch von Jacob und Wilhelm Grimm, 33 Bde., Leipzig 1854–1971.

John Dewey, Kunst als Erfahrung [engl. Orig. 1934], übers. von Christa Velten, Frankfurt am Main 1988.

Antoine-Joseph Dézallier d'Argenville, Leben der berühmtesten Maler, nebst einigen

Anmerkungen über ihren Character, der Anzeige ihrer vornehmsten Werke und einer Anleitung, die Zeichnungen und Gemälde großer Meister zu kennen. Aus dem Französischen übersetzt, verbessert und mit Anmerkungen versehen [von Johann Jakob Volkmann]. Erster Theil: Von den Malern der Italienischen Schule, Leipzig 1767.

Denis Diderot, Salons III: Ruines et paysages. Salons de 1767, hg. von Else Marie Bukdahl, Michel Delon und Annette Lorenceau, Paris 1995.

Georges Didi-Huberman, Before the Image, Before Time: The Sovereignty of Anachronism, in: Claire Farago und Robert Zwijnenberg (Hg.), Compelling Visuality. The Work of Art in and out of History, Minneapolis 2003, S. 31–44.

Georges Didi-Huberman, Devant le temps. Histoire de l'art et anachronisme des images, Paris 2000.

Georges Didi-Huberman, Fra Angelico. Unähnlichkeit und Figuration, München 1995.

Georges Didi-Huberman, L'image survivante. Histoire de l'art et temps des fantômes selon Aby Warburg, Paris 2002.

Michael Diers, Vor aller Augen. Studien zu Kunst, Bild und Politik, München 2016.

Heinrich Dilly, Kunstgeschichte als Institution. Studien zur Geschichte einer Disziplin, Frankfurt am Main 1979.

Lorenz Dittmann, Der Begriff des Kunstwerks in der deutschen Kunstgeschichte, in: ders. (Hg.), Kategorien und Methoden der deutschen Kunstgeschichte 1900–1930, Wiesbaden 1985, S. 51–88.

Lorenz Dittmann, Der folgerichtige Bildaufbau. Eine wissenschaftsgeschichtliche Skizze, in: Andrea von Hülsen-Esch, Hans Körner und Guido Reuter (Hg.), Bilderzählungen – Zeitlichkeit im Bild, Köln 2003, S. 1–23.

Lorenz Dittmann, Bildrhythmik und Zeitgestaltung in der Malerei, in: Hannelore Paflik (Hg.), Das Phänomen Zeit in Kunst und Wissenschaft, Weinheim 1987, S. 89–124.

Lorenz Dittmann, Probleme der Bildrhythmik, in: Zeitschrift für Ästhetik und allgemeine Kunstwissenschaft 29 (1984), H. 2, S. 192–213.

Lorenz Dittmann, Raum und Zeit als Darstellungsformen bildender Kunst. Ein Beitrag zur Erörterung des kunsthistorischen Raum- und Zeitbegriffes, in: Alfred C. Boettger u. a. (Hg.), Stadt und Landschaft. Raum und Zeit. Festschrift für Erich Kühn zur Vollendung seines 65. Lebensjahres, Köln 1969, S. 43–55.

Lorenz Dittmann, Über das Verhältnis von Zeitstruktur und Farbgestaltung in Werken der Malerei, in: Friedrich Piel und Jörg Traeger (Hg.), Festschrift Wolfgang Braunfels, Tübingen 1977, S. 93–109.

Lorenz Dittmann, Überlegungen und Beobachtungen zur Zeitgestalt des Gemäldes, in: Neue Hefte für Philosophie 18/19 (1980), S. 133–150.

Michael Doran (Hg.), Conversations avec Cézanne, Paris 1978.

Fabian Dorsch, Die Natur der Farben, Frankfurt am Main 2009.

Willy Drost, Die Lehre vom Rhythmus in der heutigen Ästhetik der bildenden Künste, Leipzig 1919.

Mikel Dufrenne, Phénoménologie de l'expérience esthétique, Bd. 1: L'objet esthétique, 2. Aufl., Paris 1967.

Charles-Alphonse Dufresnoy, L'art de peinture, traduit en françois, avec des remarques [par Roger de Piles], Paris 1668.

Caroline van Eck, Art, Agency and Living Presence. From the Animated Image to the Excessive Object, Berlin 2015.

Umberto Eco, Das offene Kunstwerk [ital. Orig. 1962], übers. von Günter Memmert, Frankfurt am Main 1973.

James Elkins, Marks, Traces, Traits, Contours, Orli and Splendores: Nonsemiotic Elements in Pictures, in: Critical Inquiry 21 (1995), S. 822–860.

James Elkins, Pictures and Tears. A History of People Who Have Cried in Front of Paintings, London 2004.

Susanne von Falkenhausen, Verzwickte Verwandtschaftsverhältnisse: Kunstgeschichte, Visual Culture, Bildwissenschaft, in: Philine Helas u. a. (Hg.), Bild-Geschichte. Festschrift für Horst Bredekamp, Berlin 2007, S. 3–13.

Frank Fehrenbach, Quasi vivo. Lebendigkeit in der italienischen Kunst der Frühen Neuzeit, Berlin 2021.

Gabriele Ferretti und Francesco Marchi, Visual Attention in Pictorial Perception, in: Synthese 199 (2021), S. 2077–2101.

Konrad Fiedler, Über den Ursprung der künstlerischen Tätigkeit [1887], in: ders., Schriften zur Kunst, hg. von Gottfried Boehm, 2 Bde., 2. Aufl., München 1991, Bd. 1, S. 111–220.

Joerg Fingerhut, Das Bild, dein Freund: Der fühlende und der sehende Körper in der enaktiven Bildwahrnehmung, in: Ulrike Feist und Markus Rath (Hg.), Et in imagine ego. Facetten von Bildakt und Verkörperung. Festgabe für Horst Bredekamp, Berlin 2012, S. 177–198.

Marcel Fischer, Studien über Rhythmus und Dynamik in der Formstruktur der italienischen Malerei (Diss. phil. Zürich), Brugg 1940.

Uwe Fleckner, Martin Warnke und Hendrik Ziegler (Hg.), Handbuch der politischen Ikonographie, München 2011.

Gustav Frank, Pictorial und Iconic Turn. Ein Bild von zwei Kontroversen (Nachwort), in: W. J. T. Mitchell, Bildtheorie, hg. von Gustav Frank, Frankfurt am Main 2008, S. 445–487.

David Freedberg, The Power of Images. Studies in the History and Theory of Response, Chicago 1989.

Dagobert Frey, Kunstwissenschaftliche Grundfragen. Prolegomena zu einer Kunstphilosophie, Wien 1946.

Dagobert Frey, Das Zeitproblem in der Bildkunst [1955], in: ders., Bausteine zu einer Philosophie der Kunst, hg. von Gerhard Frey, Darmstadt 1976, S. 212–235.

Caspar David Friedrich, Äußerungen bei Betrachtung einer Sammlung von Gemählden von größtentheils noch lebenden und unlängst verstorbenen Künstlern, bearb. von Gerhard Eimer in Verbindung mit Günter Rath, Frankfurt am Main 1999.

Josef Früchtl, Auf ein Neues: Ästhetik und Politik. Und dazwischen das Spiel. Angestoßen durch Jacques Rancière, in: Deutsche Zeitschrift für Philosophie 55 (2007), H. 2, S. 209–219.

Alf Gabrielsson, Experimental Research on Rhythm, in: The Humanities Association Review 30 (1979), S. 69–92.

Alf Gabrielsson, Perception and Performance of Musical Rhythm, in: Manfred Clynes (Hg.), Music, Mind, and Brain. The Neuropsychology of Music, New York 1982, S. 159–169.

Alf Gabrielsson, Rhythm in Music, in: James R. Evans und Manfred Clynes (Hg.), Rhythm in Psychological, Linguistic and Musical Processes, Springfield (Ill.) 1986, S. 131–167.

Hans-Georg Gadamer, Die Wahrheit des Kunstwerkes, in: ders., Gesammelte Werke, Bd. 3, Tübingen 1987, S. 249–261.

Jason Gaiger, Can a Painting have a Rhythm?, in: British Journal of Aesthetics 58 (2018), H. 4, S. 363–383.

Michael Gamper und Helmut Hühn, Was sind Ästhetische Eigenzeiten?, Hannover 2014.

Michael Gamper, Helmut Hühn und Steffen Richter (Hg.), Formen der Zeit. Ein Wörterbuch der ästhetischen Eigenzeiten, Hannover 2020.

Nivedita Gangopadhyay, Michael Madary und Finn Spicer (Hg.), Perception, Action, and Consciousness. Sensorimotor Dynamics and Two Visual Systems, Oxford 2010.

David Ganz und Stefan Neuner (Hg.), Mobile Eyes. Peripatetisches Sehen in den Bildkulturen der Vormoderne, München 2013.

Peter Geimer und Michael Hagner (Hg.), Nachleben und Rekonstruktion. Vergangenheit im Bild, München 2012.

Alfred Gell, Art and Agency. An Anthropological Theory, Oxford 1998.

Lars Gertenbach, Cornelius Castoriadis: Gesellschaftliche Praxis und radikale Imagination, in: Stephan Moebius und Dirk Quadflieg (Hg.), Kultur. Theorien der Gegenwart, 2., erw. Aufl., Wiesbaden 2011, S. 277–289.

Rob van Gerwen (Hg.), Richard Wollheim on the Art of Painting. Art as Representation and Expression, Cambridge 2001.

Boris Roman Gibhardt und Johannes Grave, Rhythmus, in: Michael Gamper, Helmut Hühn und Steffen Richter (Hg.), Formen der Zeit. Ein Wörterbuch der ästhetischen Eigenzeiten, Hannover 2020, S. 314–323.

Boris Roman Gibhardt und Johannes Grave (Hg.), Schrift im Bild. Rezeptionsästhetische Perspektiven auf Text-Bild-Relationen in den Künsten (Ästhetische Eigenzeiten, Bd. 10), Hannover 2018.

James J. Gibson, Wahrnehmung und Umwelt. Der ökologische Ansatz in der visuellen Wahrnehmung [engl. Orig. 1979], übers. von Gerhard Lücke und Ivo Kohler, München 1982.

Karen Gloy, Zeit in der Kunst, Würzburg 2017.

E. Bruce Goldstein, Pictorial Perception and Art, in: ders. (Hg.), Blackwell Handbook of Sensation and Perception, Malden (Mass.) 2005, S. 344–378.

Ernst H. Gombrich, Art and Illusion. A Study in the Psychology of Pictorial Representation, 4. Aufl., London 1977.

Ernst H. Gombrich, Der fruchtbare Moment. Vom Zeitelement in der bildenden Kunst [engl. Orig. 1964], in: ders., Bild und Auge. Neue Studien zur Psychologie der bildlichen Darstellung, übers. von Lisbeth Gombrich, Stuttgart 1984, S. 40–62.

Melvyn A. Goodale und A. David Milner, Separate Visual Pathways for Perception and Action, in: Trends in Neurosciences 15 (1992), H. 1, S. 20–25.

Nelson Goodman, Sprachen der Kunst. Entwurf einer Symboltheorie [engl. Orig. 1968], übers. von Bernd Philippi, Frankfurt am Main 1997.

Johannes Grave, Architekturen des Sehens. Bauten in Bildern des Quattrocento, Paderborn 2015.

Johannes Grave, Das Bild im Gespräch. Zu Situationen des Sprechens über Bilder in kunsttheoretischen Dialogen des Cinquecento und bei Nicolaus Cusanus, in: Rotraud von Kulessa und Tobias Leuker (Hg.), Divulgierung vs. Nobilitierung? Strategien der Aufbereitung von Wissen in Dialogen, Lehrgedichten und narrativer Prosa des 16.–18. Jahrhunderts, Tübingen 2011, S. 17–33.

Johannes Grave, Caspar David Friedrich. Glaubensbild und Bildkritik, Zürich 2011.

Johannes Grave, Caspar David Friedrich, München 2012.

Johannes Grave, Giovanni Bellini. Venedig und die Kunst des Betrachtens, München 2018.

Johannes Grave, Der «ideale Kunstkörper». Johann Wolfgang Goethe als Sammler von Druckgraphiken und Zeichnungen, Göttingen 2006.

Johannes Grave, Runges Poetologie der bildlichen Darstellung. Überlegungen zur ‹Lehrstunde der Nachtigall›, in: Markus Bertsch, Hubertus Gaßner und Jenns Howoldt (Hg.), Kosmos Runge. Das Hamburger Symposium, München 2013, S. 159–167.

Johannes Grave, Zeichnung ohne Zug. Über das Unzeichnerische in der deutschen Kunst um 1800, in: Zeitschrift für Ästhetik und allgemeine Kunstwissenschaft 53 (2008), S. 233–260.

Johannes Grave, Hubert Locher und Reinhard Wegner (Hg.), Der Körper der Kunst. Konstruktionen der Totalität im Kunstdiskurs um 1800, Göttingen 2007.

Johannes Grave, Christiane Holm, Valérie Kobi und Caroline van Eck (Hg.), The Agency of Display. Objects, Framings and Parerga, Dresden 2018.

Johannes Grave und Arno Schubbach, Begriffe des Bildes vor dem Zeitalter der Ästhetik? Zur bildtheoretischen Relevanz der Philosophiegeschichte, in: dies. (Hg.), Denken mit dem Bild. Philosophische Einsätze des Bildbegriffs von Platon bis Hegel, München 2010, S. 153–180.

Johannes Grave und Arno Schubbach, Zug um Zug. Vergangenheit im Bild, in: Peter Geimer und Michael Hagner (Hg.), Nachleben und Rekonstruktion. Vergangenheit im Bild, München 2012, S. 71–92.

Richard L. Gregory, Eye and Brain. The Psychology of Seeing, 5. Aufl., Princeton 1997.

Christian Grüny, Bildrhythmen, in: Rheinsprung 11. Zeitschrift für Bildkritik 5 (2013), S. 149–161.

Christian Grüny und Matteo Nanni (Hg.), Rhythmus – Balance – Metrum. Formen raumzeitlicher Organisation in den Künsten, Bielefeld 2014.

Hans Ulrich Gumbrecht, Production of Presence. What Meaning Cannot Convey, Stanford 2004.

Hans Ulrich Gumbrecht, Rhythmus und Sinn, in: ders. und Karl Ludwig Pfeiffer (Hg.), Materialität der Kommunikation, Frankfurt am Main 1988, S. 714–729.

Harro Harring, Rhonghar Jarr. Fahrten eines Friesen, Bd. 3, München 1828.

Jonathan Harris, Art History. The Key Concepts, London 2006.

Steffen Haug, Benjamins Bilder. Grafik, Malerei und Fotografie in der Passagenarbeit, Paderborn 2017.

Anke te Heesen, Das Muster als materialer Rhythmus, in: Barbara Naumann (Hg.), Rhythmus. Spuren eines Wechselspiels in Künsten und Wissenschaften, Würzburg 2005, S. 261–277.

Martin Heidegger, Der Ursprung des Kunstwerkes, in: ders., Holzwege, 8. Aufl., Frankfurt am Main 2003, S. 1–74.

Johann Gottfried Herder, Denkmal Ulrichs von Hutten, in: Herders Sämmtliche Werke, hg. von Bernhard Suphan, Bd. 16, Berlin 1887, S. 273–297.

Johann Gottfried Herder, Kritische Wälder oder Betrachtungen, die Wissenschaft und Kunst des Schönen betreffend, nach Maßgabe neuerer Schriften [1769], in: Herders Sämmtliche Werke, hg. von Bernhard Suphan, Bd. 3, Berlin 1878.

Toni Hildebrandt, Die tachistische Geste 1951–1970, in: ders., Fabian Goppelsröder und Ulrich Richtmeyer (Hg.), Bild und Geste. Figurationen des Denkens in Philosophie und Kunst, Bielefeld 2014, S. 45–64.

Toni Hildebrandt, Fabian Goppelsröder und Ulrich Richtmeyer (Hg.), Bild und Geste. Figurationen des Denkens in Philosophie und Kunst, Bielefeld 2014.

Ansgar Hillach, Dialektisches Bild, in: Michael Opitz und Erdmut Wizisla (Hg.), Benjamins Begriffe, Bd. 1, Frankfurt am Main 2000, S. 186–229.

Frank Hillebrandt, Soziologische Praxistheorien. Eine Einführung, Wiesbaden 2014.

Inge Hinterwaldner, Phänodramen oszillierender Membranen, in: Christian Grüny und Matteo Nanni (Hg.), Rhythmus – Balance – Metrum. Formen raumzeitlicher Organisation in den Künsten, Bielefeld 2014, S. 109–136.

Britta Hochkirchen, Beyond Representation. Pictorial Temporality and the Relational Time of the Event, in: History and Theory 60 (2021), H. 1, S. 102–116.

Konrad Hoffmann, Rezension von: Lorenz Dittmann (Hg.), Kategorien und Methoden der deutschen Kunstgeschichte 1900–1930, Wiesbaden 1985, in: Kunstchronik 41 (1988), S. 601–610.

Werner Hofmann (Hg.), Caspar David Friedrich 1774–1840 (Ausst.-Kat., Hamburger Kunsthalle), München 1974.

Werner Hofmann, Grundlagen der modernen Kunst. Eine Einführung in ihre symbolischen Formen, 2. Aufl., Stuttgart 1978.

Tom Holert, Regieren im Bildraum, Berlin 2008.

Daniel Hornuff, Bildwissenschaft im Widerstreit. Belting, Boehm, Bredekamp, Burda, München 2012.

Kerr Houston, The Place of the Viewer. The Embodied Beholder in the History of Art, 1764–1968, Leiden 2019.

Edmund Husserl, Phantasie, Bildbewusstsein, Erinnerung. Zur Phänomenologie der anschaulichen Vergegenwärtigungen. Texte aus dem Nachlass (1898–1925) (Husserliana, Bd. 23), hg. von Eduard Marbach, Den Haag 1980.

Edmund Husserl, Zur Phänomenologie des inneren Zeitbewußtseins (1893–1917) (Husserliana, Bd. 10), hg. von Rudolf Boehm, Den Haag 1966.

Peter P. Icke, Frank Ankersmit's Lost Historical Cause. A Journey from Language to Experience, New York 2012.

Max Imdahl, Zur Bild-Objekt-Problematik in europäischer und amerikanischer Nachkriegskunst, in: ders., Reflexion, Theorie, Methode (Gesammelte Schriften, Bd. 3), hg. von Gottfried Boehm, Frankfurt am Main 1996, S. 558–574.

Roman Ingarden, Das ästhetische Erlebnis [1937], in: ders., Erlebnis, Kunstwerk und Wert. Vorträge zur Ästhetik 1937–1967, Tübingen 1969, S. 3–7.

Roman Ingarden, Das literarische Kunstwerk. Mit einem Anhang von den Funktionen der Sprache im Theaterschauspiel, 3., durchges. Aufl., Tübingen 1965.

Roman Ingarden, Untersuchungen zur Ontologie der Kunst. Musikwerk, Bild, Architektur, Film, Tübingen 1962.

Wolfgang Iser, Der Akt des Lesens. Theorie ästhetischer Wirkung, 2., verb. Aufl., München 1984.

Wolfgang Iser, Die Appellstruktur der Texte, in: Rainer Warning (Hg.), Rezeptionsästhetik. Theorie und Praxis, München 1975, S. 228–252.

Wolfgang Iser, Der Lesevorgang. Eine phänomenologische Perspektive, in: Rainer Warning (Hg.), Rezeptionsästhetik. Theorie und Praxis, München 1975, S. 253–276.

Hans Robert Jauß, Literaturgeschichte als Provokation, 2. Aufl., Frankfurt am Main 1970.

Martin Jay, Songs of Experience. Modern American and European Variations on a Universal Theme, Berkeley 2005.

Etienne Jollet, La temporalité dans les arts visuels. L'exemple des temps modernes, in: Revue de l'art 178 (2012), H. 4, S. 49–64.

Christian Joschke, À quoi sert l'iconographie politique?, in: Perspective. La revue de l'INHA 7 (2012), H. 1, S. 187–192.

Friedrich Kainz, Vorlesungen über Ästhetik, Wien 1948.

Jens Kastner und Ruth Sonderegger (Hg.), Pierre Bourdieu und Jacques Rancière. Emanzipatorische Praxis denken, Wien 2014.

Hans Kauffmann, Albrecht Dürers rhythmische Kunst, Leipzig 1924.

Günther Kebeck, Bild und Betrachter. Auf der Suche nach der Eindeutigkeit, Regensburg 2006.

Gary Kemp und Gabriele M. Mras (Hg.), Wollheim, Wittgenstein, and Pictorial Representation. Seeing-as and Seeing-in, London 2016.

Wolfgang Kemp, Der Anteil des Betrachters. Rezeptionsästhetische Studien zur Malerei des 19. Jahrhunderts, München 1983.

Wolfgang Kemp (Hg.), Der Betrachter ist im Bild. Kunstwissenschaft und Rezeptionsästhetik, erw. Neuaufl., Berlin 1992.

Wolfgang Kemp, Rezeptionsästhetik, in: Kunsthistorische Arbeitsblätter 5 (2003), H. 12, S. 51–60.

Wolfgang Kemp, Rezeptionsästhetik, in: Metzler Lexikon Kunstwissenschaft, hg. von Ulrich Pfisterer, 2. Aufl., Stuttgart 2011, S. 388–391.

Wolfgang Kersten, Das Problem ‹Rhythmus› bei Paul Klee, in: Barbara Naumann (Hg.), Rhythmus. Spuren eines Wechselspiels in Künsten und Wissenschaften, Würzburg 2005, S. 243–259.

Thomas Kisser (Hg.), Bild und Zeit. Temporalität in Kunst und Kunsttheorie seit 1800, München 2011.

Paul Klee, [Schöpferische Konfession], in: Kasimir Edschmid (Hg.), Tribüne der Kunst und der Zeit. Eine Schriftensammlung, Bd. 13: Schöpferische Konfession, Berlin 1920, S. 28–40.

Paul Klee, Schriften zur Form- und Gestaltungslehre, hg. von Jürgen Spiller, Bd. 1: Das bildnerische Denken, Basel 1956.

Ethan Kleinberg, Presence in Absentia, in: Ranjan Ghosh und Ethan Kleinberg (Hg.), Presence. Philosophy, History, and Cultural Theory for the Twenty-First Century, Ithaca 2013, S. 8–25.

Kurt Koffka, Experimental-Untersuchungen zur Lehre vom Rhythmus, in: Zeitschrift für Psychologie 52 (1909), S. 1–109.

Reinhard Kopiez, Musikalischer Rhythmus und seine wahrnehmungspsychologischen Grundlagen, in: Christa Brüstle u. a. (Hg.), Aus dem Takt. Rhythmus in Kunst, Kultur und Natur, Bielefeld 2005, S. 127–148.

Sven Kramer, Benjamin zur Einführung, Hamburg 2010.

Sybille Krämer, Operative Bildlichkeit. Von der ‹Grammatologie› zu einer ‹Diagrammatologie›? Reflexionen über erkennendes ‹Sehen›, in: Martina Heßler und Dieter Mersch (Hg.), Logik des Bildlichen. Zur Kritik der ikonischen Vernunft, Bielefeld 2009, S. 94–122.

Urte Krass, Politische Ikonographie, in: Metzler Lexikon Kunstwissenschaft, hg. von Ulrich Pfisterer, 2. Aufl., Stuttgart 2011, S. 345–347.

Rosalind Krauss, Welcome to the Cultural Revolution, in: October 77 (1996), S. 83–96.

Wilhelm Kreutz, Die Deutschen und Ulrich von Hutten, München 1984.

George Kubler, Die Form der Zeit. Anmerkungen zur Geschichte der Dinge [engl. Orig. 1962], übers. von Bettina Blumenberg, Frankfurt am Main 1982.

Rudolf Kuhn, Komposition und Rhythmus. Beiträge zur Neubegründung einer historischen Kompositionslehre, Berlin 1980.

John V. Kulvicki, Images, London 2014.

John Kulvicki, Twofoldness and Visual Awareness, in: Klaus Sachs-Hombach und Rainer Totzke (Hg.), Bilder – Sehen – Denken. Zum Verhältnis von begrifflich-philosophischen und empirisch-psychologischen Ansätzen in der bildwissenschaftlichen Forschung, Köln 2011, S. 66–92.

Charlotte Kurbjuhn, Kontur. Geschichte einer ästhetischen Denkfigur, Berlin 2014.

Gerhard Kurz, Macharten. Über Rhythmus, Reim, Stil und Vieldeutigkeit, Göttingen 1999.

Bernard Lamblin, Peinture et temps, 2., erw. Aufl., Paris 1987.

Iris Laner, Revisionen der Zeitlichkeit. Zur Phänomenologie des Bildes nach Husserl, Derrida und Merleau-Ponty, München 2016.

Susanne K. Langer, Fühlen und Form. Eine Theorie der Kunst [engl. Orig. 1953], übers. von Christiana Goldmann und Christian Grüny, Hamburg 2018.

Bruno Latour, Eine neue Soziologie für eine neue Gesellschaft, Frankfurt am Main 2007.

Robin Le Poidevin, The Images of Time. An Essay on Temporal Representation, Oxford 2007.

Gotthold Ephraim Lessing, Laokoon oder über die Grenzen der Malerei und Poesie, in: ders., Werke und Briefe, Bd. 5.2: Werke 1766–1796, hg. von Wilfried Barner, Frankfurt am Main 1990, S. 11–206.

Kasper Levin, Tone Roald und Bjarne Sode Funch, Visual Art and the Rhythm of Experience, in: Journal of Aesthetics and Art Criticism 77 (2019), S. 281–293.

Jerrold Levinson, Wollheim on Pictorial Representation, in: Journal of Aesthetics and Art Criticism 56 (1998), S. 227–233.

Theodor Lipps, Ästhetik. Psychologie des Schönen und der Kunst, Teil 1: Grundlegung der Ästhetik, 3. Aufl., Leipzig 1923.

Theodor Lipps, Ästhetik. Psychologie des Schönen und der Kunst, Teil 2: Die ästhetische Betrachtung und die bildende Kunst, 2. Aufl., Leipzig 1920.

Hubert Locher, Kunstbegriff und Kunstgeschichte. Schlosser, Gombrich, Warburg, in: Wojciech Bałus und Joanna Wolańska (Hg.), Die Etablierung des Faches Kunstgeschichte in Deutschland, Polen und Mitteleuropa, Warszawa 2010, S. 391–410.

Hubert Locher, Kunstgeschichte als historische Theorie der Kunst 1750–1950, 2. Aufl., München 2010.

Hubert Locher und Adriana Markantonatos (Hg.), Reinhart Koselleck und die Politische Ikonologie, Berlin 2013.

Paul Locher, Contemporary Experimental Aesthetics: State of the Art Technology, in: i-Perception 2 (2011), S. 697–707.

Wolf-Dietrich Löhr, Werk/Werkbegriff, in: Metzler Lexikon Kunstwissenschaft, hg. von Ulrich Pfisterer, 2. Aufl., Stuttgart 2011, S. 484–489.

Dominic McIver Lopes, Sight and Sensibility. Evaluating Pictures, Oxford 2005.

Sabine Mainberger, Experiment Linie. Künste und ihre Wissenschaften um 1900, Berlin 2010.
Henri Maldiney, Die Ästhetik der Rhythmen [frz. Orig. 1967], in: Claudia Blümle und Armin Schäfer (Hg.), Struktur, Figur, Kontur. Abstraktion in Kunst und Lebenswissenschaften, Berlin 2007, S. 47–74.
Louis Marin, Das Opake der Malerei. Zur Repräsentation im Quattrocento, Berlin 2004.
Louis Marin, Über das Kunstgespräch, Freiburg i. Br. 2001.
Peter Märker, Caspar David Friedrich. Geschichte als Natur, Heidelberg 2007.
Lyle Massey, Picturing Space, Displacing Bodies. Anamorphosis in Early Modern Theories of Perspective, University Park (PA) 2007.
Mohan Matthen, Two Visual Systems and the Feeling of Presence, in: Nivedita Gangopadhyay, Michael Madary und Finn Spicer (Hg.), Perception, Action, and Consciousness. Sensorimotor Dynamics and Two Visual Systems, Oxford 2010, S. 107–124.
Gisela Maul (Hg.), Kunsttheoretische Fragmente Jakob Philipp Hackerts, in: Norbert Miller und Claudia Nordhoff, Lehrreiche Nähe. Goethe und Hackert, München 1997, S. 106–122.
Harun Maye, Was ist eine Kulturtechnik?, in: Zeitschrift für Medien- und Kulturforschung 1 (2010), H. 1, S. 121–135.
Patrick Maynard, Seeing Double, in: Journal of Aesthetics and Art Criticism 52 (1994), S. 155–167.
Sabine Mertens, Seesturm und Schiffbruch. Eine motivgeschichtliche Studie, Hamburg 1987.
Jörg Martin Merz, Pietro da Cortona. Der Aufstieg zum führenden Maler im barocken Rom, Tübingen 1991.
Henri Meschonnic, Critique du rythme. Anthropologie historique du langage, Paris 1982.
Ernst Meumann, Untersuchungen zur Psychologie und Ästhetik des Rhythmus, Leipzig 1894.
Philipp Anton Guido von Meyer und Heinrich Zoepfl (Hg.), Corpus Juris Confoederationis Germanicae oder Staatsacten für Geschichte und öffentliches Recht des Deutschen Bundes. Erster Theil: Staatsverträge, 3. Aufl., Frankfurt am Main 1858.
Reinhart Meyer-Kalkus, Wiedergelesen: Erwin Panofsky über rhythmische Kunst, in: Bildwelten des Wissens 10 (2014), H. 2, S. 107–111.
David S. Miall, Literary Reading. Empirical and Theoretical Studies, New York 2006.
Melchior Missirini, Memorie per servire alla storia della Romana Accademia di S. Luca fino alla morte di Antonio Canova, Rom 1823.
W. J. T. Mitchell, Pictorial Turn [engl. Orig. 1992], in: ders., Bildtheorie, hg. von Gustav Frank, Frankfurt am Main 2008, S. 101–135.
W. J. T. Mitchell, Pictorial turn. Eine Antwort, in: Hans Belting (Hg.), Bilderfragen. Die Bildwissenschaften im Aufbruch, München 2007, S. 37–46.
W. J. T. Mitchell, What do Pictures Want? The Lives and Loves of Images, Chicago 2005.
Keith Moxey, Visual Studies and the Iconic Turn, in: Journal of Visual Culture 7 (2008), H. 2, S. 131–146.
Keith Moxey, Visual Time. The Image in History, Durham 2013.
Maria Muhle, Jacques Rancière. Für eine Politik des Erscheinens, in: Stephan Moebius und Dirk Quadflieg (Hg.), Kultur. Theorien der Gegenwart, 2., erw. und akt. Aufl., Wiesbaden 2011, S. 311–320.

Alexander Nagel und Christopher S. Wood, Anachronic Renaissance, New York 2010.

Alexander Nagel, Christopher S. Wood, Charles Dempsey, Michael Cole und Claire Farago, Interventions: Toward a New Model of Renaissance Anachronism, in: Art Bulletin 87 (2005), H. 3, S. 403–432.

Bence Nanay, Perceiving Pictures, in: Phenomenology and the Cognitive Sciences 10 (2011), S. 461–480.

Bence Nanay, Threefoldness, in: Philosophical Studies 175 (2018), S. 163–182.

Barbara Naumann (Hg.), Rhythmus. Spuren eines Wechselspiels in Künsten und Wissenschaften, Würzburg 2005.

Robert S. Nelson und Richard Shiff (Hg.), Critical Terms for Art History, 2. Aufl., Chicago 2003.

Alva Noë, Action in Perception, Cambridge (Mass.) 2004.

Alva Noë, Strange Tools. Art and Human Nature, New York 2015.

Alva Noë, Varieties of Presence, Cambridge (Mass.) 2012.

Viola Nordsieck, Rhythmus als Form der Dauer. Form und Formbildung im Denken Henri Bergsons, in: Marion Lauschke, Johanna Schiffler und Franz Engel (Hg.), Ikonische Formprozesse. Zur Philosophie des Unbestimmten in Bildern, Berlin 2018, S. 163–184.

John Onians, Neuroarthistory. From Aristotle and Pliny to Baxandall and Zeki, New Haven 2007.

Erwin Panofsky, Albrecht Dürers rhythmische Kunst, in: Jahrbuch für Kunstwissenschaft 1926, S. 136–192.

Erwin Panofsky, Über das Verhältnis der Kunstgeschichte zur Kunsttheorie. Ein Beitrag zur Erörterung über die Möglichkeit ‹kunstwissenschaftlicher Grundbegriffe›, in: Zeitschrift für Ästhetik und allgemeine Kunstwissenschaft 18 (1925), S. 129–161.

Anja Pawel, Bildrhythmus (und Abstraktion), in: Marion Lauschke und Pablo Schneider (Hg.), 23 Manifeste zu Bildakt und Verkörperung, Berlin 2018, S. 43–50.

Alice Pechriggl, Cornelius Castoriadis, in: Kathrin Busch und Iris Därmann (Hg.), Bildtheorien aus Frankreich. Ein Handbuch, München 2011, S. 95–100.

Wolfram Pichler und Ralph Ubl, Bildtheorie zur Einführung, Hamburg 2014.

Wolfram Pichler und Ralph Ubl, Images Without Objects and Referents? A Reply to Étienne Jollet, in: Zeitschrift für Kunstgeschichte 81 (2018), S. 418–422.

Roger de Piles, Cours de peinture par principes, Paris 1708.

Roger de Piles, Cours de peinture par principes, Paris 1766.

Wilhelm Pinder, Einleitende Voruntersuchung zu einer Rhythmik romanischer Innenräume in der Normandie, Straßburg 1904.

Platon, Nomoi. Griechisch und Deutsch, in: ders.: Sämtliche Werke, Bd. IX, nach der Übers. Friedrich Schleiermachers, ergänzt durch Übers. von Franz Susemihl u. a., hg. von Karlheinz Hülser, Frankfurt am Main 1991.

Plinius Secundus d. Ä., Naturkunde. Lateinisch – Deutsch, hg. und übers. von Roderich König u. a., Buch 34: Farben, Malerei, Plastik, 3. Aufl., Düsseldorf 2007.

Götz Pochat, Bild – Zeit. Zeitgestalt und Erzählstruktur in der bildenden Kunst von den Anfängen bis zur frühen Neuzeit, Wien 1996.

Götz Pochat, Bild – Zeit. Zeitgestalt und Erzählstruktur in der bildenden Kunst des 16. Jahrhunderts, Wien 2015.

Götz Pochat, Erlebniszeit und bildende Kunst, in: Christian W. Thomsen und Hans

Holländer (Hg.), Augenblick und Zeitpunkt. Studien zur Zeitstruktur und Zeitmetaphorik in Kunst und Wissenschaften, Darmstadt 1984, S. 22–46.

Michael Podro, Depiction, New Haven 1998.

Regine Prange, Die Geburt der Kunstgeschichte. Philosophische Ästhetik und empirische Wissenschaft, Köln 2004.

Patrick Primavesi und Simone Mahrenholz (Hg.), Geteilte Zeit. Zur Kritik des Rhythmus in den Künsten, Schliengen 2005.

Sophia Prinz, Die Praxis des Sehens. Über das Zusammenspiel von Körpern, Artefakten und visueller Ordnung, Bielefeld 2014.

Jan-Peter Pudelek, Werk, in: Ästhetische Grundbegriffe, hg. von Karlheinz Barck u. a., Bd. 6, Stuttgart 2005, S. 520–588.

Thomas Puttfarken, Roger de Piles' Theory of Art, New Haven 1985.

Thomas Puttfarken, The Discovery of Pictorial Composition. Theories of Visual Order in Painting 1400–1800, New Haven 2000.

Jacques Rancière, Die Aufteilung des Sinnlichen [frz. Orig. 2000], übers. von Maria Muhle, Berlin 2006.

Jacques Rancière, Der emanzipierte Zuschauer [frz. Orig. 2008], übers. von Richard Steurer, Wien 2009.

Jacques Rancière, Ist die Kunst widerständig?, Berlin 2008.

Jacques Rancière, Politik und Ästhetik. Im Gespräch mit Peter Engelmann, Wien 2016.

Andreas Reckwitz, Grundelemente einer Theorie sozialer Praktiken. Eine sozialtheoretische Perspektive, in: Zeitschrift für Soziologie 32 (2003), H. 4, S. 282–301.

Andreas Reckwitz, Der Ort des Materiellen in den Kulturtheorien. Von sozialen Strukturen zu Artefakten, in: ders., Unscharfe Grenzen. Perspektiven der Kultursoziologie, Bielefeld 2008, S. 131–156.

Anika Reineke, Authentizität in der Weimarer Republik. Max Sauerlandt und der Hamburger Faksimile-Streit, in: Roger Fayet und Regula Krähenbühl (Hg.), Authentizität und Material. Konstellationen in der Kunst seit 1900, Zürich 2018, S. 118–131.

Sabine Rewald, Paul Klee. The Berggruen Klee Collection in the Metropolitan Museum of Art, New York 1988.

Bettina Ried, Graciele M. Rodrigues und E. F. Gama, Rhythm and its Perception in the Central Nervous System, in: Journal of Morphological Sciences 31 (2014), H. 3, S. 187–191.

Alois Riegl, Spätrömische Kunst-Industrie nach den Funden in Österreich-Ungarn, Wien 1901.

Marius Rimmele und Bernd Stiegler, Visuelle Kulturen/Visual Culture zur Einführung, Hamburg 2012.

Antoinette Roesler-Friedenthal und Johannes Nathan (Hg.), The Enduring Instant. Time and Spectator in the Visual Arts, Berlin 2003.

David Rosand, Drawing Acts. Studies in Graphic Expression and Representation, Cambridge 2002.

Raphael Rosenberg, Dem Auge auf der Spur. Blickbewegungen beim Betrachten von Gemälden – historisch und empirisch, in: Jahrbuch der Heidelberger Akademie der Wissenschaften 2010, Heidelberg 2011, S. 76–89.

Raphael Rosenberg und Christoph Klein, The Moving Eye of the Beholder. Eye-Tracking and the Perception of Paintings, in: Joseph P. Huston u. a. (Hg.), Art, Aesthetics and the Brain, Oxford 2015, S. 79–108.

Raphael Rosenberg und Helmut Leder, Blickbewegungsforschung, in: Stephan Günzel und Dieter Mersch (Hg.), Bild. Ein interdisziplinäres Handbuch, Stuttgart 2014, S. 433–438.

Gustav Roßler, Haben Bilder Handlungsmacht? – Ein Beitrag zur Agency-Debatte anhand von Kunstwerken und Bildakten, in: Cornelius Schubert und Ingo Schulz-Schaeffer (Hg.), Berliner Schlüssel zur Techniksoziologie, Wiesbaden 2019, S. 259–288.

Michael S. Roth, Ebb Tide [Rez. von F. Ankersmit, Sublime Historical Experience], in: History and Theory 46 (2007), H. 1, S. 66–73.

Eelco Runia, Moved by the Past. Discontinuity and Historical Mutation, New York 2014.

Hans Hermann Russack, Der Begriff des Rhythmus bei den deutschen Kunsthistorikern des XIX. Jahrhunderts, Weida 1910.

Jean-Paul Sartre, Masson [frz. Orig. 1961], in: ders., Die Suche nach dem Absoluten. Texte zur bildenden Kunst, übers. von Vincent von Wroblewsky, Reinbek 1999, S. 39–58.

Willibald Sauerländer, Die Gegenstandssicherung allgemein, in: Kunstgeschichte. Eine Einführung, hg. von Hans Belting, Heinrich Dilly u. a., 2. Aufl., Berlin 1986, S. 47–57.

Sigrid Schade, What Do Bildwissenschaften Want? In the Vicious Circle of Pictorial and Iconic Turns, in: Kornelia Imesch, Jennifer John, Daniela Mondini u. a. (Hg.), Inscriptions/Transgressions. Kunstgeschichte und Gender Studies, Bern 2008, S. 31–51.

Sigrid Schade und Silke Wenk, Studien zur visuellen Kultur: Einführung in ein transdisziplinäres Forschungsfeld, Bielefeld 2011.

Jörn Schafaff, Nina Schallenberg und Tobias Vogt (Hg.), Kunst-Begriffe der Gegenwart. Von Allegorie bis Zip, Köln 2013.

Theodore Schatzki, Materialität und soziales Leben, in: Herbert Kalthoff, Torsten Cress und Tobias Röhl (Hg.), Materialität. Herausforderungen für die Sozial- und Kulturwissenschaften, Paderborn 2016, S. 63–88.

Brigitte Scheer, Zur Zeitgestaltung und Zeitwahrnehmung in der bildenden Kunst, in: Zeitschrift für Ästhetik und allgemeine Kunstwissenschaft 46 (2002), S. 255–269.

Brigitte Scheer, Rezension zu: A. Roesler-Friedenthal und J. Nathan (Hg.), The Enduring Instant, Berlin 2003, in: sehepunkte 4 (2004), H. 6, http://www.sehepunkte.de/2004/06/3923.html.

Flint Schier, Deeper into Pictures. An Essay on Pictorial Representation, Cambridge 1986.

August Schmarsow, Grundbegriffe der Kunstwissenschaft am Übergang vom Alterthum zum Mittelalter. Kritisch erörtert und in systematischem Zusammenhange dargestellt, Leipzig 1905.

August Schmarsow, Rhythmus in menschlichen Raumgebilden, in: Zeitschrift für Ästhetik und allgemeine Kunstwissenschaft 14 (1920), S. 171–187.

August Schmarsow, Zur Lehre vom Rhythmus, in: Zeitschrift für Ästhetik und allgemeine Kunstwissenschaft 16 (1922), S. 109–118.

Reinold Schmücker (Hg.), Identität und Existenz. Studien zur Ontologie der Kunst, Paderborn 2003.

Eva Maria Schneider, Herkunft und Verbreitungsformen der «Deutschen Nationaltracht der Befreiungskriege» als Ausdruck politischer Gesinnung, Diss. phil. Bonn 2002, Bd. 1, S. 198, https://bonndoc.ulb.uni-bonn.de/xmlui/handle/20.500.11811/1854.

Norbert Schneider, Rhythmus. Untersuchungen zu einer zentralen Kategorie in der ästhetischen und kulturphilosophischen Debatte um die Jahrhundertwende, Osnabrück 1992.

Norbert Schneider, W. J. T. Mitchell und der ‹Iconic Turn›, in: Kunst und Politik. Jahrbuch der Guernica-Gesellschaft 10 (2008), S. 29–37.

Arno Schubbach, Linie, in: Rheinsprung 11. Zeitschrift für Bildkritik 3 (2012), S. 174–182.

Arno Schubbach, Zur Darstellung von Zeit und die Zeit der Darstellung, in: Studia philosophica 69 (2010), S. 95–119.

Eva Schürmann, Sehen als Praxis. Ethisch-ästhetische Studien zum Verhältnis von Sicht und Einsicht, Frankfurt am Main 2008.

Erhard Schüttpelz, Die medienanthropologische Kehre der Kulturtechniken, in: Archiv für Mediengeschichte 6 (2006), S. 87–110.

Ludger Schwarte (Hg.), Bild-Performanz. Die Kraft des Visuellen, München 2011.

Ludger Schwarte, Pikturale Evidenz. Zur Wahrheitsfähigkeit der Bilder, Paderborn 2015.

Hans Sedlmayr, Kunst und Wahrheit. Zur Theorie und Methode der Kunstgeschichte, Hamburg 1958.

Martin Seel, Form als eine Organisation von Zeit, in: Josef Früchtl und Maria Moog-Grünewald (Hg.), Ästhetik in metaphysikkritischen Zeiten. 100 Jahre Zeitschrift für Ästhetik und Allgemeine Kunstwissenschaft, Hamburg 2007, S. 33–44.

Wilhelm Seidel, Rhythmus, in: Ästhetische Grundbegriffe, Bd. 5, hg. von Karlheinz Barck u. a., Stuttgart 2003, S. 291–314.

Hans Rainer Sepp, Phänomenologische Ästhetik. Ein geschichtlicher Abriss, in: Phainomena 15 (2006), H. 59, S. 62–92.

Hans Rainer Sepp und Lester Embree (Hg.), Handbook of Phenomenological Aesthetics, Dordrecht 2010.

Arthur P. Shimamura, Toward a Science of Aesthetics. Issues and Ideas, in: Arthur P. Shimamura und Stephen E. Palmer (Hg.), Aesthetic Science. Connecting Minds, Brains, and Experience, New York 2012, S. 3–28.

Bernhard Siegert, Öffnen, Schließen, Zerstreuen, Verdichten. Die operativen Ontologien der Kulturtechnik, in: Zeitschrift für Medien- und Kulturforschung 8 (2017), H. 2, S. 95–113.

Jørgen Sneis, Das ‹Leben› des Werks. Das literarische Werk im Spannungsfeld zwischen Interpretation, Ästhetik und Wirkungsgeschichte, in: Lutz Danneberg, Annette Gilbert und Carlos Spoerhase (Hg.), Das Werk. Zum Verschwinden und Fortwirken eines Grundbegriffs, Berlin 2019, S. 351–378.

Ruth Sonderegger, Wie emanzipatorisch ist Habitus-Forschung? Zu Rancières Kritik an Bourdieus Theorie des Habitus, in: LiThes. Zeitschrift für Literatur- und Theatersoziologie 3 (2010), S. 18–39, http://lithes. uni-graz.at/lithes/beitraege10_03/sonderegger.pdf.

Etienne Souriau, Time in the Plastic Arts, in: Journal of Aesthetics and Art Criticism 7 (1949), H. 4, S. 294–307.

Manfred Spitzer, Musik im Kopf: Hören, Musizieren, Verstehen und Erleben im neuronalen Netzwerk, 2. Aufl., Stuttgart 2014.

Albert Spitznagel, Zur Geschichte der psychologischen Rhythmusforschung, in: Katharina Müller und Gisa Aschersleben (Hg.), Rhythmus. Ein interdisziplinäres Handbuch, Bern 2000, S. 1–40.

Klaus Städtke, Form, in: Ästhetische Grundbegriffe, hg. von Karlheinz Barck u. a., Stuttgart 2000–2005, Bd. 2, S. 462–494.

Sven Strasen, Rezeptionstheorien. Literatur-, sprach- und kulturwissenschaftliche Ansätze und kulturelle Modelle, Trier 2008.

Nicola Suthor, Guercino's «Wet» Drawing, in: Res. Anthropology and Aesthetics 63/64 (2013), S. 80–92.

Benjamin W. Tatler, The Moving Tablet of the Eye. The Origins of Modern Eye Movement Research, Oxford 2005.

Heinrich Theissing, Die Zeit im Bild, Darmstadt 1987.

Wolfgang Thierse, «Das Ganze aber ist das, was Anfang, Mitte und Ende hat». Problemgeschichtliche Beobachtungen zur Geschichte des Werkbegriffs, in: Karlheinz Barck, Martin Fontius und Wolfgang Thierse (Hg.), Ästhetische Grundbegriffe. Studien zu einem historischen Wörterbuch, Berlin 1990, S. 378–414.

Martin Treml, Sabine Flach und Pablo Schneider (Hg.), Warburgs Denkraum. Formen, Motive, Materialien, München 2014.

Kate E. Tunstall, Diderot's ‹Promenade Vernet›, or the Salon as Landscape Garden, in: French Studies 55 (2001), H. 3, S. 339–349.

Georg Vasold, Am Urgrund der Kunst. Rhythmus und Kunstwissenschaft, ca. 1921, in: Zeitschrift für Kulturphilosophie 7 (2013), H. 1, S. 67–76.

Georg Vasold, Anschauung versus Erlebnis. Der Rhythmus in der deutschsprachigen Kunstforschung um 1900, in: Sigrid Brandt und Andrea Gottdang (Hg.), Rhythmus. Harmonie. Proportion. Zum Verhältnis von Architektur und Musik, Worms 2012, S. 36–41.

Georg Vasold, Optique ou haptique. Le rythme dans les études sur l'art au début du 20e siècle, in: Michael Cowan und Laurent Guido (Hg.), Rhythmer, Montréal 2010, S. 35–55.

Ian Verstegen, A Realist Theory of Art History, London 2013.

Jürgen Vogt, Der schwankende Boden der Lebenswelt. Phänomenologische Musikpädagogik zwischen Handlungstheorie und Ästhetik, Würzburg 2001.

Markus Völkel, Vom Bild zur Ansicht. Die Entwicklung des Topos von der «Sichtbarkeit der Geschichte» in der Frühen Neuzeit, in: Hubertus Busche (Hg.), Departure for Modern Europe. A Handbook of Early Modern Philosophy (1400–1700), Hamburg 2011, S. 602–612.

Kendall L. Walton, Mimesis as Make-Believe. On the Foundations of the Representational Arts, Cambridge (Mass.) 1990.

Aby Warburg, Heidnisch-antike Weissagung in Wort und Bild in Luthers Zeiten, in: ders., Werke in einem Band, hg. von Martin Treml, Sigrid Weigel und Perdita Ladwig, Frankfurt am Main 2010, S. 424–491.

Aby Warburg, Mnemosyne. Einleitung, in: ders., Werke in einem Band, hg. von Martin Treml, Sigrid Weigel und Perdita Ladwig, Frankfurt am Main 2010, S. 629–639.

Rainer Warning (Hg.), Rezeptionsästhetik. Theorie und Praxis, München 1975.

Martin Warnke, Politische Ikonographie, in: Andreas Beyer (Hg.), Die Lesbarkeit der Kunst. Zur Geistes-Gegenwart der Ikonologie, Berlin 1992, S. 23–28.

Martin Warnke, Politische Ikonographie, in: Kunsthistorische Arbeitsblätter 5 (2003), H. 2, S. 5–16.

Martin Warnke, Weltanschauliche Motive in der kunstgeschichtlichen Populärliteratur, in: ders. (Hg.), Das Kunstwerk zwischen Wissenschaft und Weltanschauung, Gütersloh 1970, S. 88–108.

Sigrid Weigel, Die Richtung des Bildes. Zum Links-Rechts-Problem von Bilderzählungen und Bildbeschreibungen in kultur- und mediengeschichtlicher Perspektive, in: Zeitschrift für Kunstgeschichte 64 (2001), S. 449–474.

Sigrid Weigel, Von Blitz, Flamme und Regenbogen. Das Sprechen in Bildern als epistemischer Schauplatz bei Walter Benjamin, in: Lena Bader, Georges Didi-Huberman und Johannes Grave (Hg.), Sprechen über Bilder – Sprechen in Bildern. Studien zum Wechselverhältnis von Bild und Sprache, Berlin 2014, S. 225–240.

Janneke Wesseling, The Perfect Spectator. The Experience of the Art Work and Reception Aesthetics, Amsterdam 2017.

Dirk Westerkamp, Ästhetisches Verweilen, Tübingen 2019.

Christoph Martin Wieland, Werke, Bd. 3, hg. von Fritz Martini und Reinhard Döhl, München 1967.

Lambert Wiesing, Artifizielle Präsenz. Studien zur Philosophie des Bildes, Frankfurt am Main 2005.

Lambert Wiesing, Phänomenologische und experimentelle Ästhetik, in: Zeitschrift für Ästhetik und allgemeine Kunstwissenschaft 57 (2012), H. 2, S. 239–253.

Lambert Wiesing, Sehen lassen. Die Praxis des Zeigens, Frankfurt am Main 2013.

Ken Wilder, Beholding. Situated Art and the Aesthetics of Reception, London 2020.

Aaron Wile, Watteau, Reverie, and Selfhood, in: Art Bulletin 96 (2014), S. 319–337.

Ludwig Wittgenstein, Philosophische Untersuchungen, in: ders., Schriften, Bd. 1, Frankfurt am Main 1960.

Heinrich Wölfflin, Kunstgeschichtliche Grundbegriffe. Das Problem der Stilentwicklung in der neueren Kunst, München 1915.

Richard Wollheim, Objekte der Kunst [engl. Orig. 1980], übers. von Max Looser, Frankfurt am Main 1982.

Richard Wollheim, Painting as an Art. The A. W. Mellon Lectures in the Fine Arts, 1984, Princeton 1987.

Alfred L. Yarbus, Eye Movements and Vision, New York 1967.

Haili You, Defining Rhythm. Aspects of an Anthropology of Rhythm, in: Culture, Medicine and Psychiatry 18 (1994), S. 361–384.

Michael F. Zimmermann, Seeing, in: ders. (Hg.), Vision in Motion. Streams of Sensation and Configurations of Time, Zürich 2016, S. 69–108.

Reinhard Zimmermann, Die Kunsttheorie von Wassily Kandinsky, 2 Bde., Berlin 2002.

Herrmann Zschoche (Hg.), Caspar David Friedrich. Die Briefe, Hamburg 2005.

Cornelia Zumbusch, Besonnenheit. Warburgs Denkraum als antipathetisches Verfahren, in: Martin Treml, Sabine Flach und Pablo Schneider (Hg.), Warburgs Denkraum. Formen, Motive, Materialien, München 2014, S. 243–258.

Cornelia Zumbusch, Vor- und Nachgeschichte. Bild und Zeit bei Walter Benjamin, in: Zeitschrift für Kunstgeschichte 81 (2018), S. 198–212.

Cornelia Zumbusch, Wissenschaft in Bildern. Symbol und dialektisches Bild in Aby Warburgs Mnemosyne-Atlas und Walter Benjamins Passagen-Werk, Berlin 2004.

Bildnachweis

1: © bpk/Gemäldegalerie, SMB/Jörg P. Anders
2: © bpk/Hamburger Kunsthalle/Elke Walford
3: © bpk/Alinari Archives/Alessandro Vasari
4: © bpk/RMN/Grand Palais/Christophe Fouin
5: © Wallace Collection, London, UK/Bridgeman Images
6: © bpk/RMN/Grand Palais/Mathieu Rabeau
7: © akg-images
8: © bpk/Rheinisches Bildarchiv Köln
9: © bpk/Hamburger Kunsthalle/Elke Walford
10: © akg-images
11: Getty's Open Content Program
12: © Museum of Fine Arts, Houston/Gift of Miss Ima Hogg/Bridgeman Images
13: © bpk/Scala
14, 15 (Detail aus 14): Archiv des Verfassers
16, 17 (Detail aus 16): © akg-images
18, 19 (Detail aus 18): Archiv des Verfassers
20, 21 (Detail aus 20): © Philadelphia Museum of Art/Bridgeman Images
22: Fliegende Blätter, 23. 10. 1892
23: © Bridgeman Images
24: © akg-images
25: © akg-images
26: Klassik Stiftung Weimar, Bestand Museen/Alexander Burzik

Personenregister